项目资助

本书受全国教育科学"十三五"规划教育部重点课题"基于教学项目制的大学教师教学发展研究（课题批准号：DIA170362）"资助

教学项目场域中的
大学教师教学发展研究

孙丽芝 / 著

中国社会科学出版社

图书在版编目（CIP）数据

教学项目场域中的大学教师教学发展研究／孙丽芝著.
—北京：中国社会科学出版社，2018.12
ISBN 978-7-5203-3664-2

Ⅰ.①教… Ⅱ.①孙… Ⅲ.①高等学校—教师—师资培养—研究—中国 Ⅳ.①G645.12

中国版本图书馆 CIP 数据核字（2018）第 269771 号

出 版 人	赵剑英	
责任编辑	赵 丽	
责任校对	赵雪姣	
责任印制	王 超	

出 版	中国社会科学出版社	
社 址	北京鼓楼西大街甲 158 号	
邮 编	100720	
网 址	http://www.csspw.cn	
发 行 部	010-84083685	
门 市 部	010-84029450	
经 销	新华书店及其他书店	
印 刷	北京明恒达印务有限公司	
装 订	廊坊市广阳区广增装订厂	
版 次	2018 年 12 月第 1 版	
印 次	2018 年 12 月第 1 次印刷	
开 本	710×1000 1/16	
印 张	15.25	
字 数	227 千字	
定 价	66.00 元	

凡购买中国社会科学出版社图书，如有质量问题请与本社营销中心联系调换
电话：010-84083683
版权所有　侵权必究

目　　录

绪　论 ……………………………………………………………… (1)
　一　选题背景与缘由 …………………………………………… (1)
　二　相关研究述评 ……………………………………………… (7)
　三　研究意义与概念界定 ……………………………………… (35)
　四　研究方法、过程与思路 …………………………………… (40)

第一章　场域的形成：教学项目的兴起及其与教师教学
　　　　发展的关系 …………………………………………… (54)
　一　社会治理项目制的产生 …………………………………… (54)
　二　高等教育项目制的兴起和类型 …………………………… (60)
　三　高等学校教学项目的特征及分类 ………………………… (70)
　四　典型教学项目对教师教学发展的应然作用 ……………… (73)
　五　基于社会实践理论探讨教学项目制下教师教学发展的
　　　适切性 ………………………………………………………… (75)
　本章小结 ………………………………………………………… (87)

第二章　有限的支持：教学项目对教师教学发展的作用审视 …… (90)
　一　表层/深层：教师改变的视角 ……………………………… (90)
　二　成效/失效：项目评估的视角 ……………………………… (108)
　三　"一致"/"出入"：检验的视角 …………………………… (116)
　本章小结 ………………………………………………………… (124)

第三章 资本的驱动：教师为何申报教学项目 (126)
一 资本驱动：教学项目的申报动机 (126)
二 外驱增强：当教学项目制遇上锦标赛制 (131)
三 弱势驱动：教学项目之于科研项目 (136)
本章小结 (138)

第四章 弱势的惯习：教师如何面对教学项目 (140)
一 "教学中心地位"的观念与教学项目的边缘化 (140)
二 教学良心与教学项目功利性 (151)
三 教师评价逻辑与教学项目特性 (156)
四 积极的教学项目政策与教学项目的低效性 (160)
本章小结 (170)

第五章 错位的行动：教师如何应对教学项目 (172)
一 教学项目运作中的委托代理关系 (172)
二 委托代理关系下的教师错位行动 (175)
三 项目制逻辑导致教师行动错位 (185)
本章小结 (190)

第六章 实践的优化：基于教学项目如何促进大学教师教学发展 (193)
一 大学教学走向工具理性与价值理性的和谐统一 (193)
二 教学项目制超越技术理性逻辑 (201)
三 教师提升教学道德 (206)
本章小结 (211)

结 语 (213)
一 本书的主要结论 (213)
二 本书的创新与贡献 (217)
三 本书的不足和局限 (218)

附录1　访谈提纲(教师) ………………………………………… (220)

附录2　访谈提纲(管理人员) …………………………………… (221)

附录3　Q大学教学项目获批数量汇总 ………………………… (222)

主要参考文献 ……………………………………………………… (224)

后　记 ……………………………………………………………… (237)

绪　　论

能够发现问题，是做学问的起点。

——梁启超

一　选题背景与缘由

（一）重视大学教师教学发展已成为基本共识

大学之所以为大学，是因为有教学的存在。教学是大学教育的中心环节，是进行人才培养，实现教育目标的基本途径。因此，"应该给予教学以优先考虑，因为大学中的其他事情都有赖于它，都从它的发展中汲取力量"[①]。教师是决定大学教学质量的关键因素，高质量的大学教学必须有高素质的师资队伍作为支撑。中外历代教育家都对教师的作用予以高度肯定。在当代高等教育理论的话语体系中，"大师"几乎等同于教育质量。提高大学教学质量必须依靠高质量的教师教学。

自中世纪大学建立以来，质量就是大学的核心问题。[②] 在传统大学观中，教学是大学的唯一使命，教学质量也就等同于教育质量。随着大学的发展变化，教学不再是大学的唯一使命，但依然是大学的首要使命。然而，当大学变得越来越丰富和复杂时，教学质量如何得到保障，教师

---

①　[美] 罗德斯：《创造未来：美国大学的作用》，王晓阳等译，清华大学出版社2007年版，第82页。

②　Neave, G., "The Politics of Quality: Developments in Higher Education in Western Europe 1992–1994", *European Journal of Education*, Vol. 29, No. 2, 1994, pp. 115–134.

教学能力如何得到提升，势必会成为影响当代大学存在合法性的新问题。[1] 大学教师教学问题由来已久，只是从未像当前受到如此关注。

美国学者马丁·特罗认为：高等教育在规模扩张过程中，大学的教学与科研质量都会受到严重威胁。[2] 我国高校自1999年开始"扩招"，高等教育规模不断膨胀，各种问题接踵而来，其中教学质量问题尤为突出。2001年的统计资料表明，教育部直属71所大学的平均师生比达1∶18.18（其中20以上的20所，25以上的6所，还有达到30以上的）。[3] 2002年的调查数据显示，部分高校教师每周课时达20节以上的情况非常普遍，有的甚至多达40课时，一人承担3门以上课程的教师占到60.2%，最多者达到6门。[4] 到2005年，经过几年的努力，师生比情况有所改观，但与扩招之前相比，生源结构发生了较大变化，学生的认知基础、学习态度等影响了教师教学；另外，学生数量的增加、教师教学工作量的增多同样会影响教学效果。教学质量受到规模扩张的影响已是一个不争的事实。[5] 当然，教师不是决定教学质量的唯一因素，但"教师质量是影响高等教育质量最关键的校内因素"[6]。

影响大学教学质量的另一个重要原因是当前被学界和教师普遍诟病的"重科研轻教学"的教师考评制度。目前，受外在环境的影响，我国大学热衷于把科研作为学校职能体系的重心，许多高校对教师的考评存在着严重的重科研轻教学的倾向，对教师的所有考评都强调科研成果。科研成果的数量和质量决定了教师专业技术职务晋升及其薪酬分配，教师的身份认可和职业认同也主要来自其科研业绩。这样的评价导向，无疑会导致教学职能的边缘化。"科研第一位、教学无所谓"，成为教师的

---

[1] 北京大学教育评论编辑：《提升大学教师的教学能力》，《北京大学教育评论》2014年第2期。

[2] Martin. Trow, "Problems in the Transition from Elite to Mass Higher Education", *Conference on Future Structure of Post-secondary Education*, Paris, June 26-29, 1973.

[3] 潘懋元：《大众化阶段的精英教育》，《高等教育研究》2003年第6期。

[4] 马万华：《扩招后高等学校教学质量状况分析》，《高等教育研究》2002年第5期。

[5] 谢安邦等：《高校扩招后教学质量调查与分析》，《教育发展研究》2005年第8期。

[6] 贾勇宏：《论影响高等教育质量的学校相关因素——基于全国121所高校问卷调查的实证分析》，《中国人民大学教育学刊》2011年第3期。

行动原则,他们把精力倾向于投入科研,从而忽视教学和学生,对教学敷衍了事,严重影响了教学质量。

引起我们关注大学教师教学发展的原因也与当前师资水平有待于进一步提高有关。在我国能否成功申请大学教师职位,主要取决于申请者是否具有高级学位以及科研能力情况。很多教师都是获得硕士学位、博士学位后直接从事教学的,他们既未系统地学习教育教学理论知识,又没有教学实践经验,主要是通过自己摸索去提高教学能力。当然,有一些教师通过这种方式也能成长为优秀教师,但在当今信息技术广泛应用于课堂教学、教育教学理念发生深刻变化和教学质量备受关注的时代,这种自发的成长方式显然已不能满足高质量教育教学的需要。徐继红调查了某省的四所大学,发现对于教学能力,教师自我评价不高,学生评价更低,学生不够满意,与教师自身的期望也尚有很大差距。[1]

在高等教育关注质量的时代,21世纪以来,提高质量也成为我国高等教育的主旋律,尤其是提高教学质量。为了保障高校教学质量,政府先后采取了诸多措施。但是总的来看,十多年来进行的大学教学质量保障是倾向于宏观的、外围的工作,其主导逻辑是工程逻辑,这一逻辑偏爱数量和宏大场面,重视建设、偏重硬件。[2] 工程逻辑主导下的教学质量保障能够解决专业、教师数量、实验室和图书等宏观和硬件方面的问题。我们不能否认外在措施对大学教学质量保障在一定程度上是有力而有效的,但这种路径忽视了问题的关键,即微观层面的软件建设——教师的发展。

令人欣喜的是,2001年教育部、财政部出台的《关于实施高等学校本科教学质量与教学改革工程的意见》(教高〔2011〕6号)以及2012年教育部下发的《关于全面提高高等教育质量的若干意见》(教高〔2012〕4号)等文件都对提升大学教师教学能力做出了明确的要求。自这些文件颁布以来,以大学教师教学发展为主题的会议相继召开。厦门

---

[1] 徐继红:《高校教师教学能力结构模型研究》,博士学位论文,东北师范大学,2013年,第146页。

[2] 吴振利:《美国大学教师教学发展研究》,教育科学出版社2010年版,第3页。

大学于2014年11月16日至19日召开了"两岸四地大学教学文化与教师发展学术研讨会"①。会议把教学文化与教师发展密切联系在一起,讨论了相关热点问题。2014年11月28日至29日,中国高等教育学会、高等教育学专业委员会、德国高校教学研究会、德国高等教育研究会、华中科技大学教师教学发展中心在华中科技大学联合举办了"高校教师教学发展工作坊",主题为"高校教师教学发展中心专职人员的专业化"②。2014年12月6日,"安徽省高校教师教学发展联盟2014年研讨会"在中国科学技术大学召开,研讨会的主题是"新时期高校教师教学发展的建设与实践"③。中南民族大学则于2014年12月27日至29日,举办了以"建设·研究·实践"为主题的高校教师教学发展学术研讨会。④ 这些会议的召开显示了理论研究者和实践工作者对大学教师教学发展的关注度,也是大学教师教学发展问题研究热潮的开始。

(二)高校教学项目制悄然兴起

改革开放以后,我国采取了渐进性的增量改革发展模式,社会运行依循双轨制逻辑。"虽然双轨制运行并没有妨碍资本积累和经济总量的增长"⑤,但因财政分权造成的寻租活动盛行、地方经济过热局面以及严重的地方保护主义的结构性矛盾极为突出。尤其是财政包干制则更是导致了地方政府行为的短期化以及强化了地方与中央的讨价还价能力,从而使中央与地方财政关系无序,削弱了中央政府的财力。⑥ 针对结构性矛盾,尤其是为了增强因放权和地方竞争而弱化的国家和中央政府的税收

---

① 陈斌:《建设教学文化 服务教师发展》,《高等教育研究》2015年第1期。
② 华中科技大学:《关于举办高校教师教学发展工作坊的通知》,2014年11月21日,http//jky.hust.edu.cn/list_show.asp?Class_Fid=54&FunID=&id=851,2015年1月6日。
③ 中国科学技术大学:《"安徽省高校教师教学发展联盟2014年研讨会"召开》,2014年12月10日。http://news.ustc.edu.cn/xwbl/201412/t20141210_206522.html,2015年1月10日。
④ 中南民族大学:《建设·研究·实践:高校教师教学发展学术研讨会暨首届民族地区及民族院校教师教学发展协作会议通知》,2014年10月28日,http://news.scuec.edu.cn/xww/?view-10124.htm,2014年12月10日。
⑤ 渠敬东、周飞舟、应星:《从总体支配到技术治理——基于中国30年改革经验的社会学分析》,《中国社会科学》2009年第6期。
⑥ 渠敬东:《项目制——一种新的国家治理体制》,《中国社会科学》2012年第5期。

汲取能力，1994年中央政府进行税收和财政体制改革，开始实行分税制。

实行分税制以后，国家财政宏观调控能力和税收汲取能力明显增强，国家财税收入持续增长，中央开始掌握前所未有的大量财政资金。另外，分税制实行之初，在集中地方财力的同时，并没有从根本上改变改革之前中央和地方的财政支出格局。地方政府在"分灶吃饭"模式下，因为"支大于收"出现巨大的收支缺口。① 在这样的背景下，国家开始运用财政转移支付，尤其是专项转移支付方式对地方政府运转进行支持。在此过程中，从中央到地方职能部门"（条条）系统"的力量不断增强，更为庞大而严格的项目申报体系和审计监察体系逐渐建立。中央开始用"项目"引导、激励地方政府和项目承包者②，即财政转移支付运用项目制手段超越行政层级体制灵活处理。这些支付多是由"条线"部门用项目资金或者专项支付的方式自上而下地流动和转移，而基层或地方政府则需要通过项目申请的方式获得财政转移支付。③ 项目制逐渐演变成为一种治理体制，一种用"项目"把中央、地方以及基层各层级政府统合起来，国家自上而下主导发展的治理体制，即所谓的"项目治国"。

项目制作为一种国家治理体制，广泛应用于我国许多公共领域，高等教育领域亦不例外。事实上，在大学管理中采用项目制手段并非始于改革开放以后，早在中华人民共和国成立初期国家就采用许多重大项目引领高校科学研究的发展。④ 改革开放后，为落实大学办学自主权，政府逐渐放权，另外，由于高等教育自身的特性以及发展所处的特定阶段，还需要继续发挥政府对高等教育改革与发展的主导作用。"在这样一种既要发挥政府的主导作用，但又不能简单依靠行政手段的情况下，国家治理高等教育的项目制应运而生"⑤，并逐步演变为一种基本手段。

---

① 渠敬东、周飞舟、应星：《从总体支配到技术治理——基于中国30年改革经验的社会学分析》，《中国社会科学》2009年第6期。
② 周飞舟：《财政资金的专项化及其问题——兼论"项目治国"》，《社会》2012年第1期。
③ 折晓叶、陈婴婴：《项目制的分级运作机制和治理逻辑——对"项目进村"案例的社会学分析》，《中国社会科学》2011年第4期。
④ 姚荣：《大学治理的"项目制"：成效、限度及其反思》，《江苏高教》2014年第3期。
⑤ 陈廷柱：《"项目体制"与全面深化高等教育改革》，《苏州大学学报》（教育科学版）2014年第3期。

20世纪90年代以来，我国政府在科学研究上的经费投入持续快速增长，国家主导的科研项目在类型和经费方面的变化，可以说是"与中国经济的增长以及项目制在政治经济文化等领域的全面推行和逐年扩张是一致的"①。当前，教育行政主管部门以及相关机构在高校中所设科研项目数量之多、影响之大，众所周知。科研项目制通过政府用分配和奖补资金的手段调动了高校和教师的科研积极性，极大地提升了高校的学术水平和科研能力。

一方面，随着科研项目制的广泛运用和实施，其优势开始体现；另一方面，我国高等教育在20世纪90年代末期开始进行"扩招"，资源缺乏、规模庞大以及政府财力薄弱，为我国高等教育质量危机的凸显投下了阴影，而高等院校并未及时有效地对社会各界的质量诉求予以回应，这种滞后最终不可避免地带来质量危机的凸显。在此背景下，政府和教育主管部门开始把项目制思维运用到高校教学管理中，旨在通过设立教学项目调动教师的教学积极性，提高教学质量。

2007年1月，教育部和财政部联合发布《关于实施高等学校本科教学质量与教学改革工程的意见》，启动了高校本科教学质量与教学改革工程（以下简称"质量工程"）。此项工程是高等教育领域实施"211工程""985工程"和"国家示范性高等职业院校建设计划"等项目之后，国家设立的一项重大高校教学改革项目。随后，在国家级"质量工程"项目建设的带动下，各省市、高校也纷纷出台了"质量工程"配套政策，积极进行省级和校级"质量工程"项目的建设工作。我国高等教育可谓是进入了"质量工程"时代。毫无疑问，"质量工程"政策的最终目标是保障和提高大学教学质量。历经十年，"质量工程"的实施是否达到了预期目标？部分行政主管部门、高等院校甚至学者用项目的建设数量来显示"质量工程"实施取得的成效，用数据表明："我国高校'质量工程'自实施以来硕果累累、成效显著。"②但是，这些数字是否能表明教学质量

---

① 肖瑛：《作为治理术的科研项目制》，《云梦学刊》2014年第3期。
② 汪雅霜、矫怡程：《"985工程"大学质量工程实施成效分析——基于主成分分析法和聚类分析法的实证研究》，《教育学术月刊》2013年第4期。

的提高？它们之间的逻辑关系似乎不需要深入论证。真正能够衡量教学质量提高的标准在于教师教学质量的提高。

然而，为什么众多质量保障措施、教学项目实施多年之后，大学传统的教育教学思想、教学方法和教学行为等依然统治着学校和课堂，教学创新、教育革新、以学生为中心等依然停留在口号上？[①] 从政府层面到院校层面，嵌入教学管理体系中的教学项目制运作之下，项目实施能否有效促进大学教师教学发展？是否达到了制度设计的目的？大量的教学项目究竟在多大程度上支持、促进了教师教学发展？其有限性又如何？多年来，"这些外部引导和驱动方式或手段对高等学校的教学质量究竟有没有提高仍然是一个悬而未答的问题"[②]，反过来，影响大学教师教学发展的因素又有哪些？当大学教师教学发展遭遇教学项目制，我们又该如何利用教学项目促进教师教学发展？如何从教学项目制的视角看待和解决教师教学发展问题？对于这些问题，同样需要揭示和解释。

二 相关研究述评

在本书中，大学教师教学发展是研究主题，项目制是切入视角，教学项目对教师教学的作用是要揭示的重要问题，三个方面相关的文献都与本书密切相关。因此，文献综述主要围绕大学教师教学发展、项目制以及教学项目对大学教师教学发展的影响三方面展开。

（一）大学教师教学发展相关研究

教学发展是涵盖于教师发展的一个部分，有关教师发展的理论和实践必然与教学发展相关；教师教学能力是教师教学发展的核心，相关文献同样有着重要的借鉴意义。故分别以大学教师发展、大学教师教学发展、大学教师教学能力为主题的相关研究进行综述。

---

① 刘振天：《高校教学评估何以回归教学生活本身》，《高等教育研究》2013年第4期。
② 郭卉、唐巍华、刘琳：《高校自我评估与教学质量改进》，《高等工程教育研究》2012年第3期。

1. 大学教师发展作为对象的研究

教师发展研究开始于20世纪60年代的美国，随后逐渐成为许多其他国家教育领域共同关注的问题。经过几十年的理论研究和实践探索，特别是基础教育领域的教师发展研究已取得了系统的、全面的和成熟的丰硕成果。从本书需要出发，这里重点关注教师发展影响因素与促进策略两方面的研究成果。

教师发展是一个动态、持续的复杂过程，其影响因素也十分复杂。国内外学者对此进行了深入探讨，综观各种研究结论，影响教师发展的因素无外乎教师个体内在因素和外在因素。教师个体内在因素指源于教师自我角色愿望、需要及实践和追求[①]，主要包括个人性情和特征、兴趣和爱好、教育信念、专业态度、认知能力、道德状况、生涯发展、动机发展、教育反思和自我专业发展需要和意识等。外在因素主要源于社会发展和教育进步对教师角色与行为改善的规范和期望，主要包括家庭因素（家庭中的角色期望、家庭成员健康状况、家庭重大变故、家庭经济现状、家庭婚姻情形等）、学校因素（规章制度、管理方式、专业组织、专家教师指导、教师协会、课程教材与教育目标等）、社会因素（社会变迁、社会期望、教师社会地位和声望、教育行政机构、相关政策与制度、活动社区等）、时空因素（教师时间和学校空间结构）等。[②] 这些研究尽管是针对中小学教师的，但对于大学教师发展同样有着重要的借鉴意义。

[①] 韩淑萍：《我国教师专业发展影响因素研究述评》，《现代教育科学》2009年第5期。

[②] 徐斌艳：《教师专业发展的多元路径》，上海教育出版社2008年版，第7页。Grundy S. & Robinson J., *Teacher Professional Development: Themes and Trends in the Recent Australian Experience*, Maidenhead: Open University Press, 2004. Johnson, M., & Kardos, M., "Keeping New Teachers in Mind", *Educational Leadership*, Vol. 59, No. 6, 2002, pp. 12 – 16. 王宪平、唐玉光：《时空因素对教师专业发展的影响》，《教师教育研究》2006年第5期。饶见维：《教师专业发展——理论与实务》，五南图书出版公司1998年版，第133页。Ralph Fessler & Judith C. Christensen., *The Teacher Career Cycle: Understanding and Guiding the Professional Development of Teachers*, Boston: Allyn & Bacon, 1992, p. 60. Glatthorn. A., *Teacher Development. In: International Encyclopedia of Teaching and Teacher Education*, Oxford: Elsevier Science Ltd, 1995, pp. 41 – 45. 刘洁：《试析影响教师专业发展的基本因素》，《东北师范大学学报》（哲学社会科学版）2004年第6期。赵昌木、徐继存：《教师成长的个人因素探析》，《临沂师范学院学报》2004年第4期。叶澜等：《教师角色与教师发展新探》，教育科学出版社2001年版，第231页。吴清山：《教师生涯发展之探讨》，师大书苑有限公司1995年版，第249—250页。

关于大学教师发展影响因素研究还鲜有较为系统的文献,但也有学者进行了相关探索。杰姆斯·费尔韦瑟(James S. Fairweather)和罗伯特·罗德(Robert A. Rhoads)指出大学新教师所带来的定向文化和组织文化之间的一致性以及教师奖励对教师发展有重要影响。① 约翰·默里(John P. Murray)相信好的教学是被管理者重视的,缺乏领导和一个正式的、有组织的方案会严重损害有效的教师发展。② 玛丽·索斯纳里和珍妮特·尼尔强调大学教师的家庭状况、私人生活以及公民生活会影响其专业发展。③ 阿斯旺·哈姆扎(Aswan Hamza)指出女性教育者的国际经验在其转型学习中有着重要作用,这与其专业发展有关。④ 肯·贝恩(Ken Bain)强调卓越的教师是后天造就的。⑤ 还有研究者认为大学教师发展是教师为了满足其职业角色的需要,在组织内外环境的规约下,在观念、认知、修养、技能和行为等方面发生的积极变化⑥,这其中强调了组织环境对教师发展的影响作用。我国学者吴陈颖、张静指出,教学反思能力、教师身份认同感、批判性思维和教育叙事是影响高校教师专业自主发展的因素。⑦ 另外,有研究者关注了青年教师的发展。宋金玲指出人才培养是一个系统工程,从这个角度看青年教师的成长既需要自身良好的内在素质为基础,还要有合适的外部环境和有益的客观条件作保障。她对影

---

① James S. Fairweather and Robert A. Rhoads, "Teaching and the Faculty Role: Enhancing the Commitment to Instruction in American Colleges and Universities", *Educational Evaluation and Policy Analysis*, Vol. 17, No. 2, 1995, pp. 179 – 194.

② John P. Murray, "Faculty Development in a National Sample of Community Colleges", *Community College Review*, Vol. 27, No. 3, 1999, pp. 47 – 64.

③ Mary D. Sorcinelli and Janet P. Near, "Relations Between Work and Life away from Work Among University Faculty", *The Journal of Higher Edueation*, Vol. 60, No. 1, 1989.

④ Aswan Hamza, "International Experience: An Opportunity for Professional Development in Higher Education", *Journal of Studies in International Education*, Vol. 14, No. 1, 2010, pp. 50 – 69.

⑤ [美]肯·贝恩:《如何成为卓越的大学教师》,明廷雄等译,北京大学出版社2007年版,第20页。

⑥ Simpson, R. D., Jackson, W. K., "A Multidimensional Holistic Approach to Faculty Renewal", in D. W. Wheeler & Associates, *Enhancing Faculty Careers: Strategies for Renewal*, San Francisco: Jossey – Bass, 1990, pp. 166 – 187.

⑦ 吴陈颖、张静:《高校教师专业自主发展的影响因素分析》,《黄山学院学报》2013年第1期。

响青年教师成长的师承效应、"马太效应"、价值取向、环境因素、智力结构、生活与社交、个性心理品质、专业与文化知识、政策举措和身体素质十个基本因素进行了分析。① 何应林认为教师的学习与认知能力、性格特征、职业道德、职业发展动机、自我管理能力和反思能力等教师的个体因素是影响民办高校青年教师成长的主要因素，并对此进行了阐述。②

如何有效地促进大学教师发展，是大学教师发展研究领域中研究较为集中的问题。研究者们一直致力于这方面的探索，提出了各种类型的大学教师发展模式。根据教师发展机构的作用和地位，有研究者把美国高校教师发展划分为校园中心模式、多校区合作模式、特殊目的中心模式、院系项目发展模式四种模式。③ 罗兹玛丽·凯福瑞拉（Rosemary S. Caffarella）等学者认为，美国大学教师专业发展主要有自我主动式发展、同行协作式发展、大学指引式发展和社会参与式发展。④ 依据在大学结构中教师发展活动所处的位置，有学者划分出了分散模式、中央模式、整合模式以及混合模式。⑤ 另有研究者则把开展大学教师发展事物的微观方式归纳为咨询服务模式、专业服务模式及合作服务模式三种类型。⑥ 20 世纪 90 年代，美国的奥恩斯坦·C.（Ornstein A. C.）和比哈尔·S.（Behar L. S.）对前人的研究进行了总结，把教师发展模式划分为五种模式，包括观察、评估模式，个人自我指导模式，培训模式、探究模式、

---

① 宋金玲：《试论影响高校青年教师成长的基本因素》，《中国高教研究》2002 年第 3 期。
② 何应林：《影响民办高校青年教师成长的个人因素研究》，《北京城市学院学报》2010 年第 5 期。
③ Wright, D. L., "Program Types and Prototypes", in Gillespie, K. H. Hilsen, L. R., Wadsworth, E. C., A Guide to Faculty Development: Practice Advice, Examples, and Resources, Bolton, Massachusetts: Anker Publishing Company, Inc, 2001, pp. 24-34.
④ Rosemary S. Caffarella, Lynn F. Zinn, "Professional Development for Faculty: A Conceptual Framework of Barriers and Supports", Innovative Higher Education, Vol. 23, No. 4, 1999, pp. 241-254.
⑤ Hicks, O., "Integration of Central and Departmental Development: Reflections from Australian Universities", International Journal for Academic Development, Vol. 4, No. 1, 1999, pp. 43-51.
⑥ Boud, D., McDonald, R., Educational Development through Consultancy, Guildford, UK: Society for Research in Higher Education (SRHE), 1981, p. 7.

参与发展和改进过程模式。① 包正委、董玉琦则把发达国家的高校教师发展从发展的角度总结为聚焦于个体、组织、制度化发展的三种模式。② 周海涛、李虔按组织方式把大学教师发展模式统归为"自上而下"模式、"自下而上"模式和"上下融合"模式。③ 时伟立足学术取向,提出了大学教师发展的学位教育模式、社区教育模式、校本教育模式。④

也有不少学者基于动力来源的不同探讨教师发展方式的不同模式,将教师发展分为外推型发展模式、外推—内生型发展模式以及内生型发展模式。外推型教师发展模式主要靠外在政策、制度的调节和规范形成教师的发展动力。其主要研究目的是经由审视当前教师发展政策、制度的问题或学习别国的经验,最后落脚于如何设立有效的教师发展政策和制度,对教师起到引领、激励作用,以推动教师发展。在这种模式中教师发展动力来自外界,社会、政府和大学为促进教师发展创设良好的外部环境。如徐燕兰指出,由于大学教师发展是一个多元化、多层面的发展体系,既需要教师根据自身条件自主寻求发展,还需要国家和大学的制度规范和引导,包括政府为教师的发展提供相应的制度保障,大学为教师发展提供政策导向,营造良好的氛围。⑤ 威廉·伯格威斯特(William H. Bergquist)等指出,不管大学教师发展的内容与组成结构之间如何作用,任何形式的教师发展都在一定的制度环境中实现。⑥ 张德良认为在探寻西方国家大学教师发展意义过程中,人们已普遍认为大学教师发展与制度共生共存。在分析了美国、德国和英国大学教师发展制度的基础上,他指出,中华人民共和国成立以来,我国的大学教师发展在管理制度上具

---

① 高芸主编:《高等学校青年教师培养的理论与实践》,中国地质大学出版社2008年版,第82—85页。
② 包正委、董玉琦:《发达国家高校教师发展的模式演进探析》,《外国教育研究》2014年第5期。
③ 周海涛、李虔:《大学教师发展的模式探析》,《大学教育科学》2013年第4期。
④ 时伟:《大学教师专业发展模式探析——基于大学教学学术性的视角》,《教育研究》2008年第7期。
⑤ 徐燕兰:《促进高校教师专业发展的制度建设》,《教育与教学研究》2014年第1期。
⑥ William H. Bergquist and Steven R. Phillips, *A Handbook for Faculty Development*, Washington, D. C.: The Council of Independent Colleges, 1977, p. 11.

有突出的国家强制特点，国家控制与教师自主形成"二元对立"状态。在此背景下，我国大学教师发展制度的重建思路应是从强调国家控制的"二元对立"状态走向国家控制与教师自主"二元共融"的理想发展制度模式。[①] 顾建民以浙江大学为个案分析了教师发展政策，指出通过实施以教师业绩考核为核心的人事和分配制度改革对教师专业发展产生了重要影响，要使政策效果最优化，需要进一步处理教师专业发展中眼前利益与长远利益、个体利益与整体利益、外在压力与内在动力、被动发展与主动发展的关系问题。[②] 魏捷在阐述了大学教师专业化理念的基础上指出大学应不断完善教师准入制度，夯实每个阶段发展制度和政策，打造高水平教学团队，形成完善的制度体系，同时要加大教学评估力度，以加快教师发展。[③] 另外，毛亚庆、蔡宗模[④]，郝翔、陈翠荣[⑤]，张安富、李博[⑥]等研究者也进行了相关研究。后现代专业主义认为这种外推型大学教师发展模式是一种"外铄论"，并对其进行批判，"现代专业主义把教师专业发展视为外在的要求，教师在国家和学校的制度要求下被动地进行发展"。后现代专业主义强调教师发展是"自觉主动地改造、构建自我、与世界、他人、自身内部的精神世界的过程"[⑦]。

外推—内生型大学教师发展模式主张通过设立相应的组织机构，开展以训练、培训为主要内容的发展项目来实现教师发展，在这个过程中教师发展既受到外部力量的控制，同时又参与其中，发挥了一定的主动性。也就是说，大学教师发展的实质是依靠教师自身和教师之外的多种力量，采用多种不同的手段措施促进教师素质的持续提高。我国大学除

---

① 张德良：《国际视野下大学教师专业发展制度及对我国的启示》，《现代教育科学》2011年第3期。
② 顾建民：《大学教师专业发展的政策分析》，《中国高教研究》2009年第5期。
③ 魏捷：《高等院校如何助推教师专业发展》，《教育研究》2010年第5期。
④ 毛亚庆、蔡宗模：《建国以来高校教师专业发展的制度审视》，《清华大学教育研究》2010年第6期。
⑤ 郝翔、陈翠荣：《大众化进程中我国高校教师队伍发展与政策效果分析》，《中国高教研究》2012年第5期。
⑥ 张安富、李博：《高校青年教师专业发展制度的反思与重构》，《国家教育行政学院学报》2012年第9期。
⑦ 姜勇：《论教师专业发展的后现代转向》，《比较教育研究》2005年第5期。

了采用以培训的形式开展教师专业发展工作之外，还应当在学习借鉴国内外一些大学教师发展机构可取做法的基础上，结合学校现有的教育教学资源，针对不同年龄阶段、不同专业类型的教师制定适合教师个体的职业发展计划，帮助教师实现教学发展。[1] 在国外，很多大学普遍重视开展教师发展项目。例如，麻省理工学院的教学和学习实验室，面向教职工提供与教学相关的任何咨询。咨询内容可以是各种教学方法，也可以是如何处理课堂紧急情况、如何评价学生等内容。[2] 哈佛大学博克教学中心实施了多种习明纳、专题研讨、组织课堂讨论、写作教学等项目，其主要服务对象是研究生助教。[3] 国王学院的卓越教学中心亦提供包括教学咨询、同伴教学评价、提供网络资源以及教学工作坊等项目。[4] 美国大学教学发展项目专家约翰·森特（John A. Centra）进行的调查显示：教学技能发展实践对于提高教学质量是有成效的，发展项目的核心问题必须是教学的改进，教师们愿意参与此类实践活动。[5] 一方面组织机构的设立体现了自上而下的外推力量；另一方面教师在机构的引导和驱动下参与、体验发展项目，自我发展的意识被唤醒。有研究者认为，我国教师发展中心的建设整合了国家制度设计、大学发展和教师需求的多方诉求，其目标在于教师发展自觉、自主行动的实现。同时，提出我国高校教师发展中心建设应以制度为向导，把知识发展作为核心内容，满足不同高校教师发展的特殊性需求。[6]

主张内生型大学教师发展模式的研究者认为，教师专业发展机制主

---

[1] 朱飞、李荣、徐延宇、刘进宝、刘志刚：《以专门机构推进我国高校教师发展探析》，《中国高教研究》2013年第8期。

[2] Massachusetts Institute of Technology, "Programs and Services", http://web.mit.edu/tll/programs-services/index-programs-services.html, 2012.

[3] Harvard University, "Programs", http://bok-center.fas.harvard.edu/icb/icb.do?keyword=k1985&tabgroupid=icb.tabgroup118671, 2012.

[4] Center for Excellence in Learning and Teaching, http://www.kings.edu/academics/celt.htm, 2009.

[5] John A. Centra, "Types of Faculty Development Programs", *Journal of Higher Education*, Vol. 49, 1978, p.154.

[6] 李小娃：《高校教师发展中心建设的制度逻辑与理论内涵》，《中国高教研究》2013年第12期。

要依托于刚性推进的制度、政策和外部形塑的培训体系,这使很多教师缺失自觉、自主、能动的自我发展习惯,停留在浅层的、被动的发展阶段而难以获得真正的、实质性的发展。[1] 因此,该模式倾向于教师发展的动力应来自教师自身。这种来自教师个体自身内部的动力能够使教师发展成为自发、自觉或自为的行为,教师不再满足于某个固有的层面,不再固化为学校的客体角色,不再局限于被动接受和适应的局面,而是成为自我解放、自我发展的主体,为生成彰显主体意义的境界努力。[2] 只有这种基于自主发展的教师发展才更为有效。该模式主张通过文化渗入、反思等途径实现教师发展。沈梦洁、孔垂谦认为,反思性教学有利于新教师形成良好的专业发展意识,能促进新教师知识的积累,有利于促进新教师教育科研能力的发展,是高校新教师专业发展的有效途径。[3] 有研究者指出,教师的自我反思行为表明其职业认同和专业发展上升到更高的层次。[4] 另有研究者提出,成为自己教学的研究者是高校教师教学发展的重要途径。[5] 还有研究者从文化的角度谈及此问题,认为大学文化是影响教师专业发展的根本和基础,是教师专业发展的土壤,具有巨大的渗透性、稳定性和持续性[6],以及"文化自觉能促进大学教师增强自我专业发展的意识和动力,促使大学教师进行自我反思"[7]。迪尔洛伦·A.(Dilorenzo W. A.)强调院系文化、院系氛围对大学教师发展的影响,认为院系应创造积极的外部环境,促进教师发展。[8] 安德烈·比驰(Andrea

---

[1] 魏薇、陈旭远、高亚杰:《论我国高校教师专业发展"自为"的缺失与建立》,《国家教育行政学院学报》2011年第2期。

[2] 同上。

[3] 沈梦洁、孔垂谦:《反思性教学:高校新教师专业发展的有效途径》,《理工高教研究》2007年第5期。

[4] 林浩亮:《大学教师专业发展的文化桎梏及其破解》,《河北师范大学学报》(教育科学版)2010年第6期。

[5] 张会杰:《成为自己教学的研究者:高校教师教学发展的重要途径》,《现代大学教育》2014年第5期。

[6] 姜美萍:《以大学文化建设助推高校教师发展》,《高等教育研究》2013年第8期。

[7] 林浩亮:《大学教师专业发展的文化桎梏及其破解》,《河北师范大学学报》(教育科学版)2010年第6期。

[8] Dilorenzo W. A., "The Role of Department in Promoting Faculty Development: Recognizing Diversity and Leading to Excellence", *Journal of Counseling and Development*, Vol. 16, No. 4, 2004.

Beach）提出，院系的教学风气对教师的教学方式和教学动机能够产生一定影响，良好的教学文化风气有益于提升教师教学质量。①

2. 大学教师教学发展作为对象的研究

大学教师教学发展作为专门的研究对象近几年才开始受到学术界的关注。到目前为止，专门以大学教师教学发展为研究对象的文献尚为数不多，且存在相互借鉴和重复程度较高的现象，研究处于起步阶段。

在如何理解大学教师教学发展的问题上，相关研究普遍认为教学发展是相对于教师发展的其他方面（个人发展、组织发展和专业发展②等）而言的，但也呈现出多种不同观点。概括起来，大致有以下几种：第一种是"过程说"，这种理解把教师教学发展视为一个由低水平到高水平的发展过程。例如，陈德良、周萍在分析发展和教师发展概念的基础上，把教师教学发展理解为是教师为了实现人生价值、获得全面发展，利用内部与外部的行动，通过教学反思，解决教学困难，提升教学水平的过程。③ 焦燕灵则认为教师教学发展是指在主观努力和客观条件的支持下，教师更新教学观念、提升教学能力，实现自我价值和促进学生发展的过程。④ 第二种是"目标说"。李力从狭义和广义上解释了教师教学发展，他认为从狭义上来说，教师教学发展是指教师在教学能力和水平上得到提高；从广义上来看，它可以扩展到教育界甚至学术界的全面发展。⑤ "目标说"很明显重点强调教师教学发展的目标。第三种是"内容说"，这种定义侧重大学教师教学发展的内容，核心在于教师教学发展包括哪些内容。林杰、李玲认为教学发展是指目的在于提高教学技能的活动，

---

① Andrea Beach, *Strategies to Improve College Teaching*: *The Role of Different Levels of Organizational Influence on Faculty Instructional Practices*, Michigan State Universtiy, 2002.

② Centra, K. T., "Faculty Evaluation and Faculty Development in Higher Education.", In J. C. Smart ed., *Higher Education*: *Handbook of Theory and Research*, New York: Agathon Press, 1989, pp. 155 – 179.

③ 陈德良、周萍：《教师教学发展的路径探讨》，《教育理论与实践》2011 年第 3 期。

④ 焦燕灵：《高校教师教学发展的内涵、意义与路径指要》，《教育探索》2013 年第 4 期。

⑤ 李力：《我国高校教师教学发展的历史演进》，《科技导刊》2013 年第 1 期。

如教学方法的改进、课程设计和教育技术的运用等。① 此外，李婷婷②、顾瑶韵③也从"内容说"的角度定义了大学教师教学发展。第四种是"综合说"。吴振利从多个方面综合理解大学教师教学发展，认为它是以准教师与教师为主体，以教学发展为内容，把个人发展和组织发展作为根本方式，目的在于提高教师个人教学、改进教师所在组织的教学和促进学生学习的一系列行为。④ 总的来看，对于大学教师教学发展是什么的讨论，研究者们从自己研究角度的需要去理解，从一开始就出现了不同路径，众说纷纭，缺乏权威性的定义。对于已有的不同理解我们无意去讨论其恰当与否，而是希望能够在后续的研究中更合理、更恰当地揭示大学教师教学发展的含义。

大学教师教学发展是一个实践性较强的问题，如何促进大学教师教学发展是大学教师教学发展的核心和本真问题。研究者试图从策略、路径、方式、模式以及借鉴别国经验等角度回答这一问题。

大学教师教学发展途径是研究促进教师教学发展最主要的角度。大学教师教学发展的途径有多种，研究者们（郑家茂、焦燕灵、陈德良、黄菡、潘小明、李林凤、董方旭、耶斯纳·斯坦纳特等⑤）的主要观点可归纳如下：首先是观念先行。观念是行为的引导者。有研究者认为，促进教师教学发展首先要观念先行。从大学教师个体到高校管理者都要树

---

① 林杰、李玲：《美国大学教师教学发展的背景与实践》，《中国大学教学》2007年第9期。

② 李婷婷：《美国大学教师教学发展的启示》，《集美大学学报》2010年第4期。

③ 顾瑶韵：《美国高校教师教学发展的实践》，《教育评论》2012年第6期。

④ 吴振利：《美国大学教师教学发展研究》，教育科学出版社2012年版，第45页。

⑤ 郑家茂、李爱国、潘晓卉：《注重教师教学发展 提高大学教学品质》，《中国大学教学》2010年第5期。焦燕灵：《高校教师教学发展的内涵、意义与路径指要》，《教育探索》2013年第4期。陈德良、周萍：《教师教学发展的路径探讨》，《教育理论与实践》2011年第3期。黄菡、庞岚：《论高校教师教学发展》，《黑龙江高教研究》2010年第5期。潘小明：《论高校教师教学发展的意义和策略》，《宁波大学学报》（教育科学版）2013年第6期。李林凤：《新形势下高校教师教学发展路径探讨》，《学理论》2013年第12期。董方旭：《以角色转变促进高校青年教师的教学发展》，《高教研究与实践》2012年第3期。Yvonne Steinert, Karen Mann, Angel Centeno, Diana Dolmans, John Spencer, Mark Gelula & David Prideaux, "A Systematic Review of Faculty Development Initiatives Designed to Improve Teaching Effectiveness in Medical Education: BEME Guide", *Medical Teacher*, Vol. 28, No. 6, 2006.

立教学发展的理念、教学学术以及教学中心地位的观念,才有教师教学发展的可能。其次是加强政策引导,完善制度保障。教师教学发展政策与制度可以引导、规范教师教学行为。针对当前教师教学发展政策和制度的问题,研究者建议应通过政策导向,使高校教师的教学发展成为教师的自觉行动,例如,设置各级教学奖励项目,完善教学发展制度,包括建立大学教师培养制度;修订现行教师资格制度;实行大学教师助教制度;改革大学教师评价制度。再次是组织建设。健全的组织有利于工作的顺利开展,教师教学发展专门机构的设立也是大学教师教学发展的重要途径之一。高校需设立教师教学发展中心、教学团队等组织,开展教学工作坊、名师讲座、教学咨询、教学沙龙和教学观摩等项目,为教师教学发展搭建平台。最后是营造教学文化。教学文化是支撑教师教学发展制度和组织的根基,缺失了教学文化,任何一种制度和组织都不能从根本上促进教师教学发展。邬大光[1]、张连红等[2]深刻认识到教学文化建设对教师教学发展的重要性。

大学教师教学发展的实践模式研究是从较具体的层面探讨如何促进大学教师教学发展。1998 年,美国学者帕克·帕尔默(Parker P.)提出了共同体(community)教师教学发展模式,即教师与其他教师形成一个共同体,相互支持、共同学习、一起合作,在这个共同体中获得发展。[3] 2005 年,戴维·德格斯(David M. Deggs)提出采用学科阅读环的形式帮助大学教师发展,即环状教师教学发展模式。[4] 简单地说,就是一些教师围绕共同感兴趣的主题形成一个小组,小组成员围绕主题进行讨论、交流,最后共同发展。[5] 王瑜、陈时见从分析、诠释及批判三种视角把美国

---

[1] 邬大光:《教学文化:大学教师发展的根基》,《中国高等教育》2013 年第 8 期。

[2] 张连红、陈德良、王丽萍:《高校教学文化建设与教师教学发展》,《中国高等教育》2014 年第 8 期。

[3] K. Lynn Taylor & Dieter J. Schönwetter, "Faculty Development as Institutional Leadership: A Framework for Meeting New Challenges", *HERDSA*, 2002, p. 651.

[4] David M. Deggs, *An Investigation of the Relationship between Teaching Perspectives and Faculty Development Activities among Faculty in Higher Education*, Northwestern State University, 2005, p. 32.

[5] Michelle Erklens - Watts, "Theresa Westbay and Eileen Lynd - Balta. An Alternative Professional Development Program", *College Teaching*, Vol. 54, No. 3, 2006, p. 275.

高校教师发展模式分为工具性知识、情境性知识和反思性知识三类发展模式。① 虽然文章标题是教师发展模式,但是从阐述内容来看,完全可以理解为教师教学发展模式。除此之外,依据不同的标准划分,国外教师教学发展模式还有多种形式,在此不一一列举。

有学者认为由于文化、管理体制的国别差异,简单模仿国外模式并不适宜,于是在借鉴别国经验的基础上,开始探讨本土化的实践模式。吴振利、饶从满构建了大学教师教学发展的理想结构模型,其中强势教学发展文化是助力场,松散教学—教研团队是依托与基础,合作支持与发展型关系是辅助性支撑,反馈—反思是其基本方式,日常对话、深度交往和教学观摩等是合作的非正式松散形式。② 随后,吴振利又提出了自我指导性大学教师教学发展模式。该模式主要是教师在自己评价的基础上通过明确目标、测定差距、制订规划和采取行动等措施实现自己的教学发展,同时该教学发展模式重视广域实践、同事、反馈、科学可行的规划在教学发展中的作用。③ 包正委提出"学习—实践—发表"模式,"学习"是教学发展的基础,教师通过"实践"环节把教学认知转化为行为,利用"发表"深化对教学实践与理论联系的认识,在三个环节的实施过程中提升教育教学能力。④

美国经验借鉴则是从比较的角度研究如何促进教师教学发展。自密歇根大学于 1962 年最先成立教学研究中心,美国成为世界上较早关注教师教学发展的国家。作为大学教师教学发展起步较早、相对较成熟的国家,美国成为我国学习的首要对象。

在对美国大学教师教学发展的研究中,吴振利对美国大学教师"如何实现教学发展"的问题进行了较为深入的探讨。他指出美国大学教师

---

① 王瑜、陈时见:《美国高校教师发展的价值取向与实施模式》,《高等教育研究》2013 年第 4 期。

② 吴振利、饶从满:《论非正式松散合作性高校教师教学发展》,《教育研究》2011 年第 1 期。

③ 吴振利:《论自我指导性大学教师教学发展——以"721"学习法则和自我指导性学习过程为基础》,《黑龙江高教研究》2012 年第 9 期。

④ 包正委:《"学习—实践—发表"三阶循环:本土化的大学教师教学发展模式》,《中国大学教学》2014 年第 5 期。

教学发展主要着眼于解决"如何教与如何教得更好"的问题。美国大学教师教学发展包含非常丰富的内容，从知识领域、内容性质和内容层次不同角度来看，分别包含了不同的内容。①

其他研究者多是从院校案例分析的角度探讨美国大学教师教学发展。马健生、鲍枫以西南密苏里州立大学为案例②，崔军以麻省理工学院为个案③，叶伟敏以密歇根大学为例④，邢俊基于杨百翰大学个案⑤对美国教师教学发展进行了研究。这些研究对单个院校的教师教学发展进行剖析，从微观层面呈现了这些院校是如何促进教师教学发展的，进而总结其特点，指导我国大学教师的教学发展实践。

3. 大学教师教学能力作为对象的研究

教师教学能力发展是涵盖于教师发展的一个部分，有研究者认为大学教师专业化的核心在于提高教师的教学能力⑥，开始于美国的大学教师发展运动最初就是从教学能力的角度阐释大学教师发展⑦，因此，有研究者就把教师发展理解成教学能力的提升。

(1) 大学教师教学能力影响因素研究

从总体上来看，国内外学者对影响教师教学能力的因素研究也同教师发展影响因素研究的两种角度类似。一种是以教师个人为坐标，把影响因素分为个人因素和非个人因素。例如，有研究者指出影响青年教师教学能力发展的因素可归为外部因素和内部因素。外部因素主要包括国家政策和学校制度，是教师以外的外部环境提供的帮助和支持，内部因

---

① 吴振利：《美国大学教师教学发展研究》，教育科学出版社 2012 年版，第 181 页。
② 马健生、鲍枫：《美国高校教师教学专业发展探析——以西南密苏里州立大学为例》，《比较教育研究》2005 年第 10 期。
③ 崔军：《基于麻省理工学院的案例研究——世界高水平大学教师教学发展运行机制探析》，《扬州大学学报》2014 年第 5 期。
④ 叶伟敏：《美国大学青年教师教学发展研究——基于密歇根大学的案例分析》，硕士学位论文，福建师范大学，2013 年。
⑤ 邢俊：《美国大学促进教师教学发展的举措探析——杨百翰大学的个案研究》，《重庆高教研究》2014 年第 5 期。
⑥ 张应强：《大学教师的专业化与教学能力建设》，《现代大学教育》2010 年第 4 期。
⑦ 周光礼、马海泉：《教学学术能力：大学教师发展与评价的新框架》，《教育研究》2013 年第 8 期。

素指教师个体因素，如教师的主动性、积极性和态度等。这些因素各自独立，同时又彼此联系，共同构成青年教师教学能力发展的影响因素系统。① 另一种是根据教师成长的阶段来讨论影响因素的划分。例如，有研究者指出影响教师教学能力发展水平的外在因素是高校教师的职前培养中不重视教师教学能力的发展以及高校缺乏有利的教师教学能力职后发展策略。②

从相对具体的层面看，有研究者对此问题进行了专题论述，余承海、姚本先从社会和高校两个方面较为全面地分析了影响高校教师教学能力发展的因素，包括教师终身教育体系尚没有形成、师范教育的缺失与偏颇、教学效能感的走低、教师教学能力发展的"高原期"、教学管理的偏颇以及教学与科研的失衡等。③ 有研究者指出当前大学教师教学能力难以提升是因为遭遇到多种障碍，主要有：高校教师选拔机制的固有缺陷、理论界关于高校教师教学能力的研究严重滞后、教师教学能力助长机制的缺失、教师评价制度的偏向以及教学管理力度的"软化"等。④ 也有学者基于单个或几个方面进行探讨。例如，有研究者对9所"211工程"重点建设高校的青年教师进行问卷调查，考察了高校青年教师教学能力的影响因素，认为教学志向具有最突出的预测作用，是最重要的因素。⑤ 有研究者从制度和文化的角度分析了影响大学教师教学能力提升的原因，指出教师制度中的重引进、轻培育，重形式、轻内容，重科研、轻教学，重数量、轻质量的困境以及由于教学文化缺失而造成的文化冲突影响了教师教学能力的提升。⑥

---

① 智安然：《我国高校青年教师教学能力发展研究》，硕士学位论文，南京理工大学，2013年，第22页。

② 徐继红：《高校教师教学能力结构模型研究》，博士学位论文，东北师范大学，2013年，第148页。

③ 余承海、姚本先：《高校教师教学能力形成及发展的影响因素探析》，《高等农业教育》2006年第3期。

④ 李茂科：《高校教师教学能力阻滞因素探析》，《企业家天地》2006年第3期。

⑤ 韦雪艳、纪志成、周萍、陆文君：《高校青年教师教学能力影响因素与提高措施实证研究》，《现代教育管理》2001年第7期。

⑥ 樊小杰、吴庆宪：《提升研究型大学青年教师教学能力：制度创新与文化重构并举》，《高等教育研究》2014年第9期。

（2）大学教师教学能力的提升途径研究

对教学能力研究的最终目的是提升教师教学能力，因此关于如何提升大学教师教学能力的研究贯穿于教学能力研究的始终，是教师教学能力相关研究中的重点。

有研究者归纳了国内外提升教师教学能力研究的不同模式，把国内对大学教师教学能力的培养归纳为"横向模式"，即把教师教学能力"客观化"，着重强调其"静态结构"，关注教师的学历文凭和科研成果等"技术化"的追求。而这种追求又通常受到各种物质奖励、职称晋升等外在因素的刺激。① 因此很多研究强调通过制度建设创设外部环境，张应强指出，大学教师的专业化必须要有相应的制度做保障，要通过制度创新引导学校、教师重视教师教学能力发展。② 樊小杰、吴庆宪建构了"教学力"概念，在此基础上提出应系统构建相应机制重点培育青年教师的教学力。同时他们强调制度和文化相结合是提高研究型大学青年教师教学能力的必经之路。③ 国外对教师教学能力的培养更倾向于实践化的路径，重视教师的"参与性"和"体验性"，可看作"纵向模式"，具体包括职前培训与在职培训两方面。④ 康斯坦斯·库克等人介绍了密歇根大学学习与教学研究中心开展的教学咨询、学生期中反馈等项目。所有干预组的教师对咨询和咨询人员都有很积极的认识，他们一致认为咨询有益于提高教学水平，咨询使得他们很容易能找到将研究、设计与教学结合起来的领域；他们针对学生期中反馈项目，于2009年对教师做了145次调查，其中78位教师做出了回应，所有回应者都认为这一服务很有价值。总之，通过这些项目的开展，教师教学实践得到了改善、学生学习能力得

---

① 田夏彪：《高校教师教学能力的提升——基于国内外研究的思考》，《大理学院学报》2013年第1期。
② 张应强：《大学教师的专业化与教学能力建设》，《现代大学教育》2010年第4期。
③ 樊小杰、吴庆宪：《提升研究型大学青年教师教学能力：制度创新与文化重构并举》，《高等教育研究》2014年第9期。
④ 田夏彪：《高校教师教学能力的提升——基于国内外研究的思考》，《大理学院学报》2013年第1期。

到提高。① 英国大学也设置了各类提升教师教学能力的机构和项目，并且规定培训需经过英国高等教育研究院（Higher Education Acadmy，HEA）的认证。目前，教学发展认证项目已在英国大学得到普遍推广，2012年HEA已认证134所高等教育机构的435个项目。项目中的各类课程模块、培训项目或方案主要是针对大学教职工专业发展尤其是教师教学能力提升。大学教师通过参加这些项目，促使他们运用教学理论系统地反思自身的教学实践。已有实证研究成果证明项目对教师教学产生了积极影响。②

两种不同的模式反映了国内外发展大学教师教学能力在实践和理论研究中的不同取向。两种模式各有其优缺点，"横向模式"能通过外围力量使得教学能力的提升效率高、见效快；"纵向模式"则能使教师通过自身体验以及在体验中总结、反思，切实提高教学能力，效果稳固而长久。两种模式在教师教学能力发展过程中可以发挥不同的功效，因此，我们应该根据不同的教师对象、不同的教学能力发展阶段以及不同的发展内容采用适当的模式。

（二）项目制相关研究

在我国，项目并不是新兴的事物，政府、企业以及高校等领域都不乏项目的影子。当前，关于"项目"的研究成果为数并不少见，研究领域跨越了经济学、政治学、管理学以及社会学等学科。但事实上，我们所涉及的项目制同经济学或管理学领域的"项目管理"或者"项目治理"的内涵并不相同。作为继单位制后的一项重要的国家治理体制，项目制以其强大的制度影响力成为近几年来学者们关注的焦点，研究成果主要集中于社会学领域。

---

① ［美］康斯坦斯·库克等：《提升大学教学能力——教学中心的作用》，陈劲、郑尧丽译，浙江大学出版社2011年版，第61—63页。

② 黄慧娟、成丽：《英国大学教学发展认证项目述评》，《河北师范大学学报》（教育科学版）2013年第10期。

1. 社会学领域中的项目制相关研究

社会学项目制研究中与本书相关的内容主要集中于项目制的生成、运作机制以及项目制下基层政府的实践运作几个方面。

(1) 项目制生成的研究

项目制作为政府资金配置的一种重要渠道和机制，是指"在财政体制的常规分配渠道和规模之外，按照中央政府意图，自上而下以专项化资金方式进行资源配置的制度安排"[①]。因此，有学者指出项目制的形成源于央地财政关系的变化。实行分税制改革后，自上而下、规模庞大的财政转移支付资金成为财政系统内的一个显著现象，其中专项资金占有极为重要的地位。不管是中央还是地方的基本建设支出，多是以项目资金的方式进行单列。随着专项和项目资金的规模日益增加，发改委和财政系统随之产生出一套包括项目申请、批复、实施、验收和审计制度。项目资金规模的迅速扩大和监督管理技术手段的发展，使得各种以项目管理为方式的政策、制度、法规和实际运行方式迅速发展起来。[②] 大量建设和公共服务资金普遍"专项化"和"项目化"了。周飞舟对专项资金的分配体制进行了系统的分析，指出项目制即财政资金的专项化，也就是政府间的资金分配逐渐通过"专项"或"项目"的方式完成。[③] 随后，项目制凭借其巨大影响力，溢出财政领域，成为众多领域中公共事务治理的一种重要机制。项目制逐渐超出每单个项目具有的事本主义特性，成为整个国家和社会治理、运行的重要机制，即学者们所谓的"项目治国"或"项目治理"。

但是，分税制并不是项目制形成的唯一因素，项目制成为一种具有治理意义的体制，除了分税制带来的各级政府间的财政关系变化外，必须具备更多的结构要件，例如：项目财政必须对地方政府或基层社会产生强大的激励作用、中国市场经济的发展、政府提供公共产品和公共服

---

① 周雪光：《项目制：一个"控制权"理论视角》，《开放时代》2015年第2期。
② 渠敬东、周飞舟、应星：《从总体支配到技术治理——基于中国30年改革经验的社会学分析》，《中国社会科学》2009年第6期。
③ 周飞舟：《财政资金的专项化及其问题——兼论"项目治国"》，《社会》2012年第1期。

务的事业、绩效合法性的思维模式等。①

（2）项目制运作机制的研究

项目制之所以被广泛关注，是因为它区别于单位制的特殊的运作方式，作为庞大规模资源的再分配机制，项目制的运作机制成为项目制研究中较为集中的领域。折晓叶、陈婴婴从"项目进村"这个微观事例入手，在各层级政府分级治理、分级运作的理论框架下，分析了项目制在宏观制度背景下的运作机制。项目制是在村庄、地方政府和国家这三个行动主体共同参与下发展和演变的。国家部门通过实施"发包"行为，来刺激调动地方政府主动申请项目，参与其政策意图的落实；"打包"运作是地方政府运作项目的有效机制，地方政府通过"打包"行为，把各个（条线）部门的财力吸引到地方来，为地方"块块"谋取发展；基层社会组织（村庄）为获得本地发展所用资源积极参与项目制的引进，即所谓的"抓包"政府项目。② 渠敬东研究发现，项目制治理逻辑同科层制一样依然是自上而下的权威主导，只是两者在双重体制内构成了新的双重权威而已。在新权威主导下，地方政府热衷于"跑项目"、争项目，希望获得灵活运作的空间，将多个项目整合后，统一规划，通过有效运用专项资金来实现自己的治理意图。③ 杜春林、张新文认为项目制是依附于科层制上的一套政府运行体制，这种依附性使各级政府的政策意图能嵌入项目制中，使项目制运作过程中的府际互动得以形成，从而促动项目资源在科层制体系中有序流动。但项目制所呈现出的依附性、互动性特点在维护项目制生存的同时，也使得项目制陷入两难困境。④

有研究者通过活生生的、具有真实感的案例呈现了项目制的运作逻辑。黄宗智等借助政府通过项目制推广双季稻种植政策的实际案例分析了政策的运作过程，指出在实际运作中，"项目制"所遵循的其实是逐利

---

① 渠敬东：《项目制——一种新的国家治理体制》，《中国社会科学》2012年第5期。
② 折晓叶、陈婴婴：《项目制的分级运作机制和治理逻辑——对"项目进村"案例的社会学分析》，《中国社会科学》2011年第4期。
③ 渠敬东：《项目制——一种新的国家治理体制》，《中国社会科学》2012年第5期。
④ 杜春林、张新文：《从制度安排到实际运行：项目制的生存逻辑与两难处境》，《南京农业大学学报》（社会科学版）2015年第1期。

价值观下所形成的弄虚作假以及权与钱、官与商勾结的一套逻辑，它依赖的是地方政府和投标人的牟利积极性这一激励机制。在项目制运行中，表现出的是逐利观念下的权与钱的结合，具体表现为"官商勾结"，并且日益固化成稳定的治理机制。[1] 陈水生通过文化惠民工程考察了项目制的实施过程与运作逻辑。研究发现，公共文化服务项目制运行中存在着强烈的国家主导逻辑与地方自主逻辑，官僚政绩至上逻辑与公民需求导向逻辑之间的内在矛盾与困境，从而影响了项目制的执行效果。[2]

还有研究者把目光集中到项目制中基层组织的运作逻辑。李祖佩指出由于项目制在基层组织实践中表现出来的偏离项目制度精神以及其复杂性，从而促使研究者把研究视域聚焦于基层组织，在获得现实经验例证的基础上，依循自下而上的视角审视项目制的运行过程和绩效。[3] 陈家建关注到基层政府的项目化运作活动，指出项目制为基层政府提供非常规的增量资源。项目"发包"部门直接控制这些增量资源，避开了常规的行政程序，有效地动员基层组织，实现上级政府的意志。此外，项目制动员还造成了科层体系的重构及项目制自我扩张的影响。[4] 李祖佩通过我国西部某农业型乡镇，呈现了项目下乡背景下的乡镇运作逻辑：国家项目输入的过程，也是乡镇政府自利性诉求凸显并发挥作用的过程。[5] 2015 年，李祖佩继续对相关问题进行探讨，在一项研究中指出在基层实践中，项目制并没有塑造自主的治理和政治空间，并不构成所谓的"新的治理体系"；基层运作是项目制与基层政治社会各要素之间交互、碰撞的结果，后者决定了项目制基层运行的实效。[6] 此外，李祖佩在与钟涨宝

---

[1] 黄宗智、龚为纲、高原：《"项目制"的运作机制和效果是"合理化"吗?》，《开放时代》2014 年第 5 期。

[2] 陈水生：《项目制的执行过程与运作逻辑——对文化惠民工程的政策学考察》，《公共行政评论》2014 年第 3 期。

[3] 李祖佩：《项目制的基层解构及其研究拓展》，《开放时代》2015 年第 2 期。

[4] 陈家建：《项目制与基层政府动员——对社会管理项目化运作的社会学考察》，《中国社会科学》2013 年第 2 期。

[5] 李祖佩：《项目下乡、乡镇政府"自利"与基层治理困境——基于某国家级贫困县的涉农项目运作的实证分析》，《南京农业大学学报》（社会科学版）2014 年第 5 期。

[6] 李祖佩：《项目制的基层解构及其研究拓展》，《开放时代》2015 年第 2 期。

的一项共同研究中发现，基层政府（组织）在矛盾调处中"各扫门前雪"，并没有形成组织合力。项目制实践过程中基层秩序维持的一般逻辑是"资源依赖"[1]。项目进村之后，一方面乡镇政权的"权"减弱了，另一方面又不得不开始为项目进村"跑腿办事"，乡镇政权走向"协调型政权"[2]。在乡镇政府项目申请过程中，镇政府通过对项目实施包装向上级部门申请资金，并采取虚报数量、政绩等手段提高项目申请的成功率。[3]

从以上综述可以看出，对于项目制运作机制研究大致有两条路径，一是自上而下地从整体、宏观治理的角度审视项目制的制度逻辑，认为项目制是一种新的国家治理体制，把其并列于"单位制"；二是自下而上地通过真实案例、从基层组织透视项目运作机制。前者更多地从理论的高度阐释项目制普遍意义上的逻辑及精神意涵，后者则更多是具有个别性的、关乎实际运作的经验研究。

（3）项目制效果的研究

有着重要地位的项目制其实施效果究竟如何？这是一个应该且必须被关注的问题。

有学者肯定了项目制的成效，指出项目制可以在一定程度上实现中央集权与地方分权间的平衡；可以将国家意图有效地贯彻到基层；可以平衡地方之间的发展不平衡，便于实现垂直的专业化管理和控制。

更多的学者发现，"项目制有时会导致始料不及，甚至与政策目标相悖的后果"[4]。周雪光在一个北方乡镇修路项目的个案研究中指出地方政府借用项目制资源来提供公共产品的同时，为其他目标注入资源，反而使村庄背负了沉重债务，原有的公共信任和社会关系受到侵蚀，导致集

---

[1] 李祖佩、钟涨宝：《分级处理与资源依赖——项目制基层实践中矛盾调处与秩序维持》，《中国农村观察》2015年第2期。

[2] 付伟、焦长权：《"协调型"政权：项目制运作下的乡镇政府》，《社会学研究》2015年第2期。

[3] 冯猛：《后农业税费时代乡镇政府的项目包装行为 以东北特拉河镇为例》，《社会》2009年第4期。

[4] 周雪光：《项目制：一个"控制权"理论视角》，《开放时代》2015年第2期。

体债务和削弱集体治理的后果。① 周飞舟研究发现，项目和专项资金并非像上级政府预想的有效率，出人意料的是，就县和乡这两级基层政府来看，尽管财政资金专项化的趋势非常明显，但却没能够达到专项资金真正服务三农的预期效果。②

张良以国家公共文化服务体系示范区项目为个案研究发现，示范区建设相关部门为了应付文化部等相关国家部委的检查，主要关注文化站面积、投资、用房项目设置和设备达标等情况，而忽略了文化站设施的使用率、群众对文化站的满意度等。公共文化服务体系示范区建设沦为政治表演、走秀做形式，造成文化服务的缺位与错位，公共文化服务体系建设并没有取得预期的成效。③ 孙新华在其研究中指出项目运作的效果并不尽如人意，惠农项目企业化运作一方面在当地市场形成了垄断市场的局面；另一方面造成基层组织在农民心目中的地位和形象及其在乡村治理中的治权削弱。④ 马良灿在关于农村扶贫工作研究中，认为扶贫结果同扶贫项目的初衷和目的是相背离的，各类扶贫项目被地方各种权力利益关系左右，很难真正惠及贫困群体。⑤

通过文献梳理可以发现，多数学者对于项目制的效果持否定态度，认为项目制没有达到其预期结果。另外，部分研究针对的是项目制运作的效果，而并非具体项目本身的目标。

2. 高等教育学领域中的项目制相关研究

正如有学者指出，项目制作为一种自上而下的资源分配机制与形式，已经溢出财政体制，成为其他许多领域中治理和推动任务部署的重要形式，高等教育领域亦不例外，"项目已经逐步演变为国家治理高等教育的

---

① 周雪光：《通往集体债务之路：政府组织、社会制度与乡村中国的公共产品供给》，《公共行政评论》2012年第1期。

② 周飞舟：《财政资金的专项化及其问题——兼论"项目治国"》，《社会》2012年第1期。

③ 张良：《"项目治国"的成效与限度——以国家公共文化服务体系示范区（项目）为分析对象》，《人文杂志》2013年第1期。

④ 孙新华：《惠农项目的企业化运作：机制、问题与对策》，《安徽师范大学学报》（人文社会科学版）2014年第1期。

⑤ 马良灿：《项目制背景下农村扶贫工作及其限度》，《社会科学战线》2013年第4期。

基本手段"①。但项目制在高等教育改革与发展中的作用和影响，还没有引起学术界广泛关注。到目前为止，高等教育领域中有关项目制研究的文献屈指可数。

　　陈廷柱从宏观层面剖析了项目治理方式对高等教育改革与发展的影响。在分析了国家治理高等教育的项目体制产生背景的前提下，他认为项目体制对高校的改革与发展起到了显著的促进作用：项目体制是嵌入并贯彻国家意图的有效手段；项目体制可以绕过行政或单位体制的壁垒，推进各种教育和创新要素的重新组合；绝大多数项目会采用竞争性的立项建设或审批办法，是一种较为柔性的治理方式；专家权力在项目体制中得到了较好的体现；项目体制是当前国家治理公共事务的基本方式。在肯定作用的同时，陈廷柱也指出了项目体制带来的问题，他指出由于项目体制所遵循的主要是集权逻辑、增量改革逻辑、专项与部门逻辑、择优逻辑，从而造成高校仍然处在被动应对的地位，自主办学能力受到削弱；高校关注的可能是增量而不是改革，教师关注的可能是项目剩余而不是项目质量；项目一旦和具体管理部门联系在一起的时候，项目的部门特征与利益割据难以避免，项目之间的统筹安排相当困难；项目数量日益膨胀的结果，扩大了高等教育地区间的差异，加剧了高等学校之间的层次分化，导致了教师之间的贫富悬殊等问题。在总结项目体制在高等教育治理中的优点和存在的问题的基础上，陈廷柱认为依然存在着采用项目体制的合理性与必要性，但应针对其消极影响加以调整，具体来说就是要控制项目经费在教育投入中所占的比例；要对各种项目进行评估；应建立项目设立的协调机制，要适当加大对落后地区和薄弱学校的项目支持力度。②

　　李福华、姚荣、肖瑛等学者从中观层面针对不同问题从不同角度审视了高等教育领域中的项目制。李福华论述了我国高等教育重点建设战略由单位制到项目制的转型。他指出中华人民共和国成立后的重点高校建设具有显著的"单位制"特征，从"211工程"到"985工程"，以

---

①　陈廷柱：《"项目体制"与全面深化高等教育改革》，《苏州大学学报》（教育科学版）2014年第3期。

②　同上。

"项目"为重点、竞争性、开放性等"项目制"特征开始显现;"高等学校创新能力提升计划"(以下简称"2011 计划")已具有明显的"项目制"特征:协同创新中心是具体项目、竞争性、开放性和实施严格的"项目管理"[①]。姚荣指出项目制已深刻地嵌入我国大学治理的体系中,大学和政府之间的关系从完全依附、行政隶属关系转变为资源依赖与策略互动关系。项目制衍生了新的大学与政府的关系格局,规训了高校与教师群体的行动逻辑,产生了"项目异化"、大学组织体系扩张、教师群体内部分化、学术腐败、学术工厂化、大学发展同质化等"意外后果"[②]。肖瑛专门探讨了高等教育领域中的科研项目制,指出必须把项目制嵌入更宏大的锦标赛体制之中,这样高校和科研机构的锦标赛制才能成为一个以科研项目制为核心的"赢者通吃"体制。但科研项目制的运用也带来了极其严重的问题,即项目制是长官意图的具体贯彻,妨碍了学术自由;催生了学术腐败;把人才培养的核心功能边缘化。[③]

郭建如、周志光则把高职场域的组织学习、能力生成与组织变革置于项目制背景下,考察了示范校的建设过程,从相对微观的层面分析了项目制在现实中的执行过程,探讨了项目制对组织学习的组织方式及组织学习效果的影响。他们认为组织学习是高职院校新能力生成与组织变革的重要机制,并指出项目制虽能促进组织学习,也会产生学习陷阱,影响场域内的知识创新。[④]

由此可见,尽管国家在高等教育领域实施了大量项目,但高等教育领域中对于项目制研究的关注是随着社会学领域的研究,在近两年才刚刚开始兴起,而对于项目制的微观研究更是鲜有。

(三)教学项目对大学教师教学发展影响的相关研究

教学项目的主体是"质量工程"项目。2007 年,我国正式启动高等

[①] 李福华:《从单位制到项目制:我国高等教育重点建设的战略转型》,《高等教育研究》2014 年第 2 期。
[②] 姚荣:《大学治理的"项目制":成效、限度及其反思》,《江苏高教》2014 年第 3 期。
[③] 肖瑛:《作为治理术的科研项目制》,《云梦学刊》2014 年第 3 期。
[④] 郭建如、周志光:《项目制下高职场域的组织学习、能力生成与组织变革》,《北京大学教育评论》2014 年第 2 期。

教育本科教学质量改革工程。随后，全国各省、自治区、直辖市以及所在的高校都开始了"质量工程"的建设。目前，"质量工程"已经实施十年，许多研究者围绕这一项目开展研究，并出现了一些研究成果。

1. "质量工程"项目整体对教师教学发展影响的研究

对于"质量工程"的整体研究，多集中在对"质量工程"建设的现状、问题及对策的讨论中。在揭示问题的同时，亦有少数学者肯定了"质量工程"的成效，但主要是从项目建设数量、评选公平与否以及增加投入数量等方面来衡量，其中只有少数研究反映了"质量工程"对教师教学发展的影响。

周传胜、刘军峰认为在青年教师的培养上，高校应紧紧抓住优质教育资源，积极发挥"质量工程"项目的示范、引领和反哺作用，促进青年教师的专业化成长。他们介绍了牡丹江师范学院近年来学校启动的"名优工程"：发挥名师引领作用，实行名优教师开展公开课活动、名优教师帮扶机制；推进精品课程建设，培养青年教师教研能力；发扬团队精神，培养青年教师科研与服务能力。通过开展这些项目，许多青年教师迅速成长起来，提高了教学质量。[1] 有研究者指出高校实施本科教学质量工程，通过提供项目经费等措施在一定程度上调动了教师参与教学改革、投入教学工作的积极性。[2] 史玺锋在揭示"质量工程"成效时肯定了对教师发展的作用，指出"质量工程"调动了广大教师的教学积极性，显著提高了教师队伍的整体素质。[3]

2. 精品课程建设项目对大学教师教学发展影响的研究

我国国家精品课程项目启动于2003年，2007年该项目被列入"质量工程"。

关于精品课程的研究大致可分为两大类：第一类是基于某学校的精品课程建设或某一门精品课程建设的案例研究，即各高校精品课程建设

---

[1] 周传胜、刘军峰：《"质量工程"反哺青年教师培养初探》，《高等教育研究》2011年第5期。

[2] 谭涛：《高校教学质量工程：困境与变革》，《湛江师范学院学报》2001年第4期。

[3] 史玺锋：《甘肃省高等学校"质量工程"实施情况调查报告》，硕士学位论文，兰州大学，2010年，第13页。

的规划部署、组织管理和具体实施的相关研究文献，大都集中在对精品课程建设过程的经验总结；第二类是关于精品课程建设的理论研究文献，研究内容主要集中在精品课程的内涵与定位、基本内容、评估、建设模式、推广与资源共享机制、存在的问题及对策研究等方面。

只有零星的研究成果触及精品课程对教师发展的影响。柳礼泉、陈宇翔分析了湖南大学建设"毛泽东思想概论"国家精品课程的实践，指出教师通过精品课程项目提高了学术水平和教学能力，有助于教学研究，提高教学质量，教师队伍整体水平得到提高，从而也提升了课程建设质量，课程建设与教师队伍建设相济互促。① 乐山师范学院英语专业精品课程体系建设对教师专业化发展的促进在短短几年时间内已经取得了初步成效，一方面精品课程团队促进了团队中教师专业化发展，另一方面推动了非精品课程教师的专业化发展。② 有研究者论述了国家精品课程对年轻教师的成长促进体现在课堂教学上的示范作用、远离教师成长"近亲繁殖"、对课程的阐述及教案编写能力三个方面。③

3. 教学团队建设项目对大学教师教学发展影响的研究

教学团队不同于一般的工作群体，马廷奇认为教学团队应具有明确的教学改革目标，团队成员在长期合作的基础上形成教学集体，具有合理的职称、知识与年龄结构，是良好的教学实践平台。④

对教学团队的研究现状整体来看类似于对精品课程的研究情况，主要集中在对含义、特征、案例方面的探讨。教学团队建设的初衷之一就是促进教学中的传、帮、带和老中青教师相结合，提高教师的教学水平。教学团队从理论上对教师教学发展有着怎样的作用？在实践中又发挥了什么样的作用？只有少数研究对这些问题有所涉及。

---

① 柳礼泉、陈宇翔：《精品课程建设与一流教师队伍培养》，《高等教育研究》2007 年第 3 期。

② 孔令翠、王慧、罗明礼：《精品课程建设与外语教师专业化发展》，《外语教学理论与实践》2010 年第 4 期。

③ 谢泳涓：《论国家精品课程对高校年轻教师成长的促进》，《经济与社会发展》2007 年第 4 期。

④ 马廷奇：《高校教学团队建设的目标定位和策略探析》，《中国高等教育》2007 年第 11 期。

李昌新[①]、岳慧君[②]、支希哲[③]、方成智[④]、赵玲珍[⑤]等研究者对教学团队在大学教师发展中的作用已达成共识，指出教学团队提供了相互交流、相互支持的发展环境，它能够为教师发展提供情感动力，有利于增强教师自主发展的内驱力，有利于丰富教师的教学实践知识，有利于教师学习资源的拓展，有利于提高教师的教学实践能力，可以激发教师教育教学发展的主动性，有助于促进教师的专业成长。

有研究者结合实践中的教学团队案例探讨了教学团队对教师教学发展的实际效果。例如，沈阳大学通过"美国自然人文地理"课程的教学实践发现，纵向教学团队既能最大化发挥老教师对青年教师的"传、帮、带"作用，又能让青年教师最高效率地提高教育教学能力，以团体进行科研的形式还能缓解青年教师从事科研的心理压力，从而间接地反哺教学，提高青年教师的教学水平。[⑥] 南昌大学材料科学与工程学院建设的"材料热力学"教学团队对教师的教学能力提升主要体现在教学设计能力、反思和总结教学成功经验能力、教育教学交往能力三个方面。[⑦]

4. 教改项目对大学教师教学发展影响的研究

教改项目全称为"教育教学改革项目"，是教学项目的另一个重要组成部分。它采用以项目建设为管理对象，由项目负责人负责，实行项目中期检查、淘汰和期终审核验收的项目制管理模式。[⑧] 1994 年年初，国家提出制定并实施《高等教育面向 21 世纪教学内容和课程体系改革计划》。

[①] 李昌新：《基于教师教育专业发展的高校教学团队建设》，《中国高教研究》2008 年第 6 期。

[②] 岳慧君、高协平：《教师教育教学发展视角下的高校教学团队建设探讨》，《中国大学教学》2010 年第 5 期。

[③] 支希哲、罗向阳：《从教师专业发展角度看教学团队建设》，《高教发展与评估》2009 年第 4 期。

[④] 方成智：《高校教师教学团队建设的探讨》，《中国成人教育》2010 年第 24 期。

[⑤] 赵玲珍：《基于教师专业发展的教学团队建设》，《教育与职业》2013 年第 8 期。

[⑥] 宋阳、王焱：《论纵向教学团队建设与青年教师教学能力提升——以沈阳大学"美国自然人文地理"课程教学实践为例》，《文学教育》2014 年第 3 期。

[⑦] 罗岚、雷水金、魏秀琴、杨戈宁、陈建琴：《〈材料热力学〉教学团队对教师的提升作用》，《广州化工》2013 年第 9 期。

[⑧] 于冰：《浅谈教学改革项目》，《教育教学论坛》2013 年第 6 期。

1995年在北京举办的两次"高等教育面向21世纪教学内容和课程体系改革报告会",标志着我国教学改革计划的全面启动。当前,高校教学改革立项工作在各省、市以及高校得以普遍开展。

从教改项目的研究成果总体来看,多数文献主要是从管理层面对项目管理进行的探讨。刘春兰[①]、于冰[②]、邹永松[③]等研究者指出教改项目管理存在的问题主要有:立项和研究导向的功利化,管理过程过于格式化,管理环节缺乏有效动态监督,成果共享的封闭化,教改研究内容存在缺陷、教改实践和推广缺乏有效性等问题。在此基础上,他们提出改进教改项目管理的途径主要包括:从制定政策、制度上重视教学研究,构建动态监督体系,统筹校内项目安排,兼顾学科、职称与年龄,加强对教师的教学研究培训,事前立项和事后立项并重,管理方式注重参与和合作,建立教改成果共享资料库,改进选题、实践与推广两个关键环节等建议和措施。

高校开展教学研究活动直接指向教师和学生的教学实践发展工作,通过教学研究促进师生教学成长和提升教学实践效果是教改项目设立的目的。然而,截至目前笔者尚没有发现有研究者从教师教学成长的角度关注教改项目或从教改项目的视角审视对教师教学实践的效果。

(四)文献评析

1. 教学项目对教师教学发展影响的研究被忽视

教学项目对教师教学发展的影响亦即从教师教学发展的角度评价教学项目的有效性。教师的教学质量是高校教学质量的决定性因素,因此,这是一个极其重要的评价维度,但从文献分析中可以看到,教学项目对教师教学发展影响的研究是非常匮乏的。而且,现有的文献亦多属个人经验层面的总结,鲜有建立在科学规范之上的调查研究。由此可见,虽然我国教学项目实施多年,人们却忽视了从教师教学发展的角度对其有

[①] 刘春兰:《高校教研项目管理工作浅析》,《吉林农业科技学院学报》2016年第3期。
[②] 于冰:《浅谈教学改革项目》,《教育教学论坛》2013年第6期。
[③] 邹永松、陈金江:《回归实践:让教研项目真正推动教学改革》,《中国高等教育》2012年第10期。

效性进行评价这一重要课题,这种状况给本书创造了研究创新的空间。

2. 大学教师教学发展作为专门的研究领域正式进入研究者视野

从上述文献研究可以看出,研究者们对教师教学发展的研究主要涵盖于教师发展以及其他有关教师教学的研究当中,成果集中于基础教育领域。而在高等教育研究中,一直以来,"作为高等教育研究的一个重要领域——高校教师教学发展问题却成了被遗忘的角落"[1],学界对大学教师教学发展的关注度很低。近年来,随着《国家中长期教育改革与发展纲要》等相关文件的颁布,大学教师教学发展研究开始逐渐受到人们的重视,由于进入研究者视野的时间不长,所以目前大学教师教学发展研究成果数量很少,而且多为期刊文章。同其他处于初始阶段的研究一样,大多从观念入手,以思辨为主,总体呈现出直觉经验式、实践总结式为主的特点。具体研究内容囿于大学教师教学发展的含义、发展现状及促进策略等方面,理论的解释力、指导力还非常薄弱,远未形成清晰有力的理论体系。可喜的是,虽然是受到关注不久,但当前"高校教师教学发展问题以不可阻挡之势涌向了人们的认识视野"[2]。这表明,处于起步阶段的大学教师教学发展问题已迅速成为热点。

3. 基于影响因素视角的大学教师教学发展相关研究处于拓展阶段

基于影响因素视角的大学教师教学发展研究数量极其有限,所以我们只能综述其相关研究。而在相关研究中,影响因素视角的研究仍处在拓展和深化阶段。从文献分析过程中可知,大学教师发展研究多集中于教师专业发展内涵、教师专业发展存在问题、教师专业发展阶段以及发展实现途径和机制的研究;大学教师教学能力研究更多关注的是大学教师教学能力构成、能力提升途径等问题。在这些问题研究的基础上,影响因素视角的研究才开始渐渐进入研究者的视野。有学者指出,目前还

---

[1] 康翠萍、关雪、计巧、苏妍:《改革开放以来我国高校教师教学发展研究的趋势分析——一种结构式的定量研究》,建设·研究·实践:高校教师教学发展学术研讨会暨首届民族地区及民族院校教师教学发展协作会议论文集,2014年12月,第58—66页。

[2] 康翠萍:《一种认识理路:高校教师教学发展的现实反思与理性建构》,建设·研究·实践:高校教师教学发展学术研讨会暨首届民族地区及民族院校教师教学发展协作会议论文集,2014年12月,第16—27页。

鲜见基于影响因素视角探讨教师教学能力提升之核心要素的相关研究。①固然"鲜见"一词言之稍重，但由此可见这方面的研究还需进一步丰富。从现有研究成果来看，在研究理路上，以理论思辨为主，缺乏在掌握大量一手资料基础上的调查研究；在研究内容上，无论是专题论述还是基于单个或几个方面的探讨，都缺乏针对性强、深层次的因素分析，表面浅层的归因无法挖掘教师教学发展真正的、根本的问题，所提供的指导策略也无法使大学教师教学发展有实质性的突破。

4. 促进大学教师教学发展的策略研究有待于进一步深化

对于如何促进大学教师教学发展，无论是在大学教师教学发展研究的专门领域，还是教师发展研究领域，抑或是教师教学能力研究领域，都是本领域研究最集中的问题，因此这部分文献相对丰富。促进大学教师教学发展方式的研究存在借鉴别国经验，亦有本土化的探索；有不同动力源的外推型模式、外推—内生型模式和内生型模式；有关注教师教学能力的"静态结构"的"横向模式"和重视教师体验的"纵向模式"，不同的研究类型反映了学者们从不同视角、用不同方法去思考和探讨如何促进大学教师教学发展问题。其中有部分成果为本书开展的研究提供了可借鉴的研究视角和思路，但运用规范的社会科学研究方法，基于影响视角深层次的分析，真正有价值、有说服力的研究成果还非常有限。

三 研究意义与概念界定

（一）研究意义

如何促进大学教师教学发展这一问题是基于我国大学现实状况而提出的。在大学教学质量遭到政府、学校以及社会公众质疑的当前，本书力图从教学项目对教师教学发展的作用切入，在对其调查结果分析的基础上，探讨促进教师教学发展的路径，其意义主要有以下几个方面。

---

① 樊小杰、吴庆宪：《提升研究型大学青年教师教学能力：制度创新与文化重构并举》，《高等教育研究》2014 年第 9 期。

1. 可以揭示教学项目在我国高校教学管理中的实施效果

为提高高等学校教学质量，我国政府和高校出台了多项教学项目，这些项目实施多年来，效果究竟如何，如前文所述，本书试图用调查研究的方式揭示教学项目对教师教学发展影响的真实状况。反过来看，即是从教师教学的角度反映教学项目在我国高校教学管理中的实施效果，从而可以为政策制定部门对于高校项目政策尤其是教学项目政策的制定，以及项目管理部门的管理提供有意义的参考。

2. 有利于丰富大学教师教学发展理论

教师教学研究一直是我国基础教育热门而活跃的研究领域。20世纪80年代，德国卡塞尔大学高等教育和工作研究中心的U.泰克勒教授就指明：在高等教育领域，人们不愿意用相似的方式研究教与学的问题。[1] 一直以来，我国高等教育研究始终偏重宏观变革、关注高等教育外围以及"形而上"的研究[2]，对于大学自身的、根本性的问题——大学教学，始终未能给予足够的关注。这一现象必然造成大学教学理论研究还比较薄弱的状况。对于兴起不久的大学教师教学发展研究，这一问题则更为严重。到目前为止，有关大学教师教学发展的研究还只是零散地出现在基础教育中教师专业发展的研究框架中，大学教师教学发展理论的构建和丰富还需要更多的研究者致力其中。

本书着眼于教学项目制下的教师教学发展实践逻辑这一实践问题的揭示和解释，从教学项目对教师教学发展作用的调查研究入手，转换到"如何促进大学教师教学发展"的理论层面，其中尝试解决大学教师教学发展的维度有哪些？导致教学项目对教师教学发展影响结果的深层原因是什么？教学项目制下影响大学教师教学发展的因素有哪些？又该从哪些方面着手促进大学教师教学发展？对这些问题的系统地理论分析和论证，希望能丰富大学教师教学发展理论。

3. 能够为促进大学教师教学发展提供适当的指导策略

我国高等教育在经历了规模扩张之后，已转为以提高质量为核心的

---

[1] 胡森主编：《国际教育百科全书》（第4卷），贵州教育出版社1990年版，第408页。
[2] 龚放：《课程和教学：高等教育研究的潜在热点》，《高等教育研究》2010年第11期。

内涵式发展阶段。教师教学水平作为高等教育质量提升的关键因素，已越来越受到重视。为了提高教师教学能力，改进教师教学效果，2011年教育部、财政部下发的《关于实施高等学校本科教学质量与教学改革工程的意见》明确指出要正确引导高校建立适合本校特色的教师教学发展中心。在此政策的引导下，各高校纷纷成立了教师教学发展机构，而对于采用什么手段、方式才能有效促进教师教学发展，目前无论是理论层面还是实践层面都处于探索期。本书试图用收集到的一手资料揭示教学项目对教师教学发展的影响状况，并从理论层面解释其原因，从而发现教学项目制运作之下的教师教学发展实践逻辑，在此基础上探讨教师教学发展的有效路径，以期指导教师教学发展实践。

（二）概念界定

概念的界定是开展研究的起点，明确、清晰的概念可以标明研究的范围、内容和特征。大学教师教学发展和教学项目是本书的两个核心概念。

1. 大学教师教学发展

国外对大学教师发展的界定比较全面而系统的是1991年美国国家教育协会（NEA）发表的《大学教师发展：国力的提升》报告书，其中认为大学教师发展主要有个人发展、专业发展、组织发展和教学发展四个目标。个人发展指提高教师人际交往能力、维护健康、进行职业规划等；专业发展指获得或提高与专业工作相关的知识、技能与意识；组织发展指集中于创造有效的组织氛围，便于教师采用新的教学实践；教学发展指学习材料的准备、教学模式与课程更新。[1] 这一界定是在总结美国20多年的大学教师发展实践基础上提出的，因此颇具权威性。[2]

国内的研究中，潘懋元教授认为，广义上的高校教师发展指所有在职大学教师，通过各种方式、途径的理论学习和实践锻炼，使自己在各

---

[1] National Education Association, *Faculty Development in Higher Education: Enhancing a National Resource*, A Booklet in the Series To Promote Academic Justice and Excellence, Washington, D. C., 1992, pp. 2 – 10.

[2] 林杰：《大学教师专业发展的内涵与策略》，《大学教育科学》2006年第1期。

方面持续提高。大学教师发展在狭义上更多地强调其作为教学者的发展，即强调教师教学能力的提高，在一些国家或地区的特定阶段，由于教育发展水平以及认识的不同，它甚至仅仅指新教师培训。他认为，根据我国当前高等教育的发展水平，以及特定的文化背景，高校教师发展的内涵，应当主要包括学术水平的提高；教师职业知识、技能的提高；师德的提升三个方面。[①]

从以上表述可以看出，尽管美国学者和国内学者对大学教师发展的理解不尽一致，但都表明了大学教师发展包括较为丰富和宽泛的内容，教学发展是其中的一个领域或方面。

大学教师教学发展这一概念是建立在"大学""教师教学"和"发展"三个概念基础之上的。

"发展"一词的词性解析源于生物学，其原意来自"发育""成长"以及"进化"等词语。"有机体渐次向生物成熟的阶段演化就是发展……简短地说，发展指涉的是一个实现本体的过程，由 dunamis 而至 energeia，由潜能（potentia）而至行动（actus）。"[②] 例如：植物幼苗长大结果、婴儿成长为大人。《现代汉语词典》中对"发展"的解释有两种含义：一是事物由小到大、由简单到复杂、由低级到高级的变化；二是扩大（组织、规模等）。由此可见，发展无论从其本源还是现代的阐释都意味着向上、提高和进步，是一种正向的改变。

教师教学中的核心概念是教学，这里的教学指学校中专门的教学活动。对于教学的概念，学术界已有符合概念严格规定的表述，基本观点主要有两种，一是指师生教和学的活动，二是指教师指导学生学习的活动。本书中教师教学指教师的教学，很明显是指教师教学的活动。因此，书中教师教学指教师的教学活动、教学工作。

本书旨在从项目制的视角探讨大学教师教学发展，终极目的是寻求促进大学教师教学水平提高的有效策略和路径。基于以上对"教师教学"

[①] 潘懋元、罗丹：《高校教师发展简论》，《中国大学教学》2007 年第 1 期。

[②] ［英］约翰·汤林森：《文化帝国主义》，转引自李红专、杨胜荣《西方哲学中"发展"涵义的演变与反思》，《云南师范大学学报》（哲学社会科学版）2008 年第 2 期。

和"发展"概念的分析，根据研究需要，本书界定大学教师教学发展是指大学教师自身在教学活动（工作）上发生的正向改变。

2. 教学项目

项目来源于人们对活动的细分。人们为了区别持续不断、周而复始的活动，把临时性的、一次性的一类活动，称为项目（Projects）。① 在日常生活中，项目使用较为广泛，含义较为宽泛。建一栋楼房，开发一款新产品，制定一个营销方案，研究一个课题，组织一次旅游等都可以被称作项目。《现代汉语规范用法大词典》对项目的解释是"把事物分出的门类"②，这里的项目与"栏目"同义，涵盖范围非常广泛。在学术研究中，项目一词更多地出现在管理科学中。西方较权威性的管理学辞书《管理百科全书》中把项目解释为：项目是一个用于达到某一目标的组织单元，这个目标是遵守预算限额，依照预定的性能规定，准时成功地完成一件开发性的产品和任务。③ 美国项目管理协会定义项目是为创造独特的产品、服务或成果而进行的临时性工作。④ 美国学者罗伯特·威索基（Wysocki R. K.）认为：项目是一系列独特的、复杂的并相互关联的活动，这些活动有一个明确目标或者目的，且必须在特定的时间和预算内依据规范完成。⑤

在国内，项目最早出现于20世纪50年代（对共产主义国家的援外项目）。到目前已有许多学者从项目管理的角度对项目进行了界定，如项目是指目标载体在一定的时间和一定的预算范围内，达到预定质量目标的一项一次性任务⑥；项目原本指事本主义的动员或组织方式，也就是依照事情本身的内在逻辑，在限定时间和有限资源的约束下，利用特定

---

① 陈池波、崔元锋主编：《项目管理》，武汉大学出版社2006年版，第1页。
② 周行健等主编：《现代汉语规范用法大词典》，学苑出版社2001年版，第1231页。
③ 参见简德三编著《项目评估与可行性研究》，上海财经大学出版社2004年版，第5页。
④ ［美］项目管理协会：《项目管理知识体系指南》（第5版），许江林等译，电子工业出版社2013年版，第3页。
⑤ ［美］罗伯特·威索基：《有效的项目管理》（第4版），费琳译，电子工业出版社2009年版，第4页。
⑥ 王勇、方志达编著：《项目可行性研究与评估》，中国建筑工业出版社2004年版，第3页。

组织形式完成具有明确预期目标（某种独特产品或服务）的一次性任务。①

综观国内外组织或学者对项目概念的研究，尽管颇为繁多的定义表述不尽一致，但对于项目是一系列活动或任务的本质及其一次性、独特性、目标性、制约性和临时性等基本特征，大家的认识并没有根本上的差异。因此，依据学者的共识，结合本书项目制的背景，本书定义项目为：项目是通过竞争的方式获得，在限定时间和资源范围内达到预期目标的一次性任务。这一定义包含以下四层含义：其一，项目是一项任务或活动。这也意味着项目的动态特征，即项目是一个过程，我们不能只注重项目的结果，更要关注其过程。其二，项目须是利用有限的资源在限定的时间内完成。任何项目的完成都要受到一定条件的限制。其三，任务须满足质量、数量、技术指标等目标要求。项目有明确的目标，项目的完成要达到项目各方面的预期目标。其四，项目的获得具有竞争性。项目的获得不是由上级指派、分配产生的，而是经过申报、评审、认定等程序产生。

在此基础上，教学项目即是指通过竞争的方式获得，在限定的时间和资源范围内开展的有着预期目标的一次性教学实践、教学研究活动，包括教师教学和学生学习的实践和研究活动。因本书主要针对教师的教学，故教学项目仅指指向教师的项目。②

四 研究方法、过程与思路

（一）研究方法与研究过程

1. 研究方法的选取

研究方法是开展研究的工具，卡尔·波普尔（Karl Popper）说："任

---

① ［美］项目管理协会：《项目管理知识体系指南》（第4版），王勇、张斌译，电子工业出版社2009年版，第199页。
② 为行文方便，文中统一使用教学项目一词，不再单独指明。

何方法只要导致能够合理论证的结果，就是正当的方法。"① 本书的研究对象是教师教学发展，其主体即教师，要了解教师教学发展的实践逻辑，就要让教师把自己的体验讲出来、把自己的内心世界诉说出来，作为倾听者的研究者才能对他们的教学故事和意义建构进行解释。本书主要采用质性研究法，因为它可以满足本书解决问题的需要，达到研究目的。

量化研究与质性研究分别是方法论中的实证主义和人文主义对应的定量方法和定性方法形成的两种研究传统。"20 世纪 70 年代以来，教育科学领域发生了重要的'范式转换'：开始由探究普适性的教育规律转向寻求情境化的教育意义。"② 80 年代以后，教师研究出现了本体论和方法论上的范式转向：从将教师视为集体，转而视为独特的个体；从关注教师角色，转为重视教师的"声音"和认同；从侧重实证来分析统计教师，转向侧重用质性研究倾听教师的故事。③

与量化研究相比，质性研究是一种以"整体观"和"情境性"为核心概念的研究形式，它强调社会情境的整体性，重视现象中"人、事、物、情境"之间的互动，关注符号语言的功能与指涉、现象产生的意义，重视研究者与被研究者自身的反思与反诘。④ 这种研究方法具有实践逻辑取向、自然主义的探究方式、着重对意义的解释性、强调研究过程的发展演进和动态等特征。本书恰巧符合质性研究方法的这些特点。

首先，质性研究强调在丰富、流动的自然情境中考察人、事、物发展的动态过程，本书旨在在"大学—教学项目制—人—教学"组建的自然动态环境之中探究教师教学发展，质性研究能够达到有效了解教师教学发展这一动态过程中变化特征的目的。其次，质性研究具有整体性、

---

① [英] 卡尔·波普尔：《猜想与反驳：科学知识的增长》，傅季重等译，上海译文出版社1986 年版，第 10 页。

② [加] 大卫·杰弗里·史密斯：《全球化与后现代教育学》，郭洋生译，教育科学出版社 2000 年版，第 56 页。

③ Goodson, I., Professional Knowledge and the Teacher's Life and Work. In C. Day, A. Fernandez, T. E. Hauge, & J. Mollerb, Eds., *The Life and Work of Teachers: International Perspectives in Changing Times*, London: The Falmer Press, 2000, pp. 13-25.

④ Patton, M. Q., *Qualitative Evaluation and Research Methods*, 2nd Ed, Newbury Park: Sage, 1990, p. 37.

描述性和解释性的特点，而本书通过整体揭示教学项目对教师教学发展的影响，探究其背后的深层原因，以期构建教师教学发展的路径，符合质性研究整体描述，深入探究和揭示原因的特点。再次，本书关注的是大学教师在教学项目制背景中的教学实践，试图探究教师对于教学项目的行为动机、意图。而质性研究关注实践和意义，对行动的研究主要从动机和意义的角度出发，通过揭示实践行动的动机、意图及影响，来类比、理解和预测相似社会行动和现象。[①] 最后，质性研究可以选择较少样本，从而能有助于作者深入、细致地剖析教师的内心世界和教学项目对教师教学发展的真实影响。

总之，运用质性研究方法可以呈现本书要探讨的整体性、情境化、互动的教学项目运作下的教师教学发展实践逻辑。

2. 研究对象的选取

"抽样对资料分析很重要。你不可能研究每一个人、每一个地方和每件事。你要决定去看谁，和谁说话，何时、何地、谈什么以及为什么——这些都会影响你的研究结论可应用的范围，以及你和他人对研究结论有多大的信心。"[②] 因此，是否能选择合适的研究对象是决定研究效度的关键环节。选择研究对象时，质性研究者通常使用非正式的策略，即有时是凭借研究者的常识判断，根据自然的机会、方便和运气，而不是根据特定的标准化程序和过程。[③] 本书中对案例学校和访谈对象的选取都采用质性研究中使用得最多的"目的性抽样"，即按照研究的目的抽取能够为研究问题提供最大信息量的研究对象。[④]

本书选择Q大学作为案例学校原因有三个方面：

其一，Q大学是一所具有一定办学实力的省属重点大学，其办学质量已居于同类高校中的较高层次。与同类高校相比，其获批教学项目类

---

① 陆益龙：《定性社会研究方法》，商务印书馆2011年版，第25页。
② [美]迈尔斯、[美]休伯曼：《质性资料的分析：方法与实践》，张芬芬译，重庆大学出版社2008年版，第38页。
③ 黄瑞琴：《质的教育研究方法》，心理出版社1997年版，第46页。
④ Patton, M. Q., *Qualitative Evaluation and Research Methods*, 2nd Ed, Newbury Park: Sage, 1990, p. 169.

别覆盖比较全面、数量相对丰富，这将有利于获得完整、丰富的资料。

Q大学创建于1955年，经过60年的建设发展，学校已经成为一所具有一定办学实力的省属重点大学。

目前，学校已形成较齐全的学科门类、完善的人才培养体系。拥有ESI世界前1%学科2个，3个省立项建设一流学科；建有7个博士后流动站；拥有5个博士学位一级学科授权点，涵盖31个二级学科博士点，博士招生专业34个；22个硕士学位一级学科授权点，涵盖115个二级学科硕士点，硕士专业学位授权点12个；本科专业85个，形成了涵盖文、理、工、法等11大学科门类的综合性学科专业体系。

学校拥有较雄厚的师资队伍。现有教职工2385人，专任教师1365人，其中教授228人，副教授484人；国家"万人计划"哲学社会科学领军人才1人，新世纪百千万人才工程国家级人选1人，5人入选教育部"新世纪优秀人才支持计划"，国家级教学名师1人，1人获得国家杰出青年科学基金，国家和省有突出贡献中青年专家18人，享受政府特殊津贴14人，5人当选全国模范教师，凝聚了一支较高层次的人才队伍。

2004年Q大学获得教育部本科教学水平评估优秀成绩。近年来，在"质量工程"建设的背景下，本科教学又更上一层楼。先后获得国家级精品资源共享课程1门，国家级综合改革试点专业1个，6个国家级特色专业建设点，1个国家级大学生校外实践基地。省级品牌特色专业18个，35门省级精品课程，7个省级教学团队，省级双语示范课程1门，4个省级实验教学示范中心等多个项目（见附录3）。[①]

近年来，学校连续在全国大学生数学竞赛中获得一等奖，成为与北大、复旦等连续获得一等奖的高校；2014年、2015年连续两年位列全省师范生教学技能大赛第一位；在国家级、省级大学生挑战杯等各类竞赛中获得奖励累计2000多项。毕业生就业率始终位居省属高校前列。

另外，2011年Q大学成为该省首批教师教育基地；2012年入选省应

---

① Q大学官方网站学校简介，数据截至2015年10月。

用型人才培养特色名校和"国培计划"项目。在"十二五"发展规划中，Q大学明确了学校创建省特色名校，建设高水平有特色综合性教学研究型大学的战略目标。

作为一所教学研究型大学，Q大学的教学水平已居于同类高校的较高层次，在地方高校中具有较强的代表性。

其二，Q大学是一所教学研究型大学，从办学类型上看，介于教学型大学和研究型大学之间，既以本科教学为主又兼顾科学研究。本书以教师教学为对象，教学为主自然是必需条件。同时，在当前大学场域内，面对科研指挥棒的考量，教学处于什么地位？教师教学又受到了怎样的影响？教师如何看待教学项目？等问题将会被更清晰地解析。

其三，本人是Q大学的一名工作人员，在该校学习、工作和生活已有10多年，对Q大学的情况非常熟悉，访谈对象的联络和各种信息的获得都相对方便，有利于研究的开展。例如，在和学校教务处处长联系并说明我的请求之后，处长爽快应允，随后获得教务处相关管理人员的全力支持。

访谈对象的选取。访谈对象的选择之所以采用目的性抽样是基于本书的特点。本书需要访谈的对象是大学教师，研究内容是基于教学项目的教师教学发展的实践逻辑。而从实际情况来看，参与过项目的教师人数是有限的，因此需要采用目的性抽样策略。尽管质性研究访谈对象的选取不追求"典型性""代表性"，但为了获得尽可能全面的信息，本书还遵循质性研究中的极端或偏差型个案抽样、强度抽样、最大差异抽样[①]等原则，尽可能覆盖各种不同情况的对象，例如：考虑了学科、职称、性别、是否参与过项目等因素，尽量使选择的对象具有一定的代表性。访谈初期，首先从教务处提供的各类项目统计表中选取自己比较熟悉的教师，同时又兼顾到教师参与教学项目的情况，共选定24名访谈对象，依据保密原则，对教师的称呼采取了匿名处理（见表0—1）。

---

① 陈向明：《质的研究方法与社会科学研究》，教育科学出版社2000年版，第105页。

表 0—1　　　　　　　　参与访谈教师基本情况

教师编号	性别	职称	所属学科	大学教龄（年）	备注
QA	女	教授	文科	14	主持校级教改项目1项；参与校级教改项目1项；参与教师教育国家级精品资源共享课程1门
QB	男	教授	文科	21	主持校级教改项目1项
QC	女	教授	文科	26	主持省级精品课程1门；主持省级教改项目1项；主持校级教改项目1项
QD	男	教授	理科	17	主持校级教改项目3项；参与校级教改项目2项
QE	男	教授	理科	31	主持校级精品课程1门；主持校级教学团队1个；主持校级教改项目2项；参与校级教改项目1项
QF	男	教授	文科	25	主持省级教改项目1项
QG	女	教授	理科	9	参与校级教改项目1项
QH	女	教授	文科	18	主持校级教改项目3项；主持校级精品课程1门
QI	男	教授	理科	19	主持校级精品课程1门；参与校级教学团队1个
QJ	男	教授	文科	18	参与省级教改项目1项；主持校级教改项目1项
QK	男	教授	理科	26	主持校级实验项目1项；主持校级精品课程1门；参与校级教改项目1项
QL	男	副教授	文科	19	主持省级精品课程1门；主持校级教改项目1项；参与校级教改项目2项
QM	女	副教授	文科	19	参与校级教改项目2项；参与校级精品课程1门
QN	女	副教授	理科	13	参与校级教改项目2项

续表

教师编号	性别	职称	所属学科	大学教龄（年）	备注
QO	女	副教授	艺术	10	参与校级教改项目1项
QP	男	副教授	文科	14	主持校级教改项目2项
QQ	男	副教授	工科	19	主持校级精品课程1门；主持校级教改项目1项；参与校级精品课程1门；参与校级教改项目1项
QR	女	讲师	文科	12	主持校级教改项目1项
QS	男	讲师	理科	12	参与校级教改项目2项
QT	女	讲师	文科	11	参与校级教改项目1项
QU	男	讲师	工科	12	主持校级教改项目1项；参与校级教改项目2项
QV	女	讲师	工科	12	参与校级教改项目1项；参与校级精品课程1门
QW	女		教务处管理人员		
QX	男		教务处管理人员		

3. 资料的收集与分析

（1）资料的收集

本书采用访谈法、观察法和实物分析法进行资料收集。2013年11月初步确定选题之后，我便和Q大学教务处处长联系。听了我的想法之后，处长应允一定全力支持，并把我介绍给处里的相关工作人员（其中有些工作人员是我认识并熟悉的）。之后，我与几位老师多次联系，获得了Q大学有关项目的资料。了解摸清了Q大学获批教学项目的情况后，从2015年7月至2016年11月，我用了一年多的时间在Q大学进行了访谈、观察和实物分析。

半结构访谈。"访谈法"作为质性研究中最常用的一种资料收集方式，也是本书最主要的方法。访谈是一种"有目的"的对话，即研究者通过对话的方式从被访谈者处发现研究信息的手段。本书中的教学项目对教师教学起到了怎样的作用、有哪些限度、教师对教学项目及项目制的看法、对教学的认识和理解等都是需要关注的内容，而要获得这些信息，研究者必须进入教师的内心世界，揭示他们行为的动机和原因，这需要深度访谈才能达到目的。

关于访谈的分类，有多种不同的观点。陈向明依据研究者对访谈结构的控制程度把访谈分成封闭型、开放型、半开放型三种类型，也分别被称为"结构型""无结构型"和"半结构型"。结构型的访谈是研究者按照自己事先设计好了的、具有固定结构的统一问卷进行访谈。与此相反，开放型访谈没有固定结构的访谈题目，访谈者只是具有辅助的作用，尽量让被访者按照自己的思路自由发挥。半结构型访谈则是介于以上两者之间，研究者对访谈的结构起到一定的控制作用，但同时也允许被访者积极参与。①

由于高校教学项目的多样性和教师教学的复杂性，如果采用结构型访谈，标准化的程序必然会限制访谈者的即兴发挥，收集的信息资料范围受到局限，一些深层意义的信息常常会被错过。开放型访谈不利于访谈者对访谈过程的控制，会降低收集信息的有效性，难以保证资料的信度。因此，本书采用形式较为灵活的半结构型访谈，笔者事先备有一个粗线条的访谈提纲，主要作为一种提示，尽量提出开放性的问题，同时鼓励受访教师积极参与其中，并且根据访谈情况灵活调整内容和顺序。这样既能使教师深入、广泛地谈论自己的感受和认知，同时又使得教师是在一定范围内做出回应，从而能有效收集到研究所需要的信息。

访谈对象包括教师、管理人员和学生，其中以对教师的访谈为主。2015年7月利用暑假时间首先进行了小范围的预调查，主要是利用吃饭、散步、旅游等时机对我熟悉的老师，包括朋友、同事进行访谈，并根据访谈结果不断修改访谈提纲。2015年10月开始正式访谈。访谈时间一般在1小时左右，最短的也超过半小时。访谈地点尊重被访谈教师的意愿，由他们来选择，一般是在办公室、被访谈人员家里或我家里。有的时候访谈是即兴的，和朋友一起逛街、吃饭、带孩子玩耍时，只要时机方便，就会进行适当的访谈。首先是对教师的访谈，其间穿插着对管理人员的访谈，最后完成的是对学生的访谈。无论是教师、管理人员还是学生，

---

① 陈向明：《质的研究方法与社会科学研究》，教育科学出版社2000年版，第171页。

被访谈人员的时间都非常宝贵,为了表达我的谢意,我购买了书签、钥匙扣等小礼物发放给被访谈人员留作纪念。

实物分析法。收集的"实物"包括教师的项目申报书、结项报告书、网络共享资源教学录像等。目的是发现教师有文字和图片记录的教学项目完成过程,同时也可与访谈中的资料对应,验证资料的信度。在研究中这些"实物"可被视为教师完成教学项目过程的"固化物","它们把当事人在实践中参与的经验固化下来,保留了原初的意义,同时又创造了新的意义的可能"[①]。

观察法。观察法主要是结合访谈与实物分析,来观察教师的课堂教学,体验教学项目在教学实际中的效果。在访谈和实物分析的基础上辅以课堂观察无疑会起到很好的补充和三角验证的作用。

(2) 资料的整理与分析

收集资料完成之后,接下来是对资料进行整理和分析。资料整理和分析的目的是对资料进行意义解释,具体过程是依据研究目的把原始资料系统化、条理化,用逐步集中和浓缩的方式反映资料。[②]

资料的整理。进行完访谈之后,首先是文字资料的呈现和初步分析。为了比较系统地把握收集到的资料,找准后面的资料收集方向和聚焦依据,笔者在每次访谈完之后都及时地对资料进行整理。首先是把访谈录音资料逐字逐句地转换成文字资料,并给每一份资料进行编号,标明访谈对象的个人信息。其次是在阅读资料过程中,通过写备忘录,记录自己对访谈的感悟。对资料进行整理之后,共收获访谈录音的转写和其他的电子版文本资料共计279页,数量达235089字,获取了丰富的第一手资料。

资料的分析。接下来是对上述文字资料进行进一步的分析和整理,即编码分类。编码是质性研究中一种主要的分类方法,编码的目的是把资料"分开",对它们进行重新归类,从而方便比较同类事情,并促成理论概念的提出。在设计分类分析中,一种重要的分类是分为"结构的"(organizational)、"内容的"(substantive) 和"理论的"(theoretical)。但

---

① 王新艳:《新手教师在学校实践共同体中的学习》,重庆大学出版社2012年版,第35页。
② 陈向明:《质的研究方法与社会科学研究》,教育科学出版社2000年版,第69页。

这些分类在实践中并不是完全分开的，而且交叉分类也是常见的。[①] 研究者在资料分析过程中主要采用"结构的"分类和"内容的"分类。"结构的"分类是在观察或访谈之前就建立的宽泛领域或问题，或者是通常可以预期的领域或问题。"内容的"分类主要是描述性的，在更大意义上它还包括参与者思想和观念的描述。[②]

4. 研究的效度

在量的研究中，信度和效度是评定研究质量的标准。但是，在质性研究中，不强调证实事物，不认为事物能够以完全同样的方式重复发生，所以质性研究者基本达成了共识，即在质性研究中不讨论信度问题。[③] 也就是说，质性研究强调的是研究者的主体性，强调研究者对研究事实的理解和重构，而不期望其他研究者进行同样的研究得出同样的结果。另外，质性研究所使用的"效度"也不同于量的研究。它"是指对这个结果的'表述'是否'真实'地反映了在某一特定条件下某一研究人员为了达到某一特定目的而使用某一研究问题以及与其相适应的方法对某一事物进行研究这一活动"[④]。也就是说效度指的是研究者的描述与研究中事实相符的程度。当我们说某项研究"效度"较高时，不仅是指使用的方法有效，还表明了研究结果和研究的其他部分（包括研究者、研究的问题、目的、对象、方法和情境）之间有一种内在的"相容性"[⑤]。

质性研究者将那些有可能导致出错的方式称为"效度威胁"。约瑟夫·A. 马克斯威尔提出两个具体的效度威胁：偏见和感应性。感应性指研究对现场或研究中个人的影响。但是质性研究者的目的并不是要消除研究者携带的价值观和他们带入研究中的期待之间的变化，或者是把研究者的影响"减到最小"，而是要理解一个研究者的特定价值和期待是如何影响研究的实施和结果，理解研究者自身是如何影响受访者所说的话，

---

① ［美］约瑟夫·A. 马克斯威尔：《质的研究设计：一种互动的取向》，朱光明译，重庆大学出版社2007年版，第74—75页。
② 同上。
③ 陈向明：《质的研究方法与社会科学研究》，教育科学出版社2000年版，第101页。
④ 同上书，第389页。
⑤ 同上书，第390页。

以及这种影响又如何影响研究者从访谈所得出推断的效度。①

质性研究一般采用：澄清研究者之背景与立场；长期进驻田野；使用三角检验；使用参与者检验；采用同侪审视；进行厚实叙写；从事反例个案分析；使用外部查核八种方式来保证研究的"效度"。一般情况下，八种方式在一个研究中并非全部使用，但至少需要采用两项。② 在研究中，笔者主要采用了以下几种策略检验和排除"效度威胁"。

①研究过程中，笔者时刻提醒作为研究工具的自己保持高度的敏感性，不断提高对访谈问题、研究对象的敏感程度，不断反思。研究进行过程中，有时候情况是难以预料的，因而在资料的收集、访谈问题的确定以及访谈过程的控制等方面，对各种效度问题都进行及时的反省。研究中，笔者尽量保持中立的态度，不作过多的价值判断，最大限度地确保研究的可验证性。

②通过三角检验法提高效度。三角检验法是一种多层面、多方法的探究途径。这种方法与单一的研究方法相比有助于问题的聚焦以及对同一现象研究结果的明显矛盾之处澄清原因，能够提高研究的深度、广度和维度。③ 在研究中笔者采用文献分析、访谈、观察多种资料收集方法，并对获得的资料交叉比较、相互对照，增加资料的正确性，提高效度。

③通过参与者检验排除"效度威胁"。研究过程中，笔者把收集的资料以及分析结果交与部分受访者，请他们检验是否与表达原意一致。

④收集丰富的资料。丰富的资料可以提高研究的效度。为了为研究提供充分的论证依据，研究中笔者共访谈教师 22 人，管理人员 2 人，学生 8 人，同时坚持写笔记和备忘录，访谈记录稿近 300 页，同时记录了观察时的场景细节、行为，以备在进行初步分析或者是在对研究的结论有争议时，可以再回到这些原始资料进行对照。正如 H. S. 贝克尔（H. S. Becker）指出的，这种丰富的数据对付了两种危险：被访者的重复以

---

① ［美］约瑟夫·A. 马克斯威尔：《质的研究设计：一种互动的取向》，朱光明译，重庆大学出版社 2007 年版，第 83—84 页。

② 潘惠玲主编：《教育研究的取径：概念与应用》，华东师范大学出版社 2005 年版。

③ ［美］梅瑞迪斯·高尔等：《教育研究方法》，徐文彬等译，北京大学出版社 2016 年版，第 338 页。

及研究者的偏向。它使得被访者的回答难以得出一致的错误结论，也让观察者不能将他的观察限制在只符合其偏见和预期的部分。[1]

5. 研究伦理

"研究不管是就整体而言，或将其视为一连串的研究决定的综合，都会产生许多重要的伦理议题。"[2] 质性研究中，在研究者和被研究者之间多重复杂的关系中，居于首要地位的是伦理关系。研究者只有遵循研究伦理、尊重被访谈者，才能得到他们的理解和支持。他们才乐意并毫无顾虑地把自己内心的真实想法表达出来，并和研究者相互认可、理解，在此基础上构建真实的故事及意义。[3] 因此，研究者在进行研究时需严格遵循伦理规范。本书中，笔者主要遵循了以下几项原则：

（1）受访者知情同意

进入现场之前，笔者会以尊重的态度告知受访者研究的目的和收集资料的方式，受访者可以决定是否参与访谈。访谈时间、地点、是否采用录音方式保存资料等问题，也都以尊重受访者的意愿为原则。

（2）对受访者隐私保护

由于研究中会获得被研究者的个人想法或私密性资料，这些信息可能与他们的工作紧密相关，所以在研究开始之前，笔者主动向被访者许诺保密原则。告诉对方一切与他们有关的人名、地名和学校名称都使用匿名，必要时还会删除敏感性材料，并防止被访者信息和访谈记录在研究以外的滥用和曲解，以做到对受访者私密性的保护。

（3）实事求是使用数据

笔者尽可能客观地描述、反映访谈信息，用真实的数据说话，不因对所得结论的好恶而伪造或歪曲数据，力求按照道德原则公正地对待被研究者和所收集到的资料。

6. 研究的推广度问题

由于质性研究不采用概论抽样的方法，因此研究结果不可能由样本

---

[1] H. S., Becker, *Sociological Work: Method and Substance*, Chicago: Adline, 1970.

[2] Smith R. E. Ethics Studies, and the Paradigm Crisis// Guba E., *The Paradigm Dialoge*, Newbury, CA: Sage, 1990, pp. 139–157.

[3] 李玲：《论质性研究伦理审查的文化适应性》，《比较教育研究》2009年第6期。

来推论总体。但就质性研究方法而言，它的特殊性决定了其目的不是为了推广，而是为了通过对样本本身的深入研究揭示特定对象，使人们对特定对象获得比较深入的认识。因此，在质性研究中，研究结果的推广更大程度上是通过思想上的共鸣或相关人员对本书的认同来达到的，实际上是一种认同性推广。也就是，如果读者对研究结果在某种程度上产生共鸣和认同，也就完成了本书研究中"推广"的任务。

7. 研究的局限

自我的限制。质性研究对研究者的研究水平要求很高，而笔者没受过长期的关于质性研究的专门训练，尽管已阅读了大量相关书籍，但仍存在经验不足的事实。

时间和精力的限制。从研究设计到调查实施再到最后的整理分析与写作，虽然整个研究历时三年多，但因工作、家庭事务缠身，真正用于研究的有效时间不足两年，这些时间对于揭示教学项目制下的教师教学发展实践逻辑的全貌还是远远不足的。由于时间的局限，其他事务的烦乱，有时不能沉静下来深入思考和挖掘，因此使得研究资料和研究结果还存在进一步深入提升的空间。

（二）研究思路

本书的主要目的是揭示教学项目对教师教学发展的作用，并对现实结果进行恰当、合理地解释，进而发现教学项目制下教师教学发展的实践逻辑，并在此基础上提出教师教学发展的路径。本书运用布迪厄的社会实践理论形成自己的研究框架，把教师教学发展置于教学项目场域，分析这一场域内教师教学的行动及其逻辑。

本书的基本思路如下：第一，对高校教学项目场域形成的背景，从社会治理项目制的产生到高等教育项目制的兴起、类型和教学项目的特征、分类及典型教学项目对教师教学发展的作用几方面进行阐述，以呈现教学项目这一事物的面貌，为后续研究做好铺垫。第二，阐述布迪厄的社会实践理论，为本书打下理论基础，同时勾勒出本书的研究框架。第三，从实践入手，在了解清楚Q大学近年来获批教学项目的情况下，用质性研究方法揭示教学项目对教师教学发展的作用及其限度。第四，从布迪厄资本理论的角度分析教师为何申报教学项目。教师申报教学项目是资本驱动行为，这种项目化驱动是一种外在弱势驱动，这是教学项目对教师教学发展作用现状的归因之一。第五，回答教师如何面对教学项目。教师在弱势的惯习与强势工具理性主导的现实形成的悖论中面对教学项目，这也是影响教师教学发展的重要原因。第六，解决教师如何应对教学项目这一问题，教师在委托代理关系下采取错位行动应对教学项目，这是影响教师教学发展的又一重要原因。第七，在现状调查、理论分析的基础上，提出基于教学项目制的大学教师教学发展策略和路径，即价值理性回归是有效促进大学教师教学发展的必由之路。本书研究路线如图0—1所示。

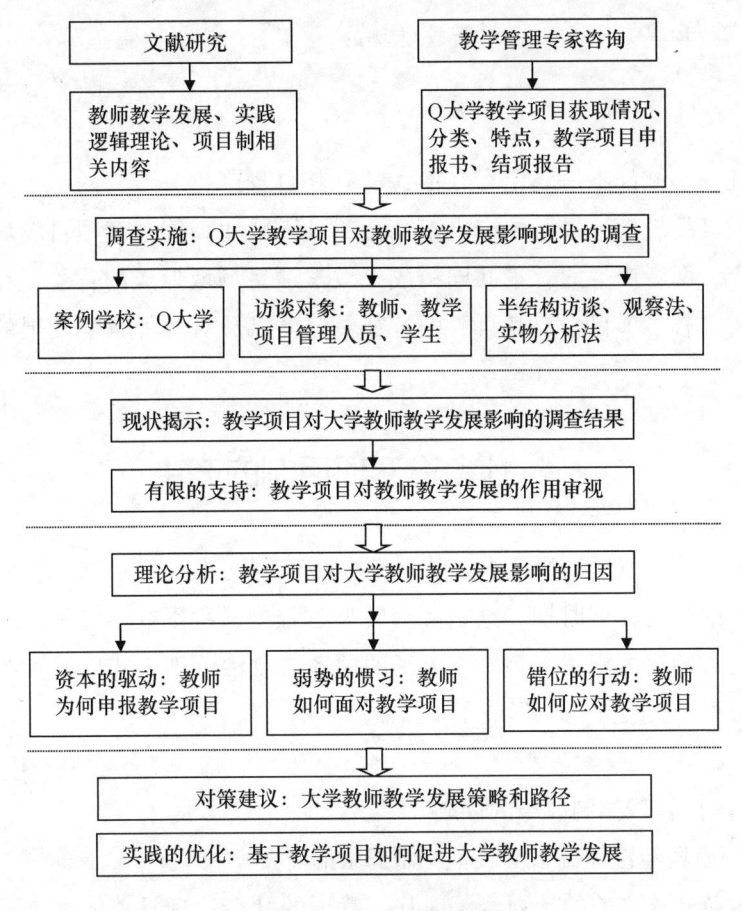

图0—1 本书研究路线

第 一 章

场域的形成:教学项目的兴起及其与教师教学发展的关系

> 世界是被构造而不是被发现的。
>
> ——纳尔逊·古德曼

任何场域都不是既定存在的,都有其自身产生、形成的历史过程及背景。高校教学项目场域产生于社会项目场域和高等教育项目场域的基础之上,两者产生的背景共同构成了教学项目场域形成的背景。在这个场域中,教学项目具有其自身的特征、分类以及对教师教学发展的特定关系。

一 社会治理项目制的产生

改革开放以后,我国进入从计划经济体制向市场经济体制转轨并由此引起的社会转型时期。这一社会转型过程中,我国社会经济体制、中央与地方的权力配置、政府与市场的关系、政治治理方式以及资源配置方式都处于转变之中,形成了项目制产生的总体背景。

(一)管理体制改革的促成

1. 市场经济体制下突破单位制局限的需要

改革开放之前的计划经济时代,我国的社会治理是总体性支配的方式,物质资源、信息资源以及人们的发展机会等重要资源几乎都被国家垄断。在控制人们社会生活的同时，国家还掌控着那些任何相对独立于国家之外的社会力量的产生，对于它们采取抑制或转化为国家机构的手段。① 社会进入转型时期，如果还是一味地继续坚持总体性治理逻辑，那么改革释放出来的自由资源和社会空间，必将受到损害。为了给改革提供制度空间从而推动社会发展，我国于 1992 年建立了社会主义市场经济体制，打破总体性支配治理模式的垄断，再分配体制逐渐被市场经济体制代替成为中国主导性的经济机制。② 市场经济逻辑渗入社会各个领域，市场经济观念成为主流价值观。

但是，一方面过分强调市场逻辑，缺失了政府和社会因素的引导和调节，市场不仅会脱离规范化轨道发展，同时也会导致社会的分化和分配的两极化。③ 另一方面随着改革的深入，中国陷入所谓的"转型陷阱"④，在"转型陷阱"中，人们不期望触动现有的利益格局，而是寄希望于把蛋糕做大，试图用发展形成的增量⑤来缓解问题，而不想通过重要的体制改革来解决问题。⑥ 由此可见，改革仅仅依靠体制之外的增量——市场机制，必然会带来诸多的社会问题和危机。

在计划经济时代，单位制可谓是社会政治、经济和体制的基石，它统合了各社会要素和领域结构，体现了社会总体运行的内在规则。从国家指令、组织等级到价格规制、资源控制再到人们的生活方式、伦理观念，都是由单位制主导逻辑决定。⑦ 市场经济时代，与单位制相配套的社会结构和资源配置手段的变化使得单位制的弊端日益突出，社会制度的运行需要相应的资源配置方式和社会动员机制与其匹配。

---

① 孙立平等:《改革以来中国社会结构的变迁》,《中国社会科学》1994 年第 2 期。
② 孙立平:《利益关系形成与社会结构变迁》,《社会》2008 年第 3 期。
③ 渠敬东:《项目制——一种新的国家治理体制》,《中国社会科学》2012 年第 5 期。
④ 转型陷阱是指既得利益格局阻止进一步变革的过程，要求维持现状，希望将某些具有过渡性特征的体制因素定型化，并由此导致经济社会发展的畸形化和经济社会问题的不断积累。
⑤ 改革后，我国实行的是一种"双轨制"，处理的是增量与存量之间的关系，也就是在保有原存量体制的前提下，培育和发展原有体制之外的增量。
⑥ 清华大学凯风发展研究院社会进步研究所:《"中等收入陷阱"还是"转型陷阱"?》,《开放时代》2012 年第 3 期。
⑦ 李猛、周飞舟、李康:《单位：制度化组织的内部机制》,《中国社会科学季刊》(香港) 1996 年第 16 期。

为了遏制市场体制所造成的两极化,跳出"转型陷阱",突破单位制的制度束缚,必须确立一种新型的增量逻辑。单位制可以使行政体制保持稳定性,但发展效率不高;市场逻辑虽能提高绩效,却无法面对社会的稳定问题。项目制则利用项目形式从体制内部扩展出增量,并以此控制市场的过度膨胀。它把行政体制内的单位制和经济体制内的市场制都作为存量来看待,在保存原有存量体制的基础上,从体制内挖掘增量,培育和发展体制之外的增量,将自身塑造成为一种新双轨制的增量部分。[1] 项目制弥补了单位制的不足,同时控制了市场制带来的部分社会危机和问题,扩展了制度发展空间,从而逐步推动社会转型。

2. 平衡中央集权和地方分权的诉求

中央集权与地方分权是划分单一制和联邦制的重要标志,同时两者之间的关系更是大国国家治理的重要问题。我国是一个地域广阔、人口众多的大国,自从形成有完整的国家结构形式的政治社会以来,中央与地方的权力资源配置、权力关系协调等问题就一直贯穿于整个历史发展过程。长期以来,我国多项改革之所以会陷入"一统就死,一放就乱"的怪圈,以致为维持稳定,不得不对集权与分权进行周期性调整[2],其根本原因就在于没有处理好中央集权与地方分权的关系。周雪光认为,我国中央集权与地方分权的关系只能处于"集权—放权"的周期性循环波动的动态调整之中,难以形成稳定格局。不过,这种循环波动并非任意发生的,而是由某些治理机制规则调控着集权与分权的动态平衡。[3] 因此,在中央集权与地方分权之间找到这些治理机制,对于既保持政权稳定又高效实现治理目标极为关键。

对于单一制国家,由于国家的治理层级较多、范围较广,在治理过程中,政治体系在合理配置横向组织间的权力分配的同时,还要面临来自纵向组织间的利益博弈,所以需要运用控制性强、效率高、运作范围

---

[1] 渠敬东:《项目制——一种新的国家治理体制》,《中国社会科学》2012 年第 5 期。

[2] 周雪光:《国家治理逻辑与中国官僚体制:一个韦伯理论视角》,《开放时代》2013 年第 3 期。

[3] 周雪光:《权威体制与有效治理:当代中国国家治理的制度逻辑》,《开放时代》2011 年第 10 期。

大的正式规则进行有效治理。而科层化的运作逻辑遵循着一套正式规则，有利于预测治理的结果，从而限定不确定性的范围和层次，以降低治理风险。另外，科层化能为下级行政组织提供财政经费，从而使得中央政府能够容易控制各级机构和官员，也使得中央政府能够应对多方主体的不同利益诉求。① 由此，中央集权体制下，国家通过科层化的治理既可降低统治风险，又能提高整个经济和政治体系的运作效率。

从地方层面看，地方政府希望拥有更多的自主性，拥有更大的自主发展空间，从而获得更多的利益回报，促进地方发展。而行政系统内部的横向组织间具有一定的权属独立性，各地方组织之间存在一定的竞争关系。对于存在竞争关系的组织，若想提高其治理效果，运用市场化规则更为有效。因为分权引发竞争机制，市场体系用合约达成同意，用互惠达成交换，组织间通过同意与交换展开合作，即使是他们的利益和目标不一致。② 由此，在地方分权的制度环境下，其治理形式倾向于市场化。

显然，极端的科层化或市场化治理都存在着严重的弊端。科层化治理会削弱地方治理能力；而加强地方政府自治权力，容易导致其过度膨胀和失控。③ 要实现集权与分权的平衡，既要保证中央的集权，在确保中央政权稳定的同时又要在一定范围内给予地方自治权，以调动地方政府的积极性，激发地方活力。也就是说，需要在中央和地方之间架起相应的平衡支架，使中央集权与地方分权处于一种动态的平衡，即周雪光所言的"在中央集权与地方分权之间找到这些治理机制"④。我国有着中央集权的传统，进行经济体制改革，分权必定是转轨时期的主导方向，而项目制正是迎合了这一方向。不管项目制是否能够真正破解集权与分权的两难境遇，但其最初的制度设计却隐含着平衡集权和分权的诉求。

---

① 曹正汉：《统治风险与地方分权：关于中国国家治理的三种理论及其比较》，《社会》2014年第6期。

② 张静：《行政包干的组织基础》，《社会》2014年第6期。

③ 曹正汉：《统治风险与地方分权：关于中国国家治理的三种理论及其比较》，《社会》2014年第6期。

④ 周雪光：《权威体制与有效治理：当代中国国家治理的制度逻辑》，《开放时代》2011年第10期。

（二）分税制的催生

改革开放初期，中央政府针对计划经济时代财政高度集权所引发的问题和危机，实行了分权制财政体制，即财政包干体制。财政包干制相对划清了地方政府在财政体制中的权利与责任，使地方成为具有相对独立财权的主体，让地方政府获得了更大的发展空间，由此极大调动了地方政府的积极性，在一定程度上促进了经济增长。但同时，体制所固有的弊端也带来严重的问题，中央政府的行政管理和经济调控能力大幅度下降。进入20世纪90年代后，两个比重（即中央财政收入占财政总收入的比重和财政收入占GDP的比重）一直持续下滑。第一个比重由1979年的46.8%下滑到了1993年的31.6%；第二个比重也由1979年的28.4%下滑到了1993年的12.6%。[①] 在此情况下，维持中央财政平衡必须要依靠地方财政的收入上解，中央财政甚至还通过设立"能源交通基金"和"预算调节基金"向地方政府"借钱"[②]。有学者认为，这种局面已经到了所谓的"分权的底线"[③]。这表明财政包干体制并不符合市场经济体制的要求，必须要退出改革的舞台。在此背景下，1994年中央政府进行财税体制改革，出台和实施分税制。

分税制实际是中央与地方之间财权重新划分的制度安排，是一项典型的将财政收入重新集权的改革，其实质在于运用商品经济原则划分中央与地方之间的收支权限，对中央和地方的预算收入采取分税种划分收入的方法，实行自收自支，自求平衡，做到"一级政权，一级事权，一级财政，一级预算"[④]。这从制度上可以相对避免中央与地方利益的直接冲突，避免无休止的谈判和讨价还价。总的来说，分税制改革采取的是"渐进式"路径，改革的一条重要原则是在保证原体制中地方政府"既得利益"的前提下，通过"增量"的重新分配进行逐步调整，以减少改革阻力。按照这一原则，改革基本上保留了原体制的地方上解和中央补助

[①] 周飞舟：《分税制十年：制度及其影响》，《中国社会科学》2006年第6期。
[②] 同上。
[③] 王绍光：《分权的底线》，中国计划出版社1997年版。
[④] 杨志勇：《分税制改革是怎么开始的?》，《地方财政研究》2013年第10期。

办法。

分税制改革，有效提高了中央财政的"两个比重"；规范了中央和地方的关系，改变了包干制下因划分税收，中央政府与地方政府每年讨价还价的局面；同时对财政包干制时期形成的政府和企业、区域之间的关系也产生了重大影响。① 更为重要的是这些现象表明了中央政府调控宏观经济能力的增强和国家税收汲取能力的提高，这意味着中央财政主导地位的确立，中央政府重新实现了财权、财力的集中。伴随着国家财政的集权化，以及中央财政收入的大规模扩张，中央政府具备了资金"抽取"和"下放"，实现再分配的能力。

此外，分税制实行初期，在集中地方财力的同时，并没有从根本上改变双方的支出格局，所以财政包干制时期的中央和地方"分灶吃饭""自收自支"的局面被改变，地方政府出现巨大的收支缺口。② 由于许多地方政府没有足够的资金来满足其辖区发展的需要，只能是将更多的财政负担转嫁到农民身上。再加上"乡村利益共同体"的普遍出现，对于以农业税费为主要收入来源的乡镇，更进一步加重了农民的负担，乡村债务持续增长。在这种情况下，为使地方和基层组织走出财政困境，中央必须对地方和基层进行财政"反哺"，实现社会资源的再分配。而这种财政"反哺"就是建立在分税制基础上的中央财政转移支付制度。由此，自上而下、规模巨大的财政转移支付成为中央和地方财政关系中的显著特点。

中央对地方的财政转移支付主要有专项转移支付、税收返还和财力性转移支付三大类。③ 专项转移支付资金因为能够体现中央的意志而在实践中占据了极为重要的地位。为实现资金拨付部门的意图，大量的资金以"项目"或"专项"的形式下拨。由此，项目制开始出现在政府对基层的"反哺"之外的其他各个领域。

伴随着专项转移支付资金规模的日益增大，中央相关部门逐渐发展

---

① 周飞舟：《分税制十年：制度及其影响》，《中国社会科学》2006年第6期。
② 周飞舟：《财政资金的专项化及其问题——兼论"项目治国"》，《社会》2012年第1期。
③ 同上。

出一套完整的从申请、批复到实施、考核的申报程序和审计制度，继而从中央到地方，庞大而严格的项目申报和审核监察体系为专项转移支付提供了技术层面的支持和合法性。随之，大多数建设和公共服务资金都采取了"项目"和"专项"的方式。[1] 项目制成为一种新的国家治理体制。[2]

二 高等教育项目制的兴起和类型

（一）高等教育项目制的兴起

产生于财政领域的项目制因其制度优越性逐渐渗入其他领域，在高等教育领域，项目制也已成为政府自上而下部署工作的一种重要方式。除了其他领域项目制的影响之外，高等教育项目制的兴起还有着自身领域的特殊背景和因素。

1. 政府角色重塑：高等教育管理体制改革的需求

改革开放之前，与计划经济体制相适应，我国一直实行的是中华人民共和国成立后建立的中央高度集权的高等教育管理体制。中央政府拥有高等教育管理和决策的最高权力，对全国大学采取行政指令式管理，实行统一与集中领导。在这种高度集中的管理体制下，大学被动的接受政府的行政指令，处于被管理、被控制的地位，成为政府的附属机构。社会进入转型时期，计划经济逐渐向市场经济转轨，市场经济的发展改变着高等教育资源配置模式，促使我国高等教育亦进入转型时期。高度集权的教育管理体制已远远不能适应市场经济和高等教育发展的客观需要，因此，我国政府开始对高等教育机构下放权力。

1985 年，中共中央发布的《关于教育体制改革的决定》提出在加强宏观管理的同时，政府要实行简政放权，扩大学校的办学自主权，由此拉开了中央下放高等教育管理权力的序幕。1993 年，中共中央和国务院

---

[1] 渠敬东、周飞舟、应星：《从总体支配到技术治理——基于中国 30 年改革经验的社会学分析》，《中国社会科学》2009 年第 6 期。

[2] 渠敬东：《项目制——一种新的国家治理体制》，《中国社会科学》2012 年第 5 期。

发布《中国教育改革和发展纲要》，指出政府要转变职能，从对学校直接管理转变为进行宏观管理。1998年《中华人民共和国高等教育法》的颁布确立了高校发展的总原则是："依法自主办学，实行民主管理"。2010年颁布的《国家中长期教育改革和发展规划纲要（2010—2020年）》，明确指出政府及其部门要改进管理方式，减少对学校的行政审批事项，依法保障学校充分行使办学自主权。这些教育法律法规、重要决定或发展纲要，对强调转变政府职能、扩大大学办学自主权都给予了高度重视和专门强调。可以说，政府对大学的集中管理权力一直处在不断下放之中。

政府权力的下放包括向社会放权、向市场放权、向大学放权。但是，当前我国还没有建立起规范的高等教育社会中介组织、培育出完备的公民社会力量。假如政府完全放权，现有的社会力量和民间力量还没有能力承担起退出的政府职能。高等教育"准公共物品"或"私人物品"的属性决定了大学可以接受市场的调节。但是市场的功利化取向以及"市场失灵"的现象，再加上"教育的公益性和资本的寻利性存在着必然的冲突和矛盾"[1]，又决定了不能把大学完全交给市场运作。大学自主权原本就是大学固有的，或者说是大学的"权力存量"，向大学放权意味着是其原生性和本体性的回归或还原[2]，但在我国教育法律、法规尚不健全、诚信机制还不完善的环境下，大学的自主管理能力和自律能力还不足以给予外界足够的信任。因此，尽管政府在高等教育体制改革中的角色需要发生一定的分化，但仍需要保留其主导角色。

另外，从高等教育的特性来看，高等教育是一种集竞争性和非竞争性、排他性和非排他性一体的产品。竞争性体现在"教育服务产品"的直接消费阶段，非竞争性主要体现在社会使用人力资源和科研创新的间接消费阶段；其既具有直接消费上的排他性，也有间接消费上的非排他性。因此，高等教育属于准公共产品类型。准公共产品的特性会带来高等教育的自然垄断性、市场信息不对称、外部性和机会与成果分配不平

---

[1] 许杰：《论政府对大学进行宏观调控的新向度——以治理理论为视角》，《清华大学教育研究》2003年第6期。

[2] 卢晓中：《高校自主权：落实或扩大？——基于国家教育政策文本的简要分析》，《苏州大学学报》（教育科学版）2014年第3期。

等性等问题,这些问题都离不开政府的调节和规制。①

在这样一种既需要政府放权、不能单纯依靠行政手段,但又必须发挥政府主导作用的情况下,政府必须转变原来的集权管理角色,采取新的治理手段进行高等教育管理,于是高等教育项目制治理方式应运而生。

2. 中央专项经费的提供:高等教育财政拨款方式改革的支持

中华人民共和国成立后,在计划经济体制下,我国高等教育建立了高度集中的中央统一收支、三级预算管理的财政体制,各项经费均由国家统一集中拨款。单一的投资体制下,教育经费严重不足导致高等教育发展缓慢。随着经济体制的转变,在经济发展的推动下,多元化成为高等教育投资体制改革的方向,高等教育财政拨款方式也开始转变。

从中华人民共和国成立到1985年以前,我国对高等教育的拨款方式一直采取的是"基数加发展"模式。这种拨款方式是以高校前一年的财政拨款数额作为拨款基数,在此基础上考虑当年度各项发展的需要和国家财力的可能,确定当年的经费分配额度。② 由于该方式"发展拨款"部分不是以科学的成本分析来确定的,容易导致高校间的不平衡、不利于公平竞争机制的形成。③ 因此,原国家教委和财政部于1985年决定实行"综合定额加专项补助"的方式。"综合定额"指财政部门或高校主管部门依据层次不同、科类不同的学生的需要而确定的生均教育经费的定额标准,占拨款总数的绝大部分。"专项补助"是补充成分,是根据学校的特殊需求,由财政部门另行单独安排给高校使用的专项经费。④ 相对于"基数加发展"的拨款方式,"综合定额加专项补助"方式基于对高校的初步成本的分析,在一定程度上体现了高校的成本行为规律,增加了拨款的透明性和公正性。更为重要的是"专项补助"代替"发展拨款"考

---

① 王友云、朱宇华:《高等教育政府规制因由分析——基于高教产品特性视角》,《现代教育管理》2015年第1期。

② 杨德广:《60年中国高等教育投资体制的变革》,《上海师范大学学报》(哲学社会科学版)2010年第1期。

③ 王莉华:《我国高等教育绩效专项经费改革及完善思路——以"211工程"和"985工程"为例》,《中国高教研究》2008年第9期。

④ 杨德广:《60年中国高等教育投资体制的变革》,《上海师范大学学报》(哲学社会科学版)2010年第1期。

虑到了学校发展的特殊需求，为高等教育领域采取专项资金实施相应项目提供了财政意义上的前提和基础。2002年，高等教育系统自上而下地全面进行"部门预算"的财政拨款体制改革，财政拨款模式由"综合定额加专项补助"方式转变为"综合加项目预算"方式，即"高校根据规模、专业、层次动态发展的实际需要以及重大发展项目编制预算报请拨款，政府相关部门审核后给予拨付"[1]。这次拨款方式的转变加强了专项经费的使用力度，为高等教育领域采取项目部署任务提供了进一步的财政基础。

教育部门在早期设立的重点高校和学科建设政策虽然经费实施缺乏系统性，但开启了高等教育领域专项经费使用的序幕。20世纪80年代，中央专项资金的来源包括国务院直属部门、科学技术部、教育部和总装备部等多个部门。尽管许多项目经费面向全国范围内符合申请资格的个人和单位，但是像国家社会科学基金、国家自然科学基金、教育部人文社会科研基金、国家科技攻关计划、高技术研究发展计划（以下简称"863计划"）、国家重点基础研究发展计划（以下简称"973计划"）等项目与高校的相关程度很高，并且高校在审批立项申请中的成功率相当高，因此其规模和影响力在高等教育领域都相当大。这些项目在经费的使用和管理上，都是由中央财政专项拨款提供经费，专款专用，单独核算；在管理方式上，均采用项目管理的方法，建立经费管理、项目管理和监察审计制度；项目经费分配类别包括各种形式和级别的项目、课题、基地和平台等。[2] 只是，这一时期的专项资金额度在高等教育经费中所占的比重还比较小。

在20世纪90年代以后，中央政府逐渐专门针对高等教育增加了专项资金的投入，陆续启动专项资金实施项目。其中，专项资金规模最大的要数"211工程"和"985工程"。"211工程"在从1995年至2011年的前三期建设过程中，中央财政共投入187.55亿元；"985工程"自1998年开始启动到2007年，中央财政专项资金共投入595.5亿元。另

---

[1] 张炜：《中国高等教育财政改革开放30年》，改革开放与中国高等教育——2008年高等教育国际论坛论文，2008年，第493—501页。

[2] 王莉华：《我国高等教育绩效拨款的局限与对策》，《中国高教研究》2010年第5期。

外,《面向21世纪教育振兴行动计划》中的其他一系列高等教育建设项目,涉及资金总数达到几百个亿[①],中央对高等教育的专项资金投入力度不断被强化。在各级财政资金的大力度支持下,高等教育领域项目越设越多,影响越来越大,项目制逐步演变成高等教育治理的重要手段。

(二) 高等教育项目的类型

高等教育内容的复杂性、对象的多样性和目标的多重性,使得高等教育项目呈现出多样纷杂的总体特征。分类是依据事物的本质属性或其他显著特征,把它们集合成类的过程[②],使复杂事物简单化。不同的划分标准会产生不同的分类结果。因嵌入并贯彻政府意图是项目制的重要特点,所以我们采用目标纬度作为依据对高等教育项目进行梳理分类。

1. 以院校、学科发展为目标的综合类项目

我国高等教育领域的项目制可以说是高等教育重点建设思维的发展延续。中华人民共和国成立后,在全面学习苏联的背景下,以及毛泽东"没有重点就没有政策"的思想指导下,我国开始针对具体方面实施重点建设政策。如果说这个时期的重点建设政策仍然是单位制思维和机制,例如,改革开放前的重点大学建设还具有明显的单位制特征,那么改革开放后,80年代开始实施的国家科技攻关计划(1982)、重大技术装备研制计划(1983)、国家重点实验室建设计划(1984)以及"863计划"等项目,如前文所说,尽管不是仅仅限于高等教育领域,但由于与高校的相关程度较高,所以在高等教育领域有着举足轻重的影响。更为重要的是在这样一个国家强调重点建设的背景下,20世纪90年代以后,我国开始出台高等教育重点建设政策,通过相应的资金投入和资源倾斜,对部分高校和学科进行重点投资和建设,其中具体包括人才培养、科研、公共服务等多项内容,可以看作综合类项目。

20世纪80年代末期,在社会转型的背景下,我国高校的基础学科研究和教学暴露出诸多问题。90年代,针对问题原国家教委决定在高校建

---

① 马陆亭:《试析我国高等教育投入制度的改革方向》,《高等教育研究》2006年第7期。
② 俞君立、陈树年主编:《文献分类学》,武汉大学出版社2001年版,第3页。

立国家基础科学人才培养基地。1991年6月，国家教委选取部分重点综合、工科高校，建立了"理科基地"专业点试点，第二年正式出台了学科基地政策。"理科基地"取得的成绩促使"基地"的建设作为高等教育改革的一项重要举措随后扩大到了多个学科，建立了文科基地、经济学基地等。随后，教育部把这种人才培养基地建设的政策思路运用到其他应用学科、教学及科研领域。国家工科基础课程教学基地、人文社会科学重点研究基地、集成电路人才基地、生命科学与技术人才培养基地、示范性软件学院基地、大学生文化素质教育基地相继建立。[①] 这些基地建设实行竞争性招标做法，采用经费投入的"配套"模式，政府主导的资源再分配政策不同于科层制中自上而下的强制推行方式，已具有项目制的特征。社会转型的初期阶段，政府主要通过这种基地项目的形式来实现其在高等教育领域的治理意图。

20世纪90年代，国家调整重点建设的思路，开始以项目工程的形式进行宏观高等教育建设。为建设一批重点高校和重点学科，1993年启动的"211工程"建设的主要内容涵盖了教学、科研、人才培养、学科、基础设施条件以及公共服务体系等多项内容。1998年启动的"985工程"则包括了人事管理机制、分配激励机制；人才队伍；科技创新平台、哲学社会科学创新基地；数字化环境建设；基础设施以及国际学术交流与合作研究等多个类别项目。这两项工程入选学校都要经过申报、评审等比较严格的竞争性环节，政府投入大量专项资金，并通过项目管理的方式进行规划、实施、评审和监督等工作。相比基地项目形式，这种工程项目形式更进一步显现了项目制的特征和政策的强大影响力。2012年，教育部运用项目制思维在高等教育系统又推出了一项体现国家意志的重点项目，即"2011计划"，旨在通过构建面向文化传承创新、科学前沿、区域发展和行业产业的四类协同创新机制，提高学科、人才、科研一体的创新能力。"2011计划"实施中，中央政府不仅设立专项资金，还要求有关单位在人事管理、招生计划、人才计划以及科研任务等方面在资源

---

① 包海芹：《教育资源配置中的政府与高校——国家学科基地政策案例的分析》，《高教探索》2008年第1期。

配置上给予倾斜支持。在组织管理、操作实施、培育组建、评审认定及绩效评价等方面都进行了较为严格的规定。另外,加上其更强的竞争性、开放性,使得"'2011计划'具有了更显著的项目制特征"[1]。

从基地项目到"211工程""985工程"再到"2011计划"均以院校、学科为对象,涵盖了人才、学科、科研等内容的多个方面,"2011计划"更是以人才、学科、科研三者为核心内容,这些项目均呈现出综合性的特征。

2. 以科学发展为目标的研究类项目

经费是推动科学发展的重要力量,没有稳定、丰富的财政资金支持,科学研究就难以顺利开展。因此,以作为政府财政转移性支付的项目制方式支持科学研究成为现代各个国家和地区的普遍现象。

中华人民共和国成立初期,大量的建设任务提出了科学快速发展的迫切要求,国家通过一系列重大项目引领科学技术发展。"一五计划"中的"156项工程",虽然面向的研究机构包括科学院、高校和业务部门等机构,但高校作为重要主体,项目对其科研发展发挥了重要的推动作用。20世纪80年代以来,为进一步促进我国科技体制改革,中央变换科研经费拨款方式,设立专项基金,出台专项计划。从1980年到2000年,国家先后制订了国家科技攻关计划、"863计划""星火计划"、国家自然科学基金等在内的30多个专项计划。[2]

1986年3月,党中央、国务院启动实施"863计划",重点解决关涉国家中长期发展和安全的高技术问题。1986年启动的国家自然科学基金,按照国家科技发展战略部署,为满足不同层次和不同资助对象的需要,设立了自由申请项目、重点项目、重大项目、青年科学基金项目、国际合作项目以及高技术探索项目等。国家自然科学基金资助金额逐年连续增加,为我国基础研究提供了强有力的资金支持。1988年,原国家教委设立人文社会科学科研基金。1991年设立的国家社会科学基金覆盖25个

---

[1] 李福华:《从单位制到项目制:我国高等教育重点建设的战略转型》,《高等教育研究》2014年第2期。

[2] 崔永华:《当代中国重大科技规划制定与实施研究》,博士学位论文,南京农业大学,2008年,第103页。

社会科学学科。1997年启动的"973计划"是我国加强基础研究和科技工作做出的重要决策。在第一个五年计划中，围绕农业、能源、资源环境、信息、人口与健康、材料六大领域，共安排了108个项目，平均每个项目投入2000万—3000万元，其中最高的达到5000万元。"973计划""九五"期间投入25亿元。[①]

如前文所述，国家自然科学基金、"863计划"、国家社会科学基金、教育部人文社会科研基金以及"973计划"等项目在高等教育领域已成为引领科学研究的主要方式。除此之外，还有政府及教育部门设立的各级各类专项课题，如国家艺术基金、全国艺术科学规划基金、体育哲学社会科学基金、国家语委科研基金、教育科学规划基金等。过去20多年来，政府主导的科研项目类型、级别和层次日益多样化，经费投入不断增加，管理日趋严格规范，科研项目制作为一种治理方式在高等教育领域日趋完善，已成为科研发展的主导方式。

3. 以提高人才培养质量为目标的教学类项目

人才培养是大学的首要职能，教学是人才培养的核心，是大学履行职能的基本途径。改革开放之前，由于多种因素的制约，我国高等教育教学在教学内容、教学方法、教材等方面存在着诸多弊端，严重影响了人才培养质量。改革开放以后，伴随着社会转型，高校教学问题引起政府关注。1985年，《中共中央关于教育体制改革的决定》就明确指出，提高教学质量是当前十分重要而迫切的任务，应进行教学内容、教学方法和教学制度的改革。

20世纪90年代以后，社会经济快速发展，高等教育人才培养的不适应性愈加突出，教学改革成为政府和高校共同关注的焦点。1993年中共中央、国务院颁布《中国教育改革和发展纲要》（以下简称《纲要》），其中指出各级各类学校要"进一步转变教育思想，改革教学内容和教学方法"。为落实《纲要》精神，原国家教委于1994年出台了《高等教育面向21世纪教学内容和课程体系改革计划》（以下简称《计划》）。《计

---

① 崔永华：《当代中国重大科技规划制定与实施研究》，博士学位论文，南京农业大学，2008年，第12页。

划》"以统一规划、分科立项、分批实施、分级管理的方式进行"①，全国各地 322 所高校申报 3000 多个项目，教育部正式批准立项 221 个大项目，其中包括 985 个子项目，10256 人参加项目研究。② 此外，部分省市、有关教育行政部门和许多高校，也都依据各自情况分别制定了高等教育面向 21 世纪教学内容和课程体系改革计划。"其规模之大，牵涉面之广，影响之深远，为中国乃至世界教育史上所罕见。"③ 这次《计划》的实施可以说是政府首次在教学管理领域采用项目的方式实现自身意图，事实证明，项目形式极大地调动了广大教师、管理人员参与的积极性。

在《计划》实施即将结束时，2000 年 1 月，教育部决定以《计划》取得的阶段性成果为基础，实施"新世纪高等教育教学改革工程（以下简称'改革工程'）"。该"改革工程"与《计划》既有联系又有区别，是在《计划》的基础上对人才培养模式、教学内容和课程体系等进行改革，突出整体性、综合化和实践运用，是深化教学改革的系统工程。对于此"改革工程"，教育部采取委托研究和项目招标等形式分别立项，多渠道筹集资金，设立专项经费。同时要求项目承担单位及主管部门给予必要的条件和政策支持。④ "改革工程"不仅在内容上是《计划》的扩展与延伸，同时延续了《计划》的项目技术治理方式和思维，试图以项目的方式从多个方面继续推进教学改革。

我国 1999 年高等教育大规模扩招之后，教学质量问题进一步凸显。为应对问题与挑战，教育部于 2001 年印发了《关于加强高等学校本科教学工作提高教学质量的若干意见》，（教高〔2001〕4 号，又称"4 号文件"）。"4 号文件"既是要求高校重视教学质量的纲领性文件，同时又极

---

① 马廷奇：《政策选择与制度创新——改革开放以来高校本科教学改革的回顾与思考》，《高等工程教育研究》2009 年第 1 期。
② 赵卿敏：《实施"面向 21 世纪教学内容和课程体系改革计划"的回顾与思考》，《中国大学教学》2000 年第 6 期。
③ 同上。
④ 中华人民共和国教育部：《教育部关于实施"新世纪高等教育教学改革工程"的通知》2000 年 1 月 26 日，http：//www.moe.edu.cn/publicfiles/business/htmlfiles/moe/moe_734/200408/2985.html，2015 年 3 月 22 日。

具问题针对性,"提出了更丰富的标准和更详细的数量指标"①,可操作性极强。为贯彻"4号文件"精神,各地方教育行政部门、许多高校采取了包括项目手段在内的多种措施来提高教学质量。2003年教育部在全国高校启动"高等学校精品课程建设""高等学校教学名师奖""大学英语教学改革"和"高等学校教学评估工作"4个项目。2004年3月,国务院批转了《2003—2007年教育振兴行动计划》把实施"高等学校教学质量与教学改革工程"作为其中的重要内容。为继续完善、延续和提升"质量工程",在前期实施的基础上,2007年1月,教育部又印发了《关于实施高等学校本科教学质量与教学改革工程的意见》,规定了"质量工程"所要实施的"六大举措"、拟定建立的"七大系统"和要达到的"九项目标"。26天之后,教育部颁发了《关于进一步深化本科教学改革全面提高教学质量的若干意见》作为"质量工程"实施的配套文件,两者点面结合,相辅相成。"质量工程"成为我国高等教育领域实施"211工程""985工程"和"国家示范性高等职业院校建设计划"之后的又一项重要工程。为保证工程顺利实施,"十一五"期间,中央财政投入专项资金25个亿,这是中华人民共和国成立以后中央在提高高校教学质量方面投入最大的一项专项经费。"质量工程"建设的特点之一是通过项目形式部署实施,从高校(校级项目)到地方教育部门(省级项目)再到教育部(国家级项目)一层层进行遴选。2011年7月,教育部、财政部在《关于实施高等学校本科教学质量与教学改革工程的意见》中又指出,要加强项目集成与创新,提高项目建设对人才培养的综合效益。至此,面向全国1000多所本科高校的"质量工程"实现了项目治理方式和思维从面向少数重点高校到面对广大普通高校,从广泛应用于科研领域到深入教学领域的转向。

为把《国家中长期教育改革和发展规划纲要(2010—2020年)》的要求进一步具体化,2012年教育部下发了《关于全面提高高等教育质量的若干意见》文件,针对全面提高高等教育质量提出了30条具体措施,其中包括完善国家、地方、高校三级"质量工程"体系,发挥项目在推

---

① 王友航:《高等教育质量政策的话语策略》,《教育学术月刊》2012年第10期。

进教学改革、提高教学质量上的引领、示范和辐射作用。由此可见，项目制思维和方式仍然继续不断在教学领域深化运用。

在这里，我们无意从分类科学的角度对高等教育领域内的项目进行严格、规范的类别划分，只是依照满足研究需要的原则进行了简单、粗略地归类，因此可能存在分类体系不全面、标准不明确、层次不均衡等问题。另外需要说明的一点是，在高等教育领域内还有一些具有重要分量的人才计划类、荣誉奖励类项目，例如，"高层次创造性人才工程""长江学者奖励计划""千人计划""百千万人才工程""高等教育教学成果奖""高校教学名师奖""高等学校优秀教材奖"等项目。这类项目无论是在教育实践中还是在一些学术研究中都被明确为"项目"。当然，按照宽泛意义上的项目含义来说，这是毫无疑义的。因本书从管理学角度对项目进行了较为严格的限定，这类项目因不具有任务或活动的特点而不符合限定要求，所以不把其囊括于本书。

三 高等学校教学项目的特征及分类

（一）高等学校教学项目的特征

尽管项目有着共同的特征，但同其他项目相比，教学项目在某些方面又呈现出自己特有的特点。

1. 结果的示范性

与综合类、科研发展类项目相比，政府设立教学项目的目的之一是通过树立一批先进典型来发挥榜样的示范、引导和辐射作用。所以，教学项目的设立体现出较强的示范性，这种"树典型"的政策指导思想体现在多个文本中。《关于实施高等学校本科教学质量与教学改革工程的意见》中强调，为调动广大高校的主动性和积极性，引导高校教育教学改革的方向，"质量工程"确定了以具有基础性、全局性、引导性的项目作为改革的突破口；在精品课程建设要求中，明确指出了："精品课程具有一流教师队伍、一流教学管理、一流教学内容、一流教材、一流教学方法的显著特征，应更大程度地发挥其示范辐射性，引领全国精品课程建设质量的提高。"

2. 申报主体的精英性

一方面由于资源的有限性，即专项资金只是代表了一种信号、一种引导、一种推动，只能投入少数项目的建设；另一方面由于教学项目的示范性、高水准要求，项目建设单位对许多教学项目的申报条件做了较高程度的要求。例如，国家级精品课程要求："课程负责人为本校专职教师，具有教授职称，且近三年主讲此门课程不少于两次。"依照国家级精品课程的要求，Q大学校级精品课程申报也要求"课程负责人原则上应具有教授职称"。国家级、省级和Q大学校级教学团队都要求"带头人应为本学科（专业）的专家"。这样的规定使得部分教学项目申请面向的是一小部分的精英群体，同科研项目申请面向更广大的教师群体相比而言，教学项目呈现出申报主体的精英性。

3. 过程的竞争性

所谓竞争性是指教学项目是通过竞争性方式而不是指令性方式产生的，这一特征产生的根本在于项目制逻辑是一种增量改革逻辑，由此必然带来竞争性。[①] 项目的产生都要经过自上而下的自由申报、专家评审、绩效评价等程序，在这个过程中按照计划数额择优立项。如前文提到，在《高等教育面向21世纪教学内容和课程体系改革计划》的项目申报过程中，经过专家对申报的3000多个项目进行筛选，最后正式批准立项的只有221个大项目，其中包含985个子项目。[②] 对于具有示范性和申报主体精英性的教学项目来说其竞争性更强。

4. 形式的嵌套性[③]

《教育部关于全面提高高等教育质量的若干意见》（教高〔2012〕4号）中指出，要"完善国家、地方、高校三级'本科教学工程'体系"。也就是说从项目总体表现形式来看，教学项目分为国家、地方、高校三

---

① 苏永建：《体制化的技术治理与非对称性问责——社会转型期中国高等教育质量保障的社会学分析》，博士学位论文，华中科技大学，2015年，第130页。

② 冯卫斌：《1978年以来我国高等教育教学改革述略》，《清华大学教育研究》2001年第4期。

③ 苏永建：《体制化的技术治理与非对称性问责——社会转型期中国高等教育质量保障的社会学分析》，博士学位论文，华中科技大学，2015年，第130页。

个层级。从该文件的颁布上来说，低层次项目要依托于高层次项目，其指导思想、条件要求等都因循高层次文件精神，并且在顺序上也是由高到低。由此形成类似于俄罗斯套娃的层级嵌套特征。从项目的立项申请来看同样体现了这种嵌套特征，一般来说，在申请高层次项目时需要前期获得低层次的项目作为基础。例如，省级教学团队项目的立项要有校级教学团体项目为前提，国家级教学团队的申报须建立在前期省级教学团队项目立项的基础上。

另外，从单个项目存在形式来看，嵌套特征还表现在子项目嵌套在母项目之中。如《高等教育面向 21 世纪教学内容和课程体系改革计划》项目中，在 221 个大项目之下又包括 985 个子项目；"质量工程"这个母项目中又包括特色专业建设、实验教学示范中心建设、大学生创新创业训练计划等多个子项目。

（二）教学项目的分类

本书在前面对高等教育领域内的项目进行了简单的分类，这里依然有必要对大量、多样的教学项目同样进行简单的归类，以便我们进一步了解教学项目。

按照不同的划分维度进行划分会有不同的分类。

按照项目立项机构，教学项目可分为国家级、省级、校级三个层次的项目；

按照项目性质可分为研究类项目和实践类项目，如教学改革立项、大学生创新创业训练计划可看作研究类项目，校外实践教育基地、人才培养模式创新实验区建设属于实践类项目；

按照项目指向对象则可分为教师类项目、学生类项目、事物类项目；

按照项目作用性质可分为激励型项目（如教学名师评选、教学成果奖评选、优秀教材奖评选、教学团队建设、精品课程建设等）、支持服务型项目（如网络教育资源共享平台建设、专业设置预测系统、教师教学发展示范中心）、评估监控类项目（如本科教学质量评估、本科教学基本状态数据采集等）；

按照项目内容可把项目分成专业建设类、课程建设类、教师队伍建设类、人才培养类、教学评估与监控类项目。

由于一种项目具备多种维度的属性或显著特征，因此不同的分类之间会存在交集。另外，分类不是固定不变的，随着教学项目的发展，项目之间也会出现整合。笔者这里只是根据考虑到的维度对教学项目进行简单、且不严格地分类，一方面是为了进一步使教学项目清晰化，另一方面是为了交代本书的研究对象只是教学项目中的一部分，总的来讲根据研究需要把其归属于教师类项目。

四　典型教学项目对教师教学发展的应然作用

把项目治理的方式引入到教学管理中的目的之一是通过项目手段，发挥项目的优势促进教师教学发展，提高教学质量。尤其是一些典型的教学项目，如教学团队、精品课程以及教学改革研究项目，其设立的要求和内容充分显示了对教师教学发展的针对性和高度相关性。教师在申报、参与以及分享这些项目成果的过程中，会受到新的教学观念、材料以及策略的挑战，对挑战的应对可以加深教师对教育教学的认识和理解，有助于教师教学成长。

（一）教学项目的设立能够营造重视教学的氛围

当前，我国大学普遍出现了教师重科研轻教学，教学动力不足的倾向。针对这一现象，政府和高校设立了大量教学项目。这些项目的设立一方面体现了政府和高校对本科教学的关注；另一方面项目提供的经费和制度的支持可以使教师获得现实利益。因此，教学项目相关政策、措施的出台和实施在一定程度上可以重振"教学为本"的理念，营造高校和教师重视教学的氛围，引导教师重视教学、热爱教学，让教师把精力转向教学，增加对教学的投入。

（二）团队建设的要求能够促进教师在合作中发展

教学团队、精品课程和教改项目这些典型的教学项目均重视教师团队的建设。教学团队建设要求以课程或专业为建设平台，在多年的教学改革与实践中形成团队，具有明确的发展目标、良好的合作精神。精品课程建设和教学改革项目同样要求项目成员在职称、年龄、研究方向、教学水平上构成具有合理结构的团队。对于团队合作的要求，表明这些教学项目的完成需要教师群体的声望、智慧、教学科研成果予以支撑，需要建立团队合作的机制。

大学教师的教学工作通常处于单兵作战的状态，这种彼此疏离、孤立的工作状态限制了教师发展。帕克·帕尔默曾指出，"由同行所组成的共同体"是教师教学成长的必由之路，因为"从同事那里我们可以更多地理解我们自己和我们的教学"[①]。教师需要交流，借助集体智慧解决教学实践中的问题。教学项目团队合作中成员共同教授一门课，教师共同编写教材，合作开展教改项目，有效地整合教学资源，专业知识共享程度高，能够使教师走出从自我封闭的工作状态，实现教师的知识交流和共享，通过合作实现教师教学的共同发展。

（三）梯队师资的要求能够促进青年教师教学发展

教学项目中合理配置师资的要求有利于促进青年教师发展。教学团队建设指出团队要有良好的梯队结构，老中青搭配、专业技术职务结构和知识结构合理，在指导和激励中青年教师提高专业素质和业务水平方面成效显著。精品课程建设的要求则是逐步形成一支结构合理、人员稳定、教学水平高、教学效果好的教师梯队，其评价指标之一是青年教师的培养计划科学合理，并取得实际效果。教学改革项目同样要求项目成员在职称、年龄、研究方向、教学水平上结构合理。对师资梯队要求的同时，这些内容突出了对青年教师教学的重视。青年教师是学校的未来，从整体上说他们在教学上处于弱势阶段，他们的成长需要老教师的引领和培育。教学项目中对师资队伍年龄结构合理、老中青搭配的要求为青年教师教学成长创造了有利条件。项目带头人一般都是该学科领域的专

---

① ［美］帕克·帕尔默：《教学勇气——漫步教师心灵》，吴国珍等译，华东师范大学出版社 2005 年版。

家、师德高尚、学术造诣深厚、教学能力强，教学经验丰富，他们能利用教学和学术上的优势对青年教师进行引领和示范，有效推进教学工作的传、帮、带，做好青年教师的教学能力培养工作。

（四）高要求的教学项目建设及成果能够提高教师教学水平

作为政府实施"质量工程"的重要组成部分，精品课程和教学团队等项目被设置了高标准、高门槛。教育部把精品课程定位为"五个一流"，即教师队伍、教学内容、教学方法、教材、教学管理均为一流的示范性课程。这表明精品课程必须是高质量的课程，必须是同类课程中的优秀课程。教学团队建设也设置了带头人应是本学科（专业）的专家，具有较深的学术造诣；教学方法科学，教学手段先进等基本要求。同时，精品课程和教学团队建设囊括了教学队伍、教学内容、教材、实验以及教学方法和手段建设等，范围广泛、内容系统。一方面，如此标准高、内容丰富的项目建设向教师提出了高要求，精品课程和教学团队的建设过程本身就是形成一流教学成果、培育一流师资队伍的过程，参与项目的教师可以从中得到提高。另一方面，如此的项目建设要求下能够催生教学内容、教学方法和手段、教学管理改革的多方面的高水平教学成果，由此可以拓展教师群体内部的优质课程教学资源空间，让更多的教师获得更为广泛的学习资源。总之，项目的建设和成果对教师在教育教学理论的学习、知识结构的完善、教学经验的传授、教学技能的培养等方面均能发挥积极指导作用，可以提高教师的教学实践能力和教学研究能力。

五 基于社会实践理论探讨教学项目制下教师教学发展的适切性

（一）社会实践理论的基本内容

作为当代欧洲社会学理论界独树一帜的思想家，皮埃尔·布迪厄（Pierre Bourdieu）是一位在世界范围内有着巨大影响力的大师。他辩证的、关系的、实践的和反思的社会学思想理论体系虽庞大而复杂，但总体可用"实践理论"予以概括。布迪厄的社会实践理论是围绕着行动者在什么地方实践（实践空间），用什么进行实践（实践工具），如何实践（实践机制）等问题展开的，他运用场域、惯习、资本三个概念回答了这三个基本问题。

1. 场域：行动者的实践空间

场域是布迪厄实践理论的基本概念，同时也是他进行社会学研究的分析单位。如同他自己所言："场域才是最基本性的，必须作为研究操作的焦点。"[①] 布迪厄认为："一个场域可以被定义为在各种位置之间存在的客观关系的一个网络（network），或一个构架（configuration）。"[②] 在他看来，现代社会是一个分化了的社会，不是一个浑然整合的总体，而是由不同游戏领域组合而成，每个游戏领域都遵循自己的运作逻辑。也就是说，许多具有相对自主性的小世界构成了社会世界。这些小世界，就是布迪厄所说的场域，如艺术场域、教育场域、经济场域、政治场域等。场域是行动者付诸行动的实践空间，是实际空间当中伴随多种关系而形成的特殊范围，它不仅包括对物理位置的说明，还涵盖了对这个个体所处的立体空间的诠释，具有丰富的含义和内容。

场域是具有自身特定逻辑的相对独立的运作空间。在布迪厄看来，场域是现代社会世界分化后产生出来的独立的"社会小世界"，场域并不是一个物理空间，而是一种社会空间，这些社会空间具有一定的相对独立性。相对独立性既是不同场域存在的依据，也是一个场域区别于其他场域的标志。不同的场域具有不同的逻辑，即"每一个子场域都具有自身的逻辑、规则和常规"[③]。也就是说，场域作为客观关系的空间具有自身特定的逻辑，而这些逻辑不会转变成为其他场域运作的逻辑。例如，经济场域中的物质利益法则在艺术场域是遭到拒绝或否定的。大量不同的具有自身逻辑的场域叠加构成了社会世界，场域之间并无实体的界限，所谓的界限就是其自身特有逻辑发挥作用的界限，即每个场域都划定了

---

① ［法］皮埃尔·布迪厄、［美］华康德：《实践与反思：反思社会学导引》，李猛、李康译，中央编译出版社1998年版，第146页。

② 同上书，第133—134页。

③ ［法］皮埃尔·布迪厄、［美］华康德：《实践与反思：反思社会学导引》，李猛、李康译，中央编译出版社1998年版，第142页。

一个社会构建的空间并规定了各自独有的价值观。当行动者进入场域，就获得了这个场域所特有的规则、符号和代码，他们接受这套观念并按照该场域的特定规则行动。

场域是具有自主性的空间。社会分化出各种场域，分化过程其实就是场域的自主化过程，其实质是某个场域摆脱其他场域的限制和影响，并在这一过程中不断强化自身固有的特征。每一个场域，都经历了为自主性斗争的过程，在此过程中，场域自身的逻辑逐渐获得独立性并取得支配地位，统治着场域中的行动者及其实践活动。场域的自主程度越高，越容易把自身规则强加于场域的每个成员。

虽然任何一个场域都具有一定的自主性，但同时每个场域都受着元场域[1]和其他场域的影响和制约，尤其是从关系主义的维度来看，任何场域的自主性都是相对的，完全自主和孤立的场域是不存在的。[2]

场域是关系性空间。布迪厄的理论的独特之处，就在于它运用了"关系性"思维方式。他指出现实的就是关系的，意在强调社会世界存在的各式各样的关系，是马克思所言的"独立于意识和个人意志"的客观关系，而不是行动者主体之间的互动或个体交互主体性的纽带。[3] 基于这种认识，他从关系的角度把场域界定为各种位置之间存在的客观关系的网络或构型。这一概念直接表明了场域并非实体，而是各种先于个人意识而存在的客观关系的空间，是一种关系性的存在。

场域是一个斗争的空间。作为位置空间结构的场域，是一个充满永恒斗争的空间。布迪厄认为，场域是集合了各种力量的场域，这些力量是场域中的行动者所必有的；同时它又是斗争的场域，怀有不同斗争目的的行动者，在场域交往过程中，依据各自占据位置的不同而使用不同的斗争手段和方式。[4] 由此看来，场域是一个充盈着潜在的和活跃的力量

---

[1] 布迪厄把权力场域看作元场域。

[2] 宫留记：《布迪厄的社会实践理论》，博士学位论文，南京师范大学，2007年，第30页。

[3] [法]皮埃尔·布迪厄、[美]华康德：《实践与反思：反思社会学导引》，李猛、李康译，中央编译出版社1998年版，第133页。

[4] 高宣扬：《当代法国思想五十年》（下），中国人民大学出版社2005年版，第514页。

的空间，也是一个充满了为了保持和改造场域结构而斗争的场所。场域中不同位置的占据者拥有资本的差异，必然导致力量间的争斗，任何行动者只要参与其中，就会通过特定的场域关系网络，依据自己占据的位置，利用自己的历史积累和资本，采取相应的策略展开斗争。这些斗争再生产着新的场域结构，使得场域成为一个动态空间。

2. 惯习：行动者实践的生成机制

为了克服社会学中盛行的各种二元对立，调和结构与行动、客观与主观、历史与现在，布迪厄所做出的努力之一就是提出了惯习的概念。"惯习这个概念，最主要的是确定了一种立场（或者，如果你愿意，也可以说是确定了一种科学惯习），即一种明确地建构和理解具有其特定'逻辑'（包括暂时性的）的实践活动的方法。"① 除了具有克服主观主义与客观主义对立的作用之外，惯习观的第二个作用还在于克服实证主义唯物论和唯智主义唯心论的对立。布迪厄希望超越个人与社会、主体与客体的二元对立，他不赞成把社会看成实体性的有形结构，也拒绝把社会看成独立于人们意识的纯客观对象，在他看来，社会行动并非直接取决于社会结构，社会结构产生惯习，惯习反过来又成为社会结构支配和塑造实践行动的中介，从而再生产社会结构。由此，惯习是一个能够同时把握主体与结构的双重概念。

社会科学中的"惯习"一词并非布迪厄首创，它最早出现于亚里士多德的著作中，黑格尔、韦伯、胡塞尔、涂尔干和莫斯等都曾使用过这一概念，但经布迪厄的系统阐释后，在社会科学界产生了巨大影响。在布迪厄看来，场域中的行动者不是一个个的"物质粒子"，而是有思想、有意识、有精神属性的人；场域不是"冰凉凉"的物质世界，它们都有自己的"性情倾向系统"——惯习（habitus）。对于 habitus 的翻译国内有"惯习""习性""生活心态"等译法，但惯习一词被学术界普遍接受。经过布迪厄的锤炼，普遍使用的界定是："它是持续的、可转换的性

---

① ［法］皮埃尔·布迪厄、［美］华康德：《实践与反思：反思社会学导引》，李猛、李康译，中央编译出版社 1998 年版，第 164 页。

情倾向系统，倾向于被建构的结构，发挥具有建构能力的结构功能。"[1] 也就是说惯习是以某种方式进行感知、思考和行动的倾向，这种倾向通常是以无意识的状态内化于每个个体[2]，是一种结构形塑机制。

惯习既有持久性又具可变性。持久性是因为惯习深深扎根于人们体内，并具有惰性、倾向抗拒变化，这样就在人的生命中表现出某种持续性。惯习"具有一定的稳定性，又可以置换，它来自于社会制度，又寄居在行动者的身体之中"[3]。而另外，惯习还具有动态性，它可以通过后天努力习得，在不同的环境中能够依照目的进行调节，而且这些惯习又产生了与自身所处环境相一致的观念、思想及行为。[4] 换言之，惯习虽然寄居在身体内部，但它会根据变化的情境，随时被激发出来，产生与新情境相匹配的表现。它随经验的变化而变化，并在这些经验的影响下不断地强化，但这种变化中又包含持续、稳定的因素，即它是稳定持久的，但不具有永恒性。

惯习既有历史性又具现实性。惯习的历史性体现在惯习与历史的关系方面，一方面，惯习是在特定历史条件下，内化于个人意识的社会行为影响的总结果，[5] 惯习是随历史经验积淀的内在化的系统，它总是同行动者所处的环境、社会历史条件和以往的精神状态紧密相关，过去的经验会在个体身上留下痕迹，因此行动者的行为模式总带有历史的烙印，也就是说，"惯习自身脱胎于一整套历史"[6]，它来源于历史，是行动者历史经验的积淀。另一方面，惯习并不是单纯地复制着历史，行动者能够对历史经验进行适时的改造和建构，惯习反映了历史，同时又建构了历

---

[1] [美] 戴维·斯沃茨：《文化与权力——布尔迪厄的社会学》，陶东风译，上海译文出版社 2006 年版，第 117 页。
[2] [法] 菲利普·柯尔库夫：《新社会学》，钱翰译，社会科学文献出版社 2000 年版，第 36 页。
[3] [法] 皮埃尔·布迪厄、[美] 华康德：《实践与反思：反思社会学导引》，李猛、李康译，中央编译出版社 1998 年版，第 171 页。
[4] 宫留记：《布迪厄的社会实践理论》，博士学位论文，南京师范大学，2007 年，第 79 页。
[5] 高宣扬：《布迪厄的社会理论》，同济大学出版社 2004 年版，第 121 页。
[6] [法] 皮埃尔·布迪厄、[美] 华康德：《实践与反思：反思社会学导引》，李猛、李康译，中央编译出版社 1998 年版，第 168 页。

史。惯习在内化历史的同时，又主动外在化为当下实践，表现在当下，体现出现实性。换言之，惯习把历史带进现实生活，是行动者的现实生活和实际行动呈现出的活生生的历史，即通过当下的实践外在化着历史。

惯习既有个体性又具集体性。惯习来自行动者长期的实践活动，长期的积累使经验内化为行动者的意识，成为行动者精神和实践的生成机制。一方面，惯习把这些既往经验以心理、思维和行为的形式储存于每个个体，从而把行动者同他人区别开来，显示出自身特质，凸显出与他人不同的个性、气质、风格等特点，由此体现了惯习的个体性。另一方面，惯习不仅仅是个体经验的结果，更是集体经验的一种综合和反思，它是社会集体作用于个体使个体不断调整、形塑的结果，所以惯习亦是个体社会化的结果，此为惯习集体性的表现。布迪厄认为阶级是生存条件与性情倾向相似的个体的组合，惯习使具有相似生存状况的人组成特定的群体。而这一群体又有着相似的性情秉性系统，他们无须通过集体性的意图或自觉意识，就能产生步调一致、方向统一的实践活动。[①] 虽然同一场域的成员不可能拥有完全相同的经历，但同一场域的成员会比其他场域的成员更有可能遇到本场域成员经常遇到的情况。总之，布迪厄的观点显示了惯习是个体的，具有主观性，同时它也是社会的、集体的，具有客观性。

3. 资本：行动者实践的动力和工具

布迪厄认为资本这个概念在其社会理论中有着重要的作用。他把场域作为进行社会学研究的基本单位，而场域中的个体正是通过资本与社会发生联系，布迪厄把资本作为理论工具，将对场域的分析扩展到整个社会。他指出如果我们不想把行动者看成可以相互交换的单子，就有必要把资本这一概念的相应扩展及其全部效应引入社会界。[②] 对于资本的含义，当前学界引用最多的是"资本是积累的（以物质化的形式或'具体

---

① [法] 皮埃尔·布迪厄、[美] 华康德：《实践与反思：反思社会学导引》，李猛、李康译，中央编译出版社1998年版，第169页。

② [法] 皮埃尔·布迪厄：《资本的形式》，载薛晓源、曹荣湘《全球化与文化资本》，社会科学文献出版社2005年版，第3—22页。

化的''肉身化的'形式）劳动，当这种劳动在私人性，即排他的基础上被行动者或行动者小团体占有时，这种劳动就使得他们能够以物化的或活的劳动的形式占有社会资源"①。他把资本看作积累的劳动，行动者排他性的拥有资本，这种劳动作为社会资源在排他的基础上被行动者所占有。他的资本概念是受经济学的启发而提出的，但他摒弃了经济学认为经济资本是唯一资本的唯智主义理论抽象。他扩展了资本概念的内涵和外延，认为资本表现为四种基本形式，即经济资本、文化资本、社会资本和象征资本。

经济资本是经济学中我们通常理解的资本类型，是其他类型资本的基础，它由生产的不同要素（土地、劳动、货币等）、经济财产、各种收入和经济利益构成。② 这种资本可以直接兑换成货币，从而直接带来经济效益。

文化资本概念源于布迪厄对法国教育系统的研究，是布迪厄论述最多的一种资本，它是指世代相传的文化、知识、技能、性情倾向以及行为习惯等。③ 在布迪厄看来，文化资本以三种状态存在，一是身体化的状态，是指与个体身体直接联系的文化资本，比如，行动者所具有的优美的言辞、审美情趣、教养等。二是客观化的状态，具体表现为图书、词典、机器等文化商品的形式，是理论的印迹或具体表现。三是制度化的状态，体现为制度给予的认可，尤其是高等教育机构颁发的文凭证明。④

社会资本是指个体或是群体，凭借拥有相对稳定，又在一定程度上制度化的相互交往，彼此熟识的关系网络。⑤ 由此可见，社会资本实际上是由彼此之间有"交往"的人们形成的关系网，是一种关系资本，与个

---

① ［法］皮埃尔·布迪厄、［美］华康德：《实践与反思：反思社会学导引》，李猛、李康译，中央编译出版社1998年版，第189页。
② 高宣扬：《布迪厄的社会理论》，同济大学出版社2004年版，第149页。
③ 谭光鼎、王丽云主编：《教育社会学：人物与思想》，华东师范大学出版社2009年版，第394页。
④ 李全生：《布迪厄的社会结构理论述评》，《济南大学学报》（社会科学版）2008年第6期。
⑤ ［法］皮埃尔·布迪厄、［美］华康德：《实践与反思：反思社会学导引》，李猛、李康译，中央编译出版社1998年版，第162页。

人在特定社会网络结构中的地位相关联。

象征资本的概念用来表示礼仪、声誉或威信资本的积累策略等象征性现象。[①] 由于它是所有资本中最为隐秘的一种类型，伪装性较强，所以又被称为"被否认的资本"，或"不再被看作资本的资本"，换句话说，象征资本通常不被看作权力，而是被看作对他人的承认或服务的正当要求。

布迪厄认为资本具有可转换性，即这四种资本类型之间可以相互转换，并以此为基础产生行动者策略，策略目的的实现保证了资本的再生产，以及行动者的社会关系、社会地位的再生产。[②]

资本是行动者竞争的目标。资本之所以成为行动者竞争的对象，是因为资本同行动者在场域中的位置密切相关。场域是社会生活领域中客观性的位置之间形成的关系网络。而位置需要个体或者群体去填充和占据。布迪厄指出，在社会空间中，资本量、资本构成比例和位置演变的历史轨迹是阶级形成的三个主要维度。[③] 资本是场域中位置的决定性因素，在一个场域中，行动者占有的各种资本的数量、资本结构和资本的相对权重决定了行动者的位置。基于资本对于位置的重要性，场域被形塑成斗争的空间。所谓的斗争就是行动者采取各种策略去争取各种资本，维护或颠覆特殊的资本分配的结构，以维持或改善自己在场域中的位置。

资本是行动者竞争的工具。布迪厄认为资本是"一组可被使用的资源和权力"，[④] 而行动者也正是使用这些资源和权力进行新资本的争夺。他指出任何一个日常生活实践中的行动者都可以成为资本的主体，他们

---

① 高宣扬：《布迪厄的社会理论》，同济大学出版社 2004 年版，第 150 页。
② 宫留记：《资本：社会实践工具——布尔迪厄的资本理论》，河南大学出版社 2010 年版，第 123 页。
③ Bourdieu, Pierre, *Distinction : A Social Critique of the Judgment of Taste*, Cambridge, M. A.： Harvard University Press, 1984, p. 114.
④ Bourdieu, Pierre, *Distinction : A Social Critique of the Judgment of Taste*, Cambridge, M. A.： Harvard University Press, 1984. 转引自洪岩璧、赵延东《从资本到惯习：中国城市家庭教育模式的阶层分化》，《社会学研究》2014 年第 4 期。

都拥有自己的各种类型的资本,差别在于拥有资本的数量和质量。① 同一个阶级或者阶层的人,拥有类似的资本分布和数量。作为资本的拥有者,每一个个体和阶级一旦进入到某一场域,就开始利用其历史积累和原有的资本同其他行动者进行争斗,来争取资源、维护利益、捍卫或者改善自己的位置。因此,资本不仅仅是行动者实践的对象,更是行动者实践的工具和手段。

4. 场域、惯习、资本构建成实践逻辑

各种各样的实践都是在社会关系中展开的。在布迪厄看来,概念的真正意涵是在关系中获得的,场域是由彼此作用的关系来构成的。当他运用场域、惯习(它们是一些关系束)等概念时,无不强调它们的关系性特征。虽然本书对场域、惯习和资本分别进行了单独的简单梳理,但仍然从中可以看出三者并不是相互独立的理论结构,而是相互关联的。正所谓布迪厄的任何一个概念都是在同其他概念的相互关系中呈现其实际意义和整体性。② 场域形塑并制约着惯习,惯习对场域具有建构作用,场域作用的发挥又离不开与惯习的结合。资本存在于一定的场域中,场域是资本的力量空间,场域决定了资本的价值,场域内决定竞争的逻辑就是资本的逻辑。总的来讲,场域、惯习与资本之间是以实践为中介的"生成"或"建构"的动态关系。因此,实践逻辑"是在实践者与环境相互作用的历史活动中'生成'的"③,是场域、惯习与资本三者综合作用构建而成的。

布迪厄把行为理论化为惯习、资本和场域相互作用的结果,把实践活动作为一种关系性的思维方式来理解。这一理解意味着实践不能简单地化约为惯习、资本或场域中任何一个单一要素,而是它们有机统一的结果。具体来讲,即社会中的行动者凭借各自拥有的资本和惯习,根据社会关系网络确定的社会位置,在一定的社会场域中,不断地建构自身

---

① 宫留记:《资本:社会实践工具——布尔迪厄的资本理论》,河南大学出版社 2010 年版,第 33—34 页。
② 高宣扬:《布迪厄的社会理论》,同济大学出版社 2004 年版,第 2 页。
③ 冯向东:《教育科学的理论与实践逻辑——关于布迪厄"实践逻辑"的方法论意蕴》,《高等教育研究》2012 年第 2 期。

和生活于其中的社会,由此产生的实践会再生产场域的结构,或者改变场域的结构。

布迪厄的社会实践理论开启了我们别样思维的一扇门,为我们探究世界、分析事物提供了新的视角。如同冯向东教授所言,如果说布迪厄提出的概念为描述和解说实践提供了一些新鲜的话语形式,那么更为重要的是,这种"实践逻辑"蕴含着一种认识和把握实践的思维方式。[1]

(二) 社会实践理论对于本书需要的满足

1. 实践理论的方法论:超越主观主义与客观主义的二元对立

实体论最早是由古希腊哲学家亚里士多德提出的,自笛卡尔的二元论思想以来,实体论思维方式逐渐占据了近代社会科学研究的主导地位。布迪厄指出,实体论思维方式通常把个体身上的某一特征视为孤立的实体,这种思维割裂了社会生活要素之间的内在联系,造成各种各样的二元对立。他在《实践感》开篇写道:"在人为地造成社会科学分裂的所有对立之中,最基本、也最具破坏性的,是主观主义与客观主义的对立。"[2]布迪厄进一步指出这种对立或许是一种对社会生活具有双重特性的必要提醒,社会现实是通过各种关系联结的,现实生活的模式也应该这样进行建构。[3] 为超越这种二元对立,布迪厄提出了关系性思维方式,即强调系中的各个部分都是在与其他部分的联系中而获得自身的特征,是这种关系给出了该部分的定义与功能。[4]

布迪厄认识到客观主义和主观主义之间对立的起因和关键是人学对人,也就是对科学的对象和主体的看法。而要形成对科学对象和主体之间关系的正确看法,就要避免陷入主观主义和客观主义非此即彼的对立中,就必

---

[1] 冯向东:《教育科学的理论与实践逻辑——关于布迪厄"实践逻辑"的方法论意蕴》,《高等教育研究》2012年第2期。

[2] [法]皮埃尔·布迪厄:《实践感》,蒋梓骅译,译林出版社2003年版,第37页。

[3] [美]戴维·斯沃茨:《文化与权力:布迪厄的社会学》,陶东风译,上海译文出版社2006年版,第72页。

[4] 付文波:《布迪厄的社会理论及对传播研究的启示》,《理论观察》2008年第6期。

须回到实践中,因为实践是方法和结果、惯习和结构的辩证所在。① 他不仅批评了西方传统哲学家把人类历史过程看作绝对理性支配下的完全合乎逻辑的过程,也不同意理性选择理论把个体行动完全理解为受理性支配的观点。他认为主观主义把行动看作意图的刻意算计和苦心追求,看作良知自觉之心,利用理性的谋划,确定自己的目标,使自己的利益最大化;客观主义则把行动描绘成没有行动者的机械反应。② 布迪厄认为无论主观主义还是客观主义的观点都抹杀和掩盖了实践的真正特性,他把两者都纳入自己的实践理论的框架之中。因此,布迪厄既不把实践看成是完全合乎逻辑的,也不把实践看成是无逻辑的,"所谓实践的标志就是合乎逻辑的,它具有某种自身的逻辑却不把一般意义上的逻辑当成自己的准则"③,他理解的实践逻辑是在场域和惯习之间的关系中展开的。通过场域、惯习和资本三个概念,布迪厄思索社会实践中的关系,提出独特的、消除二元对立的实践理论,其理论目的就是要批判二元对立的实体性思维方式,超越那些导致社会科学长期分裂的、根深蒂固的二元对立。

关于大学教师发展、大学教师教学发展的研究,一直以来都不同程度地存在着二元分化的现象:或关注大学教师的观念、动机和行为等个体因素;或关注社会环境、大学制度、大学文化等社会因素。微观研究、个体主义与宏观研究、整体主义构成了大学教师发展研究的两条基本路线,呈现出典型的一元论色彩。在以稳定性为主要特征、变化相对缓慢的时代,实体论思维方式对于人们发现和认识教师发展、教学发展的问题和规律有一定的有效性。但是,当社会变化节奏、更新速度加快,不确定性成为时代特征的背景下,二元分化的、单一的、静态的线性研究范式的张力和解释力已经越来越显示出其不足。有学者指出,对局部的强调控制了 20 世纪大多数教育改革的思路,现在正发展成为不受人们信

---

① 阿斯罕:《布迪厄实践理论视角下的语言认同:四位蒙古族三语人案例研究》,博士学位论文,北京外国语大学,2015 年,第 49 页。
② [法]皮埃尔·布迪厄、[美]华康德:《实践与反思:反思社会学导引》,李猛、李康译,中央编译出版社 1998 年版,第 164 页。
③ 同上。

任的观点。① 布迪厄基于关系性思维方式建立的社会实践理论正是弥补和解决这一问题最恰切的钥匙。关系性思维的视角即方法论上的关系主义，应用在本书中是指以场域、惯习、策略和资本等表达关系束的开放式概念为基础，通过动态性、过程性、开放性、交互性和全面性的思维方式，多层面、综合地审视和考察项目制下大学教师教学发展的实践逻辑，从各种动态关系中探索大学教师教学发展的影响因素和实践机制，从而避免陷入个体性因素和社会性因素，个体能动性和结构必然性等二元对立中。由此可见，这种超越了主观主义和客观主义的抽象对立的关系性思维方式作为一种辩证的思维方式，能帮助我们更客观、更正确地认识和把握当前的大学教师教学发展。

2. 实践理论内容：理论工具及其适切性

布迪厄的实践理论提供了一个理论工具箱。关于"实践逻辑"，布迪厄不仅较早明确提出了"实践逻辑"的概念，而且对于"实践逻辑"进行了深入的分析与洞见，详尽地描绘了实践逻辑的基本特征。他将实践逻辑与"理论逻辑"相区别，指出实践逻辑是自在逻辑，它既无有意识的反思又无逻辑的控制，其概念是一种逻辑项矛盾，这种自相矛盾的逻辑是任何实践的逻辑②；其原则是一个生成和组织图式系统，这些图式在客观上是连贯的，它们在实践状态下运作。③ 布迪厄思考实践的逻辑，不是建立在纯粹经验研究的基础上，而从实践中析出其逻辑，凝练出抽象的概念和理论。其实践理论在社会学、人类学、政治学、教育研究等领域都得到了广泛的运用，尤其是实践理论本身的包容性、开放性及原生性的特点使研究者能够较容易地从此理论视角出发，在各自的研究中归纳、提炼出新的概念与理论。

布迪厄的实践理论与本书内容具有高度的内在契合性。他的社会实践理论的目的在于用来分析社会群体或个人实践的机制，其场域、资本、惯习等核心概念以及结构分析框架具有高度的概括性和强大的解释力，

---

① [美]保罗·克拉克：《学习型学校与学习型系统》，铁俊等译，中国轻工业出版社2004年版，第5页。
② [法]皮埃尔·布迪厄：《实践感》，蒋梓骅译，译林出版社2003年版，第143页。
③ 同上书，第161页。

可以囊括本书的主要研究现象，形成一个系统的理论构架。本书旨在揭示教学项目场域中教师教学发展的实践逻辑，这里的教师教学发展不仅仅是一种从发展角度理解的个体发展和个体行为，它涵盖了制度化和组织化的大学教学环境中与教学项目制以及教学相关的事项和活动。在教学项目场域空间中，教师的教学发展是在项目带来的资本驱动下，教师采取相应的行动，同时在各种惯习形塑下综合产生的结果，这一发生机制的关键点与布迪厄实践理论的核心概念可谓是不谋而合。具体到教师教学发展如何受到资本驱动，惯习以何种状态、何种方式影响教师教学，教师又采取何种行动应对项目的完成等诸多问题，均可纳入实践理论这个开放的框架之中。

本章小结

教学项目制：当项目制遭遇大学教师教学发展

教学项目场域的产生首先是基于社会治理项目制的产生。社会治理项目制产生的总体背景：一是管理体制改革的促成。首先是市场经济体制下突破单位制局限的需要。市场机制不可避免地带来社会分配的两极化等问题。同时，市场经济时代，单位制的弊端日益突出。项目制可满足社会制度运行的需要。其次是平衡中央集权和地方分权的诉求。努力实现集权与分权的平衡一直是我国治理体制改革的基本目标。要达成这一目标，需要在中央和地方之间架起相应的平衡支架。项目制的制度设计隐含着平衡集权和分权的诉求。二是分税制对项目制的催生。分税制意味着中央政府重新实现了财权、财力的集中。中央对地方和基层进行财政"反哺"是建立在分税制基础上的中央财政转移支付制度。同时，项目申报和项目审计监察体系的配套建立，使项目制成为一种新的国家治理体制。

教学项目场域的产生其次是基于高等教育的特殊背景。一是高等教育管理方式改革的需求。我国高等教育进入转型时期，政府开始对高等教育机构下放权力，同时，政府仍需要保留其主导角色。在这样一种既不能单纯依靠行政手段，又必须发挥政府主导作用的情况下，项目制治理方式应运而生。二是高等教育财政拨款方式改革的支持。1985 年，原国家教委和财政部在原来的"基数加发展"的拨款方式上提出实行"综合定额加专项补助"的拨款方式。2002 年，高等教育财政拨款模式由"综合定额加专项补助"方式转变为"综合加项目预算"方式，这次拨款方式的转变加强了专项经费的使用力度。另外，在 20 世纪 90 年代以后，中央政府逐渐专门针对高等教育增加了专项资金的投入。在各级财政资金的大力支持下，项目制逐步演变成高等教育治理的基本手段。

高等教育项目的类型按照目标可分为三类，一是以院校、学科发展为目标的综合类项目。20 世纪 90 年代以后，我国开始出台高等教育重点建设政策，对部分高校和学科进行重点投资和建设，其中具体包括人才培养、科研、公共服务等多项内容，可以看作综合类项目。二是以科学发展为目标的研究类项目。中华人民共和国成立初期，国家通过一系列重大项目引领科学技术发展。三是以提高人才培养质量为目标的教学类项目。20 世纪 90 年代以后，教学改革成为政府和高校共同关注的焦点。1994 年原国家教委出台了《高等教育面向 21 世纪教学内容和课程体系改革计划》；2000 年教育部实施"新世纪高等教育教学改革工程"；2007 年教育部、财政部又印发了《关于实施高等学校本科教学质量与教学改革工程的意见》。

教学项目具有结果的示范性、申报主体的精英性、过程的竞争性、形式的嵌套性等特征，按照不同标准教学项目可有多种不同分类。教学团队、精品课程和教改项目这些典型教学项目的设立要求和内容充分显示了对教师教学发展的针对性和高度相关性。教学项目的设立能够营造高校和教师重视教学的氛围，引导教师重视教学；团队建设的要求能够促进教师在合作中发展；合理配置师资的要求有利于促进青年教师发展；高要求的教学项目建设及成果能够提高教师教学水平。

布迪厄的社会实践理论指出实践逻辑由场域、惯习和资本构建而成，其中场域是行动者的实践空间，惯习是行动者实践的生成机制，资本是行动者实践的动力和工具。社会实践理论的目的在于用来分析社会群体或个人实践的机制，其方法论超越了主观主义与客观主义的二元对立，能帮助我们更客观、更正确地认识和把握当前的大学教师教学发展；其分析框架可以囊括本书的主要研究现象，形成一个系统的理论构架。

第 二 章

有限的支持：教学项目对
教师教学发展的作用审视

> 这些教学项目促进能有个30%就不错了，但是你说不促进吧，参与的过程大家肯定还是要想点事情的。
>
> ——QN 老师

行动者在场域中的作用发挥是评判场域产生效用的重要依据。在教学项目场域作用下，教学项目对教师教学发展效果如何？本章从教师改变的视角、评估的视角以及检验的视角观察、分析、审视这一结果。

一　表层/深层：教师改变的视角

教师改变的视角是从教师教学改变的角度考察教学项目的作用。那么衡量教师教学发展应该依据哪些维度、教师教学发展包括哪些内容就成为首要且至关重要的问题。

（一）大学教师教学发展内容维度

在基础教育领域中对教师素质结构、教师专业结构以及教师专业发展维度的研究开始较早，成果已较为丰富。表2—1汇总了基础教育领域中对于教师素质、教师专业结构认识的具有代表性的观点和主张。

表 2—1　　　　　　　　　　　　教师素质结构

研究者	教师素质结构
叶澜（2000）	1. 专业理念；2. 知识结构；3. 能力结构
谢安邦（1997）	1. 职业道德和专业精神；2. 文化修养；3. 能力结构；4. 身心素质
林瑞钦（1990）	1. 所教学科的知识（能教）；2. 教育专业知识（会教）；3. 教育专业精神（愿教）
饶见维（1996）	1. 教师通用知能；2. 学科知能；3. 教育专业知能；4. 教育专业精神
白益民（2000）	1. 专业精神；2. 教育观念；3. 专业知识；4. 专业能力；5. 教育智慧
教育部师范司（2003）	1. 专业知识；2. 专业能力；3. 专业情意
曾荣光（1984）	1. 专业知识；2. 服务理想
艾伦（1991）	1. 学科知识；2. 行为技能；3. 人格技能
林崇德、申继亮（1999）	1. 职业理想；2. 知识水平；3. 教育观念；4. 教学监控能力；5. 教学行为与策略
彭森明（1999）	1. 普通素养；2. 专业知识；3. 专业信念与态度；4. 人格特质；5. 专业学科素养
马超山、张桂春（1999）	1. 思想品德素质结构；2. 知识素质结构；3. 能力素质结构
唐松林、徐厚道（2000）	1. 认知结构；2. 专业精神；3. 教育能力
Barbara Kelley（2001）	1. 精深的内容知识；2. 教育教学技能；3. 了解学生、对学生负责；4. 评价学生和基于评价的教学；5. 课堂管理能力；6. 反省实践能力与方法；7. 合作的观念和能力
朱宁波（2002）	1. 专业理想；2. 专业知能；3. 教育智慧
孟万金（2004）	1. 专业理念；2. 专业智能；3. 专业情怀；4. 专业规范
王卓、杨建云（2004）	1. 教育专业知识；2. 教育专业能力；3. 教育专业精神

资料来源：连榕主编：《教师专业发展》，高等教育出版社 2007 年版；谢安邦、朱宇波：《教师素质的范畴和结构探析》，《教师教育研究》2007 年第 2 期；叶澜等：《教师角色与教师发展新探》，教育科学出版社 2001 年版。

中小学教师专业发展就其职业特点和研究内容来看，其实质基本上是指教师教学发展，因此这些研究成果无疑为本书提供了重要资源，但同时我们必须认识到大学教师与中小学教师教学发展特点存在着差异。因此，接下来我们把目光转向大学教学领域。

能够区别大学教师教学与中小学教师教学差异的一个概念是"教学学术"。1990年，美国著名高等教育家、卡耐基教学促进基金会前主席欧内斯特·博耶（E. L. Boyer）在《学术反思：教授的工作重点》的报告中提出这一概念，为人们审视大学教学职能、地位以及促进大学教师发展提供了一个崭新的视角，其中有研究涉及大学教师教学学术分析框架及评价方法。

史静寰等人[①]从"教学学术"的内涵出发，建立了高校教师"教学学术"分析框架研究高校教师教学学术现状。在此分析框架中，一级指标涵盖教学实践、教学观念、教学成长三项内容，其中教学实践包含教学能力、教学投入、教学策略等概念；教学观念涵盖教学认同感、教学态度等；教学成长则主要指向教师教学发展的制度保障（见表2—2）。

表2—2　　　　　高校教师"教学学术"分析框架

一级指标	二级指标	具体项目
A 教学实践	A_1 教学学术之量	开课门数
		时间投入
		开课类型
	A_2 教学学术之质	开课的学生层次
		课程设计目标
		学生课堂表现
B 教学观念	B 教学学术之责任感与价值观	热爱教学的程度
		重视教学的程度
C 教学成长	C 教学学术之制度保障	教学准备与培训制度
		其他管理制度

杜瑞军[②]从教学学术和教学实践两个视角阐释了中外教师"卓越""有效"的教学行为的基本特征，在此基础上构建了卓越教师的基本特

---

① 史静寰、许甜、李一飞：《我国高校教师教学学术现状研究——基于44所高校的调查分析》，《高等教育研究》2011年第12期。

② 杜瑞军：《从教学学术到教学实践：卓越教师基本特征探析》，《新疆师范大学学报》（哲学社会科学版）2014年第1期。

征，将其分为知识、能力、情感三个维度六个方面（见表2—3）。

表2—3　　　　　　　　卓越大学教师的基本特征

知道什么：知识	怎么教：能力	为什么教：情感
学科知识	知识传承	教学态度
1. 本学科	1. 课程统筹（备课）	1. 钟爱学科
2. 与学科相关领域	2. 教学组织	2. 钟情教学工作
3. 自然与历史	3. 清晰表达	3. 责任与使命感
4. 全球视野	4. 学业评价	……
……	5. 学习反馈	
	……	
教与学的知识	学习与反思能力	师生关系
1. 教学组织管理	1. 自我反思与评价	1. 公正、平等
2. 教学目的、价值	2. 自我领导能力	2. 开放、包容
3. 学习者知识	3. 持续学习	3. 对学生的期待
4. 教学技术与策略	4. 合作学习	……
5. 评价	……	
……		

魏戈[①]为解决如何通过可操作化的手段评价教师的教学学术水平，通过教师访谈和因子分析形成了问卷因子、内涵及理论依据（见表2—4），以此为依据编制形成了调查问卷。

表2—4　　　　　　　问卷因子、内涵、理论依据

因子名称	内涵	理论依据
1. 教学态度	教师的职业道德、教学价值观、教师身份认同	Ochoa认为，良好的教学态度是教学学术得以提升的先导条件
2. 教学理论	结合具体学科的、与教育学和心理学有关的理论知识	Colbeck和Michael认为，大学教师应该具备基本的教学理论知识

---

① 魏戈：《国内一流大学教师教学学术研究——来自北京大学的实证调查》，《复旦教育论坛》2014年第2期。

续表

因子名称	内涵	理论依据
3. 技能方法	教师的教学准备、教学行为、实践智慧、信息素养等	Glassick等人认为，教学学术水平的衡量涉及教学准备、教学呈现与教学方法
4. 教学交流	教师和学生、教师和教师之间的有关教学的交流、教学成果分享等	Shulman指出，大学教学的学术性体现在其公开性和交流性
5. 制度促进	宏观教学管理制度对教师教学学术的影响	Mckinney认为，教学学术与教学管理制度有着密切的关联

对于教学学术的标准评价研究，多数国外学者倾向于从学术标准入手，根据教学的特殊性，从二维（知识、反思）或者四维（知识、反思、交流、观念）的角度构建评价指标或评价模型，虽然基调没有脱离教学学术的重点，但是评价者对这种定性评价方式通常只能掌握大概情况。[①] 鉴于其不足，我国学者王若梅尝试构建了一套包括8个评价指标、4个评价等级的教学学术水平定性评价模型和定量评价指标体系。[②] 根据研究需要，在此仅呈现定量评价指标体系（见表2—5）。

表2—5　　大学教师教学学术水平评价指标体系

一级指标	二级指标	权重	指标等级			
			很好5	较好4	一般3	较差2
教育教学理念 0.11	以学生为本	0.04				
	促进学生全面发展	0.04				
	注重教学的教育性	0.04				
教育教学知识 0.13	学科知识	0.05				
	一般教育学知识	0.05				
	教学法知识	0.03				

[①] 朱炎军：《大学教学学术研究：缘起、进展及趋势》，《开放教育研究》2014年第2期。
[②] 王若梅：《大学教学学术评价方法之研究》，《江苏高教》2012年第5期。

续表

一级指标	二级指标	权重	指标等级			
			很好5	较好4	一般3	较差2
教学能力 0.12	教学监控能力	0.05				
	教学认知能力	0.04				
	教学操控能力	0.03				
教学效果 0.11	学生对知识的接受	0.03				
	学生能力的改善	0.04				
	学生素质的提高	0.04				
应用性成果 0.10	编写教科书	0.03				
	建设课程网站、开发课件	0.04				
	研制教学仪器设备	0.03				
教学研究 0.13	发表教学研究论文	0.07				
	参与教学研究项目	0.06				
教学反思 0.16	反思教学目标	0.03				
	反思教学内容	0.04				
	反思教学过程	0.04				
	反思教学结果	0.05				
交流合作 0.14	学习教学专著及论文	0.05				
	参加教学研讨和会议	0.03				
	共同承担人才培养任务	0.03				
	合作开展教学研究项目	0.03				

王若梅的研究把教学能力、教学成效等指标纳入教师教学学术水平评价模型，弥补了以往研究的不足，相对来讲能较全面地衡量教师的教学学术水平。

在国外，有关教师教学发展影响的早期研究中，J. 莱文森－罗斯（J. Levinson－Rose）和 R. J. 门杰斯（R. J. Menges）、M. 韦默（M. Weimer）和 L. F. 伦茨（L. F. Lenze）采用了以下五种水平划分教师教学发展的结果：教师的态度、教师的知识、教师的技能、学生的态度和学生的学习。L. 麦卡尔平（L. Mcalpine）和 T. 普雷布尔（T. Prebble）等人采用了他们的结果划分，同时又加上了一种新的维度，即 C. 科雷博（C.

Kreber）和 P. 布鲁克（P. Brook）所谓的组织文化的相关影响。麦卡尔平明确表示在很多情况下也对其他相关的变量进行检验：学生的学习经验；学习方法和教师的教学观念。对于医学教育中的教学发展，Y. 斯坦纳特（Y. Steinert）等人使用了较为广泛的结果划分，他们对 D. L. 柯克帕特里克（D. L. Kirkpatrick）的教育结果模型稍作修改后，用来对教学发展结果进行评价（见表2—6）。

表2—6　　　　　　　　教学发展结果评价模型（1994年）

层面		描述
反应		参与者关于学习的经验、组织、报告、内容、方法、材料以及教学质量的观点
学习	态度的改变	对于教与学态度和观念的改变
	知识或技能的改变	有关知识方面，涉及概念、程序和原则的习得；有关技能方面，涉及思考或问题解决方面的习得
	行为方式	把所学知识用于实践或者乐于尝试新知识或新技能
结果	系统或组织实践的改变	指组织机构中大的改变
	学生、住院医师、同事之间的改变	指学生或住院医师学习或行为的改变

斯特斯和彼得格姆对斯坦纳特等人的研究进行了调整，得出的研究结果如表2—7所示。[①]

表2—7　　　　　　　　教学发展结果评价模型（2006年）

层面	描述
反应	参与者关于学习的经验、组织、报告、内容、方法、材料以及教学质量的观点

[①] Ann Stes & Peter Van Petegem, "Instructional Development for Early Career Academics: An Overview of Impact", *Educational Research*, Vol. 53, No. 4, 2011, pp. 459–474.

续表

层面		描述
学习	态度的改变	对于教与学态度的改变
	观念的改变	对于教与学观念的改变
	知识的改变	概念、程序和原则的习得
	技能的改变	思考或解决问题的能力，精神运动和社会技能的习得
行为方式		把所学知识应用于实践
制度影响		组织结构中大的变化
学生改变	观念的改变	学生对于教与学环境观念的改变
	学习方法的改变	学生学习方法的改变
	学习结果的改变	学生表现的改变

从以上内容可以看出国外学者对大学教师教学发展结果的认识同国内研究相比，差异主要在于从关注教师自己、关注教师的"教"扩展到关注学生、关注学生的"学"。

除此之外，对于大学教师教学发展内涵的相关研究也可以为我们提供一种思路。姚利民[①]在《大学教师教学成长之涵义——国外研究及其启示》一文中介绍了国外两项从大学教师自身的教学观来论述教师教学成长的研究。

J. 麦克美肯滋（J. Mcmkenzie）的研究显示，教师的教学成长经历四个方面的变化：所教内容的变化；教学策略的变化；使自己的教学更紧密地与学生的学习关联；以更关注学生学的方式教。

G. S. 安克林德（G. S. Akerlind）在先前对此研究的基础上开展了一项更深入的研究，概括出对大学教师教学成长的五种理解：为解决更熟悉教什么而掌握了更丰富的知识；为解决更熟悉怎样教而积累了实践经验；为成为更熟练的教师而拥有教学策略库；为成为有效教学教师而发现对自己有用的教学策略；为了更有效地促进学生学习而加强自己对学生的认识和理解（见表2—8）。

---

① 姚利民：《大学教师教学成长之涵义——国外研究及其启示》，《高教探索》2009年第3期。

表 2—8　　　　　　　　　　　教师教学成长内容

教学成长所期望能力	教学成长怎么实现	教学成长策略	教学成长内容/期望结果
更熟悉教什么	增加内容知识	阅读学科文献、开展科研、搜集最新教学资料与案例	达到教师的更大程度舒适和自信
更熟悉怎样教	获得实践经验	进行实际教学	达到教师的更大程度舒适和自信
更有技巧教	积累教学策略	除上述外，还参加教育课程学习和教学研讨以及观察、模仿教学同事	形成教学技能和策略库
更有效教	发现什么对教师有用	除上述外，还试验教学技巧、获取学生是否满意的反馈、反思教学结果	形成教学技能和策略库
更有效促进学	发现什么对学生有用	除上述外，还获取学生学习的反馈，从学生学业成绩反思其学习结果	改进学生的学习和成长

对于大学教师教学发展的内涵，前文在文献综述部分进行了专门的分析。为避免重复，在此不再详细列举。从对教师教学发展内涵的不同理解中，可以发现教学理念、教学能力与水平、教学策略、教学方法以及教学知识等是频繁出现的词语。另外，吴振利在其博士论文《美国大学教师教学发展》中总结斯特尼特的研究归纳出"大学教师教学发展的结果最终主要表现在知识、态度和行为三个方面"[①]。

从以上相关文献分析中可以看出，对于大学教师教学发展内容还没有一个相对权威、标准的维度结构，尽管不同研究者对教师素质结构、

---

① 吴振利：《美国大学教师教学发展研究》，教育科学出版社 2010 年版，第 26 页。

教学发展维度的构建不同,但通过比较、分析仍能从中发现一些共识。借鉴其合理部分并结合本书需要,笔者构建出大学教师教学发展内容维度,并给出理论依据(见表2—9)。

表2—9　　　　　　　　大学教师教学发展内容维度

指标	具体项目	理论依据
教学情感	教学价值观	教师的教学观念对教师的个体认知有着重要的影响,并支配其教学行为,最终决定其教学结果
	教师职业道德	每位教师都必须坚持忠诚的最高标准……有关教学的职业忠诚问题还以更难觉察的方式出现
教学知识	学科专业知识、教育科学知识、普通文化知识	教师知识的改变可以引起教学实践的最基本的变化
教学实践	教学投入(时间、精力、情感投入)	教师的教学投入与其教学质量呈正相关
	教学能力(教学技能、教学方法、教学策略、教学效果)	教师的教学能力直接影响到教学活动的效果
	教学反思	大学教学经由教师的反思性审查,可以使其在整体功能上呈现出最卓越的特征
	教学研究	教学研究是教师成长、成为教学学术型教师、实现有效教学的重要途径

之所以没有借鉴国外的研究结果考虑学生的维度主要有两方面原因,一是本书的研究对象是教师的教学,着眼点是教师,而并非教学整体。二是在 A. 斯特斯和 P. 彼得格姆的调查中,尽管教学发展计划中的参与者教学观念有所改变,但调查结果无法证实学生们的学习成绩有所提高。

(二) 教学项目对教师教学发展作用现状

根据笔者构建的大学教师教学发展内容维度，分析访谈结果发现教学项目对教师教学的促进作用主要体现在教学知识层面，对于教学实践有比较小的影响，对于教学情感则只是稍有触及。

1. "梳理课程内容"：对教学知识的发展

教学知识的发展一直以来是教师专业发展的一个重要部分。L. S. 舒尔曼和 P. 哈钦斯认为："教学内容知识为我们提供了表征教学学术的符号、语言、观念、概念、理论、隐喻、类比，以及一种探究的模式，它们构成了有效教与学的知识基础。"[①] 在学术研究中，把"教学知识"作为一个学术概念和研究对象，最早出现在范良火的《教师教学知识发展研究》中。这一研究可看作"教学知识"概念化的起点，表明人们对教学知识价值与意义的认识从自发状态上升到自觉状态。范良火在研究中将"教师的教学知识"定义为"教师就关于怎样进行数学教学的所知道的东西"，具体而言，它包括教学的课程知识、内容知识和方法知识三个方面。教学的课程知识是指包含技术在内的资源和教材的知识；内容知识指与表达数学概念、过程方式有关的知识；方法知识则是指教学策略和课堂组织形式方面的知识。教学知识不仅仅是三者之间的简单叠加，更重要的是三者之间特定的综合与联系。同时范良火指出了教师教学知识的七种来源主要有："作为学生时的经验""职前培训""在职培训""有组织的专业活动""阅读专业书刊""同事的日常交流"和"自身的教学经验和反思"[②]。按照这七种来源划分，教学项目研究应属于"有组织的专业活动"，从理论上讲它可以提供教师教学知识，促进教师发展，实践证明了这一点。

访谈结果显示教学项目对教师教学知识的促进作用是最明显的，主要来源于精品课程项目和教材立项项目。在访谈的 14 位主持或参与精品

[①] Shulman L. S., Hutchings P, "The Scholarship of Teaching: New Elaborations, New Development", *Change*, No. 5, 1999, pp. 11–15.

[②] 范良火：《教师教学知识发展研究》，华东师范大学出版社 2003 年版，第 44—51 页。

课程项目和教材立项项目的教师中，有 12 位教师肯定了项目的作用。

QQ 老师是一位青年教师，自入职以来先后主持或参与了四项教学项目：主持 2005 年校级教改项目 1 项；主持 2013 年校级精品课程项目 1 项；参与 2010 年校级精品课程项目 1 项；参与 2012 年校级教改项目 1 项。在被问到完成的教学项目对自己教学的影响时，他较为详细地谈道：

> 在这个基础上（上课）申请完项目（2005 年校级教改项目）以后……就找资源，你像这里边举例子，这内容的里面我首先要找术语，这个术语学生不太清楚，就一定要重新做一下，做好以后讲的时候着手修出来。在句子方面的，有时候画一些表达比较好的，特别是英语，创业的精品课程都是这个课，反正把那个整个的捋了一遍。精品课程就更系统了，我觉得精品课程它这个资源，这个平台做的还是可以，就是哪方面都有，你像我会把最新的信息类相关的会议内容放上去，把会议的一些网址放上去，这东西要学生过去看，看完以后知道这个信息发展到什么程度。另外，再把资源放上去，把视频也放上去，让他们清楚。还有 PPT 什么的，反正都在上面。然后这样的话，在放（发布到网上）的过程中，就得整个地去梳理，而且在一开始写申请书的时候，那一块确实是对整个的内容，就是先对信息整个的课程，然后再到具体的内容，这一块内容基本上都做了一遍，然后是下边具体的实施，我觉得对这个内容梳理得比较好，我现在还在代这个课。
>
> 整个来说，通过项目一块，反正是梳理了一下，比如说假设没有项目的话就是平时背背课，看看这块内容，那块内容，可能不会专门找术语，因为申请了这个事情就要去做，做的时候虽然那么多事情，但是你要拿出时间来去把这个东西给捋一遍。
>
> 反正像信息类那一块，起码我把那一块又捋顺了。
>
> 对我的教学我觉得还是起码做这件事情了，做这事情以后你会把这个东西捋顺了，捋顺了以后你会在这个基础上，可能是讲课或者什么的，可能又提出了一些东西，我觉得还是有用的。

在整个访谈中，QQ老师多次谈到在项目尤其是精品课程项目的推动下"梳理""捋顺"了和项目相关课程的内容。其他参与过精品课程项目和教材立项项目的教师同样表达了类似的信息。

QL：好处是能够让老师把课程这一块再重新梳理一遍，因为以前的具有一定随意性，现在相当于多了一双大眼睛让你来上课，至少让老师能够把课程体系再系统地熟练一下，这相当于一个促进作用。

QF：我个人通过做这个事，通过编教材呢，对整个的一个课程体系和教学内容啊，还有教学方法，通过讨论啊，深入思考和探讨，所以整个形成了一个比较成熟的路子，感觉在这个方面越讨论越深，越讨论越清楚，所以逐渐走向成熟，这个事肯定是有带动作用的。

合理的课程体系、丰富而系统的课程内容是高质量课堂教学的基本条件。大学课程教学内容相对中小学来说有着较强的教师自主性和较大弹性，即使是同一门课程，不同教师授课的教学内容也会存在很大区别。同样，即使对于每一位教师自身来说，备课程度不同也会导致教学内容的不同。而无论是项目的申报过程还是完成过程都形成了一种外在压力。"相当于多了一双大眼睛让你来上课""逼着你做出一个理解并梳理出来""假设没有项目的话就是平时背背课，看看这块内容，那块内容，可能就不会专门找术语，因为申请了这个事情就要去做"。这种压力形成一种推动力可以促使教师较为全面而系统地准备教学内容，使之最优化，达到纵观全局、俯瞰全貌的层次。收获并不仅仅局限于教学内容的全面和丰富，教师还会通过教学内容的丰富领悟到教学新的内涵，对教学产生新的理解。也就是说"教学内容知识的精致与拓展扩充着表征教学学术的知识库"[①]，成为连接教学学术实践活动层面与理论生成层面的中介。教师通过改造、完善、精致化教学内容，形成新的教学思想、理论，进而促进教学提升。

[①] 吕林海：《大学教学学术的机制及其教师发展意蕴》，《高等教育研究》2009年第8期。

QH：如果说真正从专业发展的角度，我觉得它（教学项目）是有帮助的，这样对教学的理解，通过一个一个项目，就逼着你做出一个理解并梳理出来，就是你为什么这样做，怎么做。你要梳理出来，这样对教学的理解就比经验性的东西更全面、更理性一些。

2. "认真才会提升"：对教学实践的改善

实践是人类自觉自我的一切行为，教学实践即为教师在教学领域中自觉自我的一切行为。教师教学行为，是教师基于自己的教学思想、教学观念、教学知识、人格特征、教学经验及教学智慧等，在教学过程中选择的行为方式。[①] 教学行为关系到教学质量的高低，决定着教学的成败。基于不同的维度把教学实践可以分解为不同的子项目，本书中大学教师教学发展内容维度中对教学实践的分解，实质是基于教师教学发展的维度，即新手教师和专家教师比较研究的维度进行的。

总的来说，对教学实践的改善没有对教学知识的促进明显。在调查的22位教师中，只有4位教师谈到对教学实践的促进作用，而且其中有些表达笼统而含糊。

2012年QD老师申报并获批了一个教学改革项目，对于项目的作用他肯定道：

比如说我想出（版）数学分析的教材的话，我就得琢磨这里我得怎样讲，如果你说人家的教材不好，那你得讲个比这个更好的讲法，那样你就得对教材的内容挖深，然后你就得琢磨怎样讲，我是先讲这个还是先讲那个，你都得琢磨，那这样你的教学水平肯定提高了呀，那你就变得更会教课了呀。

QD老师在编写教材过程中的个人琢磨实质就是对教学研究的过程，教学研究的结果是教学方法的改进，教学技能的提高，教学策略的优

[①] 高全荣：《规范与有效——教师教学行为的和谐共进》，《上海教育科研》2015年第5期。

化。而教学项目对教师教学的促进除了对教学能力的提升之外，还有对教学实践更深层次的促进。

> QM：×老师的项目，因为我参与了课堂录像，所以他的项目对我影响比较大，他的项目促使我和××老师写了一篇关于怎样从终身学习的角度看待专业知识课程的文章，这篇文章的内容有很多，例如我写了如何让学生意识到语言学这门课程对他们一生发展的意义，这篇文章获得了山东省教学优秀成果奖。×老师的项目启示我探讨了如何讲授好语言学这门课。……语言学这门课理论性强、抽象难懂，学生对它不太感兴趣，我就要想办法调动学生的兴趣，所以在备课的时候我就很用功，我会想怎么把语言学与现实生活以及与学生以后的就业联系起来，让学生知道在教学中也会需要语言学的理论来指导他们的教学，让学生知道这部分的内容对考研也很有帮助，考研可能不会考语言学理论，但可能会考用语言学理论来分析一个问题，我在教学中就要注意引导学生把理论与实践结合起来，促使我把语言学这门课讲授得更好。另外，在备课的时候很多的想法能让我形成一篇文章，例如从学生的可持续发展的角度来探讨语言学课程的教法，所以根据备课、授课的经验我也可以写成一篇文章。

QM老师参与了×老师的一个精品课程项目，项目促使她对如何上好语言学这门课进行反思，并且在反思的基础上进行教学研究。对于大学教师来说，教学反思、教学研究是获得、深化实践性知识的过程，是发展教学能力，促进教学成长的重要途径。

从理论上讲，教学项目的研究通常是从问题出发，围绕问题而展开，以解决问题为归宿。教师用研究者的眼光审视现实问题现象，在对教学问题的发现、分析、提炼、思考和解决的过程中，自身经常处于对教学实践修正的过程中，从教学技能、教学方法、教学策略、教学效果到教学反思、教学研究，都可以得以改善从而使教学获得发展。正如同QL老师所谈到的：

QL：所有的教学项目都是教学中发现的一些问题，解决这些问题对教员本身的成长也有一些帮助。

我：能具体谈谈吗？

QL：总之呢，完成课题需要查阅一些资料，查阅资料实际上就是一个学习的过程，也是一个发现问题的过程。这个过程中，好多东西是本身教学中的问题，通过这个发现自己教学上的一些问题，包括自己研究领域的难点或原来有迷惑的东西，通过这个课题研究就可能解惑。

但是要达到理论上的效果在实践中需要一个必需的前提。

QD：前提是你得认认真真地去把这个教学课题做好，如果你混过去的话，那肯定没意思了。

QF：如果说每一个项目去认真做的话，肯定是会使老师的教学水平，甚至说思维能力各个方面，对全局的把握，从对教学的质量到教学本质的认识，都会提升。如果你要是说，想糊弄的话，那就不好说了。

这也正是为什么教学项目对教师教学实践的改善并不明显并且只是对小部分教师起到作用的原因之一。

3. 极少数的触及：教学情感的增进

教学是一个认识过程，同时也是一个情感和意识过程。教师对教学的认识、观点、观念、态度、信念以及道德等意识形态一旦确立，便决定着教师的外部行为和实践，成为支配教师教学行为的巨大精神力量，决定着教师教学的坚定性和方向性。教学情感不仅是教师教学精神的核心内容，而且还处于教师教学发展构成的最高层次，同时也是教师自主、持续发展的重要内在动力。如同联合国国际教育发展委员会负责人库姆斯指出的，使教师能够成为优秀教师的不是他们拥有的教学知识或方法，而是他们对自己、学生的看法、意图以及教学任务所秉持的信念。① 对于教学项目对自己教学产生的影响，只有两位教师的访谈涉及对教学情感层面的影响。

> QB：我只能说比原来对课程的认识更加深刻、更加全面。在教育教学过程中更加全面，在与人们的交往过程中更加和谐。
>
> QH：如果说真正从专业发展的角度，我觉得它是有帮助的，这样对教学的理解，通过一个一个项目，就逼得你做出一个理解并梳理出来，就是你为什么这样做，怎么做。你要梳理出来，这样对教学的理解就比经验性的东西更全面、更理性一些。

两段文字中"对课程的认识更加全面""对教学的理解更全面"属于观念的变化，但均是较为笼统的表达，没有进一步具体的描述。这些信息显示，教学项目仅仅是触及极少数教师的教学情感层面，并没有从真正意义上促进教师教学情感的发展。

4. 有限的发展：教师改变的层次

本书把教师教学发展理解为是教师的正向改变。20世纪90年代以来，教师改变（teacher change）研究主题在国外教师教育研究领域中开始兴起。在国内，随着基础教育课程改革研究的深入，教师改变也逐渐受到学者们越来越多的关注，其衍生的理论体系同样可以作为大学教师教育政策和实践所依赖的重要理论基础。

教师改变是一项复杂的系统工程，涉及教师的情感、观念、态度、知识、行为和兴趣等众多因素的变化和发展，因此，其内在维度以及各维度之间的相互关系，即回答"教师改变什么"的问题也成为教师改变理论的核心内容。

M. 富兰（M. Fullan）依据教师改变的程度，认为应至少包含三个维度，即课程材料、教学实践以及教师对改革的信念与理解。② 但是在实践

---

① Combs, A. W., "New Assumptions for Educational Reform", *Educational Leadership*, No. 5, 1988.

② M. Fullan., "Curriculum Implementation", in Lewy, A, ed., *The International Encyclopedia of Curriculum*, Oxford, New York: Pergamon Press, 1991, pp. 378-384.

中，通常情况下教师只在一个或两个维度上改变，很难在三个层面上同时发生变化，其中最难发生改变的是教师的信念、价值观维度，一般需要经历较长时间。

A. 史巴克也把在课程变革中教师经历的变化划分为三个类似的层次，并指出只有在三个层次上都发生显著性改变，变革才能被看作"真正变革"，否则就只是一种"表层变革"①。

迪南·汤普生对上述关于教师改变的内容做了修改和补充。她强调不仅要重视教学观念、价值和实践的改变，而且更要关注情感和互动的重要性，并以此为基础提出"真确式（authentic）教师改变"这一概念，弥补了史巴克关于教师"真正变革"的概念无法解释部分教师因个体因素，或者情境原因，而不想改变自己观念和行为的缺陷。② 国内学者操太圣与卢乃桂基于迪南·汤普生的关于教师改变类型的理解架构绘制了教师改变的维度图（见图2—1）。③

从研究者的论述可以看出，教师改变针对的就是关于教师教学的改变，因此，可以借鉴其理论来分析教学项目对教师教学发展的影响程度。按照此维度图，很明显本书教师教学发展内容结构中的教学知识、教学实践和教学情感可分别归属于类型1、类型2和类型3。由此可见，在教学项目的作用下，教师教学发展如同富兰所言只是在类型1和类型2层面上发生了变化，且主要是类型1层面的变化，而很难影响到类型3层面。因此，从整体情况来看，教学项目对教师教学发展在表层的改变是最明显的，少数的教师可以在中层发生改变，能够发生真确式改变的教师几乎没有。

---

① A. Sparkes, *Curriculum Change and Physical Education: Towards a Microplitical Understanding*, Geelong, Victoria: Deakin University Press, 1990.

② Dinan-Thompson M., "Teacher Experiencing Authentic Change: The Exchange of Values, Beliefs, Practices and Emotions in Interactions", (2001), http://www.cybertext.net.au/tipd/paper/week2/thompson.htm.

③ 操太圣、卢乃桂：《抗拒与合作：课程改革情境下的教师改变》，《课程·教材·教法》2003年第1期。

```
表层改变
(surface change)
```

```
类型1  材料和活动的改变
```

```
类型2  教师行为的改变
```

```
类型3  包括价值、信念、情感和伦理在内的
       意识形态和教学思想的改变
```

```
真确式改变
(authentic change)
```

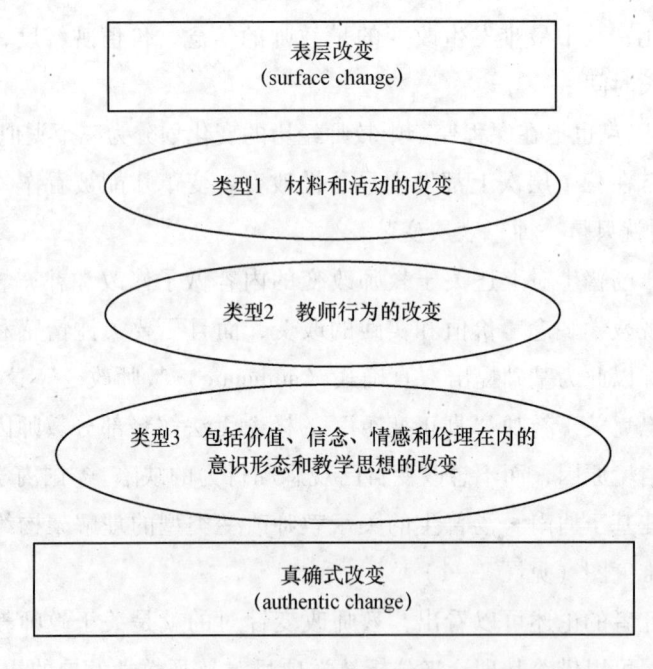

图2—1　基于迪南·汤普生真确式改变的教师改变维度

二　成效/失效：项目评估的视角

　　教学项目的建设、完成可以取得一系列成果，但教学项目设立的目的不仅仅是停留在成果的层面上，而是需要将成果作为基础，通过切实可行的示范途径推广执行，把成果辐射开来，通过项目的示范引领，提高整体教师队伍的教学素质。因此，政府设立教学项目的目的之一是通过树立先进典型、发挥榜样的示范、引领和辐射作用来带动广大教师尤其是青年教师成长。所谓示范作用是指教师通过教学项目的完成在实践中所形成的较为稳定的、成型的项目成果，成为他人可效仿或借鉴的模式；引领作用是指教师通过自己的言传身教，在教育教学信念、教学态度、教学方式、思维模式等方面对教师发展产生潜移默化的影响；辐射作用是指教师所取得的项目成果在同一学科、同一专业领域、同行或外

界肯定和认同所产生的影响力。① 实际上,示范、引领和辐射三种作用在实践中时常交织在一起,有时并不能明显区分,所以本书对三者不作区别而是统称为示范作用。那么,教学项目的示范作用如何?项目成果又在多大范围上促进了教师教学发展?我们从项目评估的视角来回答这些问题。

(一) 国家级精品课程对青年教师的示范作用

精品课程建设工程是教育部为提高高校本科教学质量,发挥优质课程的示范作用、引领作用实施的一项教学改革工程,是高校教学改革中的一个重要组成部分。自 2003 年教育部正式启动国家精品课程项目到 2011 年教育部开始启动第二轮本科教学工程——国家精品开放课程建设,其间遴选出了一大批高校课程资源。精品开放课程是精品课程的转型升级,两者目的是相同的,即利用现代化教育信息技术手段实现优质教学资源共享,推进高校教学改革,提升高校教学质量和人才培养质量。国家这一良好初愿是否得以实现?又在多大程度上实现?

QV:我们所谓的利用资源不是用他的 PPT,只是说我们可以根据这些资源,假如说有一个北大老师,我是这样子,有一门课,我突然发现,他跟我讲的同一门课,那么我可能看他的视频和 PPT,从里面找到我感觉非常棒的地方,然后沿用这些东西,他那种想法。

QN:我们经常从网上看看他们的国家级精品课程,讲课的时候有没有把握不好的,怎么讲才能浅显易懂,因为物理化学有些比较难,我们也会上网,或者说有些好的 PPT,好的动画演示我们可以借鉴一下。

QT:我经常看超星,有视频,都是很多高校,像北大、南大,他们老师讲的课,一般就是直接本科生的教学,就像我们古代汉语,都有,我觉得我前一段时间讲课的时候都是先听了他们的,然后我再讲。只要是我不会的,我觉得能用上的,可以扩展学生知识面的,

---

① 邓国良:《试析国家教学名师的示范、引领和辐射作用》,《理论导报》2011 年第 8 期。

我都是尽量吸收吧。

多数青年教师在教学过程中会查阅、参考网络精品课程资源，并从教学内容、教学设计到 PPT 制作技术等方面都会进行学习、借鉴，以补充、丰富自己的教学。教师们普遍表示不会全盘拿来使用，而是在自己教学的整体思路、整体计划的基础上进行修补式的借鉴。这种不受人力、时间、地点等限制的网络学习模式，充分体现出其特有的优势。网络课程在一定程度上成为青年教师学习的对象，起到了榜样示范作用。相对来讲，老教师则认为经过多年的教学实践，教学相对比较成熟，已形成了自己的教学个性、教学风格，因此对网络课程资源的需求较低：

> QJ：没看过网络教学资源，我都看学术参考书，学术观点，这个学术观点很多啊，就是借鉴人家观点，因为看他那个东西啊，太浪费时间，你听他像我们同行这种层次的，你听他讲五十分钟，那里边也就有两分钟有价值的，没意义。
>
> QB：很少，我是认为，教学呢主要是老师有自己的认知，用一个共同的模式对大家有一个影响呢，这个不太能。越是高层教学，它的个性就要越强，教学风格必须要明显。教学视频对我影响不大。

精品课程按照建设主体可分为国家级、省级、校级三个层次，高一级的精品课程是在低一级课程的基础上遴选出来的。从访谈资料中提取到的另一个同质内容是"国家级精品课程""北大""南大"等字眼所反映的信息，从中可以看出，能够起到示范作用的精品课程主要是国家级精品课程。另有教师从另一角度证明了这一点：

> QJ：那咱们（学校）不用建什么精品课程，那北大、清华、人大、复旦都有录像（网络课程），在网上挂着。
>
> QU：看我们（学校）精品课程这些网站，基本上用的很少，做完了确实里面做出了一些 PPT 或者视频，但是大家都不看它。

我：为什么不看？

QU：一个原因是里面的内容质量上还是有差距。

由此可以判断，精品课程的示范、辐射效应大小是同其质量高低相一致的，即"国家级、省级、校级精品课程的辐射性呈依次递减状态"[①]。其示范效应的发挥主要体现在国家级精品课程对青年教师的作用，对于数量较多的校级精品课程则不被人们认可。QW老师同样认为Q大学的精品课程效果不佳，同时指出导致这一结果的原因一是由于硬件设施条件达不到要求，二是经费的限制导致教师投入不够。

应该说（学校的精品课程）效果不好，有一些是做了，有一些是没有做，比如说，它需要真正地运行起来的时候，一个是需要平台支撑，另一个是需要老师把拍下来的视频录制上去，然后到平台上去发布，同时还得需要不断地跟踪、完善它，这一些咱都是没有做到，一个是咱自己平台当时就是不行，另一个就是老师顾不上，老师说我录一节得需要做前期的工作，我都能想象出来得背不知多少遍才能在镜头前面能够自如啊，然后这个投入是没有计报酬的。另外，我做上去了以后，一旦觉得不好，就需再重新录一个，就得两千块钱，咱们总共一个精品课给一万块钱，所以很多老师都会计算成本的。对老师本身来说，（在）中国目前的这种形势（下），拿着这个项目，首先对我的经济效益是第一位的，你一旦动摇这个概念，他没在有宽松的经费范围内做这个工作，他都是很被动的，他就放弃，他就不做，所以呢，咱们呢就只是追求了精品课程最初的本意，而没有延伸性地发挥精品课程的作用。

精品课程建设的最终根本目的是服务学生，使学生受益，促进学生的主动、自主学习。然而访谈发现许多学生对于精品课程网上资源的访问频率和利用程度较低，有的学生并不知道自己老师的课是精品课程甚

[①] 陈国海：《高校精品课程的示范效应初探》，《教育与现代化》2009年第3期。

至不知道精品课程是什么。

　　我：网上有 QQ 老师的精品课程录像，看过吗？
　　冯学生：QQ 老师他没在班里说过，好像打了几次打不开，有下下来的，我是看别人下的试卷、试题，才去看。有试卷和方案，期末的时候看了一下试卷，看看题目，接着复习嘛，准备考试。
　　我：经常看（网上的精品课程）？
　　冯学生：没有。
　　我：为什么？
　　冯学生：感觉没想过要看。主要看一下试题，作为学生就看这个，从学生的角度就关心这个。

　　我：××课是省级精品课程，你进行过网络学习吗？
　　郝学生：精品课程？没有。
　　我：为什么？
　　郝学生：嗯，我们不知道这个渠道啊。

　　近几年，精品视频公开课和精品资源共享课取代了精品课程，其中精品课程效用不佳是主要原因之一。在总结精品课程建设经验的基础上，精品视频公开课和精品资源共享课与时俱进地利用现代化教育技术，开拓了更高、更广的教学资源共享平台，期望其能避免精品课程建设中的问题，在更广的程度上发挥其相应的示范带动作用。

（二）教改项目与教学团队的示范失效
1. 教改项目成果的封闭
　　QU 老师从事工科专业课的教学，想结合自己的专业特长，实现用电子化方式取代学生上课纸质签名的方式，提高课堂教学效率，于是申请了一个实验教改项目。

　　QU：当时是想做一个实验室开放的记录，现在做实验一般是学生用纸签名，包括最后的一些统计信息，现在设备处理还弄了一个实验记录表，那个东西用纸去记的话……我是想把它变成一个无纸化办公的方式，变成电子化办公的一种方式，做了类似网站性质的一个东西。但是应用还是不太好，因为一个是实验室的条件有缺陷，像有些实验室可能不能上网，再就是可能感觉还是操作起来不像纸那么方便，最后包括我们院里学生做毕业论文，一开始报导师的时候分配学生，我也是从网上做一个电子系统，学生报名调整，到最后发现也还是比较麻烦。

我：那结题通过什么形式？

QU：结题的话是有一部分基本功能，那一部分功能我自己做实验的话我肯定是用，其他老师做实验的话就可能不去用了。

我：你自己做实验的话会用是什么意思？

QU：就是我做实验的时候学生签名，可能会让他们带着校园卡刷卡，因为会有一个小的读卡器，就不用再去写信息了。现在上课一般是不用了，就是做实验的时候用。

我：为什么你这个成果不能推广给其他老师呢？

QU：最早的那个程序可能也有一些老师用，但是，感觉起来还是那个功能不大好用吧。

我：没推广的最根本的原因是什么？

QU：我感觉还是从实用的角度，就是你像之前的程序，完成一定的功能是可以的，但是有些老师也不一定愿意使用这种方式。

我：为什么你觉得好用，别的老师不愿意使用呢？

QU：可能还有一定的要求的原因，比如说文科的老师他不会用计算机，没有这个基础的话就没法用，一个是你可能还要花时间去推广，另外就是你要先跟人说这个东西要怎么用，培训过程什么的都没有。

QU 老师完成实验教改项目，研发了电子签名应用程序，并把研究成果应用到自己的教学实践中，提高了教学实践的效率。但由于客观条件地限制和推广机制的缺失，其研究成果终止在自己应用这一步，没能得以推广。

与科学研究相比，教学研究是一种行动研究，具有应用性的典型特征，其最突出的特点是研究与教学实践紧密结合。教学研究成果，不论是研究论著、研究报告，还是教学改革总结，都不能只满足于论文发表、出版著作或申报教学成果奖励，只有把成果应用到自己的教学实践中以及推广到其他教师或其他学校，才能真正体现教学研究成果的价值。

教学研究成果的推广有多种方式，如成果公开、教学示范、教学交流、教学研究指导和教学指导等①，其中研究成果公开是最主要和最常见的途径。有研究显示：在27项教学研究成果申报书中，论文形式共出现23次，占到了85.15%，位居首位；其次是研究报告，出现频次为13次，占48.14%；再次是培养计划、方案，共6次，占22.22%；教材、著作，共5次，占18.51%；其余各项出现次数均低于5次，合计没有超过15%。由此可见，高校教师教学研究成果类型较为单一，表现形式以文字形式为主，主要是以发表论文为推广与应用的形式。②

笔者在中国知网把支持基金设为"Q大学教学改革项目或Q大学教改项目"进行检索，检索到自2007年以来（检索时间为2016年6月）的文献共42条结果。而自2005年至2012年，Q大学共设立教学改革项目240多项，在以发表论文为主要推广形式的背景下可以看出Q大学教学研究成果的公开程度还处于较低水平。

研读教改项目结项报告发现，在"成果水平和实际推广情况"一栏中，有的并没有对成果推广情况的说明，有的是如同"这一教学改革不仅可行，而且具有很好的推广价值"这样简单而纯主观性的表述，更多的是诸如"××人才培养模式可向省内高等院校的××专业推广应用；该课题研究内容取得的效果，得到同行专业专家学者认可后，课程教学改革方法可推广到各相关专业"此类的笼统表达。尽管有些教师在结项报告中表明已把自己的研究成果应用到自己的教学实践中，解决了教学

---

① 姚利民、刘玉玲、龙跃君：《高校教师教学研究成果应用与推广策略探讨》，《湖南师范大学教育科学学报》2012年第2期。
② 姚利民、刘玉玲、龙跃君：《论高校教师教学研究中的不足》，《湖南第一师范学院学报》2011年第5期。

过程中的问题，改进了教学策略、模式，提升了教学效果，但多数并没有说明成果的具体推广情况和价值。由此可透视出项目成果推广的现实状况，例如，一项 2015 年结项的省级教改项目，其结项报告中写道："课程建设成果突出，所编制的教材和参考资料质量较高，具有一定的推广性和灵活性"，而笔者在访谈中发现该学院此门课程的教学并未使用此教材。我们可以看到，在项目申请书和结项报告中频频出现诸如："不仅利于学生接受教材知识，也丰富了课堂教学内容，活跃了课堂气氛，提高了教师的教学水平，师生共赢，相得益彰"；"形成的课堂教学新模式充分调动了学生的学习积极性，教学效果好"；"从学习动机上，由被动学习向主动学习升华：转变学生被动学习的学习模式，采用新的教学方式逐步培养主动学习、自主学习的能力"的项目效果。如果项目成果效果、推广情况能够如同结项报告显示，那么为什么大学课堂仍是教师讲授占统治地位，鲜有学生的参与、合作与体验，缺少必要的师生互动，大学教学方法无疑受到挑战[1]；为什么大学课堂"总体上仍然未能摆脱以'告诉'为主的教学方式"[2]；为什么人们依然在极力倡导大学课堂教学的改革和创新。笔者进行了三次随堂听课，发现以上课堂教学问题依然如故，最基本的问题仍然没有改观。

许多教改项目结项之后就束之高阁，未能创造相互学习的平台，也未形成共享的局面，研究成果基本呈封闭状态。这种状况很大程度上源于教改项目的评价方式。当前，教改项目的结项一般是一篇教学研究论文或研究报告即可通过验收，这种评价方式根本无法体现出教改项目的实践性和成果的应用性，对于其推广程度更无从考察。QJ 老师一语中的："你看有网站也有结题报告，那就合格吗？应该是这些学生听了你这些方法以后，跟原先相比较他们有没有差异，比如说（我这个项目）影视班的影视专业跟××进行比较交流，看看（内容差异）对你有什么收获，对你的成长、对你学习其他学科科目有什么影响，有什么帮助，通过这

---

[1] 王鉴、王明娣：《大学课堂教学改革问题：生活世界理论的视角》，《高等教育研究》2013 年第 11 期。

[2] 李松林：《实行深度教学 推动大学课堂教学改革》，《中国高等教育》2012 年第 22 期。

个至少我了解了,才有效果。咱们现在都是流于形式,弄一个报告,就结题了。那你还有什么想法,没什么想法!"

2. 教学团队工作的虚无

促进教学研讨和教学经验交流,推进教学工作的传、帮、带和老中青教师相结合,提高教师的教学水平是教学团队建设的目的之一。然而,两位教学团队中的青年教师分别表示:"当时说用一下我的名字,没有开展什么活动";"好像没什么指导吧"。事实上,许多教学团队没有真正开展过实质性的工作(具体解释见第五章内容),又何来示范效应?

三 "一致"/"出入":检验的视角

三角检验法是质性研究中提高效度的有效方法,本书采用了观察、实物分析和对学生访谈等资料收集方法进行检验,同时也是审视教学项目对教师教学发展作用的另一个视角。

学生作为教学的对象和教学过程的亲历者,可以较为真实地了解教师的教学情况,对于教师教学的评价必须倾听他们的声音。但无论是通过对教师的访谈还是对学生的访谈获得信息都具有相对的间接性,因此笔者亲自的观察同样必不可少。然而,由于教师的教学质量与其所进行的教学项目之间并不是简单的直接对应关系,即使学生和笔者的观察都能肯定教师的教学,但却无法证明教师的优质教学是通过教学项目研究的效果。因此,在条件的限制下所能直接检验的就是教师教学与其研究项目内容、效果的一致情况。另外,由于在确定的访谈教师的项目中,有的教师已不再承担项目关涉课程的教学,有些项目内容因条件限制无法进行效果比较而难以评估项目作用等原因,能够适合通过对学生进行访谈或课堂观察的、进行针对性检验的项目数量较少,所以对学生的访谈以及课堂观察,并不把项目范围限制在事先确定的访谈教师的项目之内。

结合对教师的访谈和对项目结项报告的考察,笔者选择了5组(8位)学生进行访谈,课堂观察3节课,调查了6项教改项目的实践效果和现实状况(其中对5组学生的访谈针对5项结项报告,2节课堂观察针对其中的 2 项结项报告，1 节课堂观察针对教师的访谈）。考察结果为：从学生访谈发现实际情况和结项报告中的总结较为一致的有 1 项，稍微一致的有 1 项，其他 4 项存在较大出入；3 节课堂观察结果均与教师的访谈或结项报告不一致（其中 2 节课堂观察与两项学生访谈结果一致）。

（一）"一致"是教学项目作用的前提

QQ 老师在精品课程项目申报书中对教学问题提出了如下解决方法：教研相结合，以研助教。将教师从事的信息技术相关的科研项目实例引入课堂教学，结合实际应用，帮助学生分析原理和特点，培养学生的创新意识与能力；在讲授课程内容时，将内容与当前信息技术实际相结合，拓展信息论相关知识，使学生理解课程内容在信息技术中的应用，同时也激发了学生的学习兴趣。笔者对此进行了针对性的访谈（对学生的称呼出于保密原则采取了匿名处理）。

我：谈谈 QQ 老师上课的大致情况？

丁学生：一般开始上课时老师讲书上的内容，后面的时间就聊聊国内外的研究现状。他现在做了一个知网也获奖了，他上课就给我们讲，有时说一下他在上海做博士后的研究，周围做的项目、研究，我挺感兴趣的。他鼓励我们参与他做的东西（项目）。

我：这门课难不难？

丁学生：偏难一点，主要前期高数等课程基础不扎实。但 QQ 老师会举一些例子，比如一盒粉笔，大的小的，画个圆圈什么的，就比较容易理解了，QQ 老师还是有点本事。

我：对这门课感兴趣吗？

丁学生：我觉得挺好玩的，比如说看百度推送的时候，经常搜的东西，为什么会出来，例如，前段时间说用苹果手机输入，什么钓鱼岛是日本的，什么美国，学了这门课，我就知道那是胡扯，他不会设置钓鱼岛、中国要灭亡什么的，要有的话也是中文搜出来的。

项目申报书：构建多渠道学习交流平台，注重互动式教学，在网络平台中开设互动教学模块，与学生进行课程交流与讨论。

　　我：除了上课，还有其他同老师交流的途径吗？
　　丁学生：QQ老师建了好几个群，技术交流群，定期给我们发下这方面的知识。有整个通信和电子的，有想学技术的，有系里比较精英的群，就是做东西比较好的。

　　访谈证实了QQ老师精品课程项目的一些基本要求在其教学实践中能够基本完成和实现，达到了预期教学效果，学生肯定了QQ老师的教学水平及教学效果。尽管我们无法解答教学项目对QQ老师的教学水平和教学效果究竟起到了多大程度上的作用，但可以肯定的是项目申报书内容与教学实践一致是教学项目能够产生作用的前提。然而，更多的是教学实际与项目申报书或结项报告存在着出入的现象。

（二）项目研究脱离教学实践的"出入"现状

1. 项目一

（1）学生访谈发现

　　下面是针对一项Q大学教改项目进行的访谈，访谈选取两名学生同时进行，其中一位学生的学习成绩居班级中等，另一位学生的成绩在班级名列前茅。

　　项目结项报告书：在教学方法的创新和改革方面，我们适当地减少了传统教学方法的比重，增加了幻灯片等新的教学手段，实现了动静结合、图文并茂，变抽象为具体直观，以图解惑，以动释疑，增强了学生学习的积极性和主观能动性。

　　我：××课课堂教学中采用什么教学手段，幻灯片、多媒体的使用是什么情况？
　　周学生：一般都是讲，用得少。
　　童学生：理论性比较强的时候用，还是黑板为主。

项目结项报告书：对一些重点难点内容，我们集体备课，集思广益，采取更加合理和易于学生理解的方式方法进行讲解，使学生对重点难点内容有充分的理解和认识，提高了学习效率，学习效果明显。

  我：你们对××课的重点难点掌握得怎么样？
  周学生：掌握得一般，不是特别透彻。
  童学生：能掌握到百分之七八十吧，掌握很好的、彻底的没有几个吧。
  我：为什么不是特别透彻？
  周学生：时间用得少，还是自身的原因吧。

项目结项报告书：在教学中，教师能引导学生开展研究性学习，调动了学生的积极性。

  我：课堂中学生参与多吗？采用研究性学习教学模式吗？
  周学生：一般都是老师讲，学生听。
  童学生：没有（开展研究性学习）吧，主要是讲。

项目结项报告书：××课在教学内容的编排上不是只讲空洞抽象理论的做法，而是通过生活、生产、科技发展研究中的实际问题引出××问题，然后进行理论上的讨论。使我觉得××距自己的生活很近，激发学生学习××的积极性和主动性。

  我：这门课理论性比较强，老师经常联系实际问题吗？
  周学生：少吧，联系不上实际，实际也用不上。
  我：你们学习××课程的积极性高吗？
  周学生：还行吧。
  我：还行吧是什么意思？
  周学生：毕竟是专业课，肯定要学啊。
  童学生：嗯，专业课，要认真点，跟公共课不一样。

两位学生均认为各自的老师①教学很认真，讲课细致，能按时检查作业，有问题可以找老师问等。但对于项目结项报告中对项目效果的总结，学生的感受和反应与其描述有着较大出入。另外，学生对于学习的积极性以及学习成果更多归因于课程的性质和自身的主观能动性。

（2）课堂观察结果

针对此项目，笔者选择了其中一位同学所在的课堂进行了随堂观察。教师讲授内容是《×××的运算》，首先定义了线性变换的乘积和线性变换的加法，在此基础上，介绍了线性变换的性质，最后引进了线性变换多项式的概念（作为文科生，笔者对于课程内容的接受存在客观的困难，只是从教师板书简单归纳出教学主要内容）。教学过程中，教师讲解熟练、认真，整节课教师采用讲授法进行授课，利用黑板进行了大量的板书，正如周学生和童学生所谈到的，笔者并没有发现项目结项报告书中的所谓的创新教学方法的使用以及研究性学习的出现等事项。

2. 项目二

（1）学生访谈发现

另一针对××课程教学改革的省级项目的访谈和课堂观察同样显示项目结项报告内容与教学实践严重不相符的情况。

"本教改项目在Q大学××学院2008级、2009级、2010级各专业本科生实施，预计受益学生达500人左右。"项目实施效果良好，理应继续在教学实践中实施推广。笔者找到一位2011级、目前在Q大学攻读硕士学位的推免生，当年给她上这门课的教师是课题组成员之一。

项目结项报告书：在教学改革过程中，我们将根据不同的主题，综合运用多种教学方法，如课堂讲演与师生讨论、小组合作与探究学习、小组合作、大组交流与课堂讲演、课堂观察与案例分析、文献阅读与研究性学习等，同时将整合现代信息技术应用于××教学。

我：老师采用的教学方法有哪些？

---

① 周学生和童学生的任课教师不是同一个教师，但都和项目主持人在同一个学院教授同一门课程。由此也可检验项目的示范和推广效果。

白学生：讲啊，主要是老师讲，她会通过讲实验、故事、结合自己的经历引出教学内容，我觉得倒是挺适合我。

我：除了讲授法，还有其他什么方法吗？

白学生：有时候提问。

我：有没有课堂演讲、小组合作、研究性学习等方法？

白学生：没有，可能学生太多了。

项目结项报告书：突出"以学生为主体"，以专业知识技能的掌握和理解运用为主线，讲授、问答、讨论、自学辅导等多种教学方法灵活使用。

我：有自学辅导吗？

白学生：没有。

项目结项报告书：在教学中灵活运用多种方法，增设"热点论坛""你评我析"等环节；实行"导师制"和"项目小组"制，鼓励学生学会思考、敢于思考、学会科研、敢于争论，使学生"做中学、学中乐"。

我：有没有"热点论坛""你评我析"等教学活动环节？

白学生：没听说过。

我：教学中实行"导师制"和"项目小组"制吗？

白学生：你说的这些好像都没有吧。

项目结项报告书：以"学以致用"为目的，拓展教学空间，加强实验教学和实践环节，让学生在教育实践和社会生活中认识到知识的价值、体验到成功的喜悦。

我：那有实验教学和实践环节吗？

白学生：也没有吧，就是课堂教学，和其他课一样。

项目结项报告书：运用多种评价手段全面考查学习效果。××课程的评价必须以教学目标为依据，兼顾课堂表现、结业考试、论文撰写等形式。

我：课程最后如何评价？

白学生：就是一张试卷，和别的课一样，包括名词解释、简答等，和别的考试一样。

项目结项报告书中的内容似乎与实际教学没有关联，笔者曾一度怀疑是否是选择的项目和访谈对象等环节有错误。带着疑问，笔者进行了相应的课堂观察。

（2）课堂观察结果

选择观察的课堂是项目二中《××课程教学改革》项目的××课程，授课教师是课题组的另一位成员，讲授内容是《×××理论》。这门课是学校公共课，接近200人的大班授课。教师讲课深入浅出、颇为幽默，能轻松驾驭教学，但依然是传统的讲授法，与通常的课堂教学模式并无二致，不曾见项目结项报告中各种改革的影子。

为什么结项报告书和结题验收委员会意见中清楚地显示的教学改革内容只是冠冕堂皇？为什么不存在的教学效果可以无中生有地在其中堂而皇之？尽管访谈中的几位学生和笔者对教师的教学都是肯定的态度，但这一信息无法掩盖教学项目研究与教学实践相脱离的事实，如此状况又何谈项目的作用和成效？

3. 项目三

QR老师进行了一个关于英语课堂教学模式的改革项目研究，对于改革的意义，她在项目申报书中写道：有助于激活学生英语语言意识、激发学习动机；有助于提高学生自主学习能力；减少外语教学的盲目性，提高教学效率。她认为这一教学模式的应用虽然费时，但通过方法的改变，能提高教学效果，促进学生的学习。

一开始××这个东西（教学模式的改革）是非常费时，举一个简单的例子，比如说找这个例句、单词它怎么用，学生现从字典上找一个句子，那么有一些字典里的句子是并不权威的，有些是我们中国人自己编的句子，但是这个××当中语句都是真实的啊，然后你在选择例子的时候怎么费时呢？你要从很多的例子当中选择一个难度合适的，然后又比较引起他们兴趣的，所以它是比较费时的一门工作。但是学生如果学会了这种方法，它会是非常有益的！

以上是 QR 老师在成功申报校级教改项目初期的观点和设想，在笔者论文即将收工之时，QR 老师的课题也进入结项阶段，项目成果是否能达到预期？在实践中应用和推广程度如何？为此，课堂观察选择了 QR 老师的课堂。

课程是公共课大学英语，教学内容是 "××× between Men and Women"，大约 60 人的课堂。QR 老师曾经获得 Q 大学青年教师教学比赛二等奖，优雅的教态，优美的语言，听其课如沐春风，只是没有发现其项目改革中的 "××" 在教学中的应用。隔行如隔山，或许是不懂英语专业导致我没有听出来吧，于是，课后笔者和她进行了交流：

我：你进行的英语课堂教学模式改革的成果，也就是 "××" 在教学中应用了吗？

QS：没有,用不上。

我：为什么？

QS：我曾经尝试过，但对于非英语专业的学生有点困难，再说，因为不是专业课，他们重视程度也不够。试过发现效果不好，就算了。

又是一个应用和推广失败的典型例子，又是一个实践情况与申报书内容不一致的典型例子！从检验的视角审视教学项目对教师教学发展的效果，其结果带给笔者太多的失望和遗憾，也把笔者带入对诸多问题的思索中，催促我寻找原因及答案！

本章小结

限度大于成效：项目治教实施效果

本章从教师改变的视角、评估的视角以及检验的视角分析教学项目对教师教学发展的成效。

首先是教师改变的视角。

根据研究需要，笔者构建了以教学情感、教学知识、教学实践为主要维度的大学教师教学发展结构。根据此教师教学发展内容维度，分析访谈结果发现，教学项目对教师教学的促进作用主要体现在教学知识层面，对于教学实践有较小影响，对于教学情感则仅仅是极少数的触及。

一是对教学知识的发展。访谈结果显示教学项目对教师教学知识的促进作用是最明显的，主要来源于精品课程项目和教材立项项目。在访谈的 14 位主持、参与精品课程项目或教材立项项目的教师中有 12 位教师认为项目对自己的教学产生了积极影响。无论是项目申报过程还是完成过程都形成了一种外在压力，这种压力形成一种推动力，可以促使教师较为全面而系统地准备教学内容，使之最优化。二是对教学实践的改善。对教学实践的改善没有对教学知识的促进明显。在调查的 22 位教师中，只有 4 位教师谈到对教学实践的促进作用，而其中有些表达又是笼统而含糊的。教学项目对教师教学的促进除了对教学能力的提高之外，促进了极少数教师进行教学反思，并且在反思的基础上进行教学研究。从理论上讲，教学项目的研究可以改善教师教学并促进其发展，但前提是教师投入精力认真完成。三是对教学情感的增进。只有两位教师的访谈涉及对教学情感层面的影响，而且均是较为笼统的表达，这说明教学项目仅仅是触及了极少数教师的教学情感层面。

教师改变的层次。从整体情况来看，教学项目对教师教学发展在表层的改变是最明显的，少数的教师可以在中层发生改变，能够发生真确式改变的教师几乎没有。

其次是项目评估的视角。

就精品课程而言，其示范、辐射效应大小是同其质量高低相一致的，即国家级、省级、校级精品课程的辐射性呈依次递减状态。示范作用主要体现在国家级精品课程对青年教师的影响。

高校教师教学研究成果表现以文字形式为主，主要是以发表论文为推广与应用的形式。Q 大学教学项目成果的公开程度较低，由于客观条件的限制和推广机制的缺失，许多教学项目成果没能得以推广，基本呈封闭状态。

许多教学团队没有开展过实质性的工作，其示范效应自然无法得以体现。

最后是检验的视角。

从检验的视角考察教师教学与教学项目研究内容、效果的一致情况，在调查的 6 项教改项目中，从学生访谈发现实际情况和结项报告中的总结较为一致的有 1 项，稍微一致的有 1 项，其他 4 项存在较大出入；3 节课堂观察结果均与项目申报书或结项报告不一致。

可见，项目申报书和结项报告并不能真实反映项目成果在实践中的应用情况。

教学项目的设立实质是把项目制思维运用到教学管理中，即项目治教。总的来看，教学项目对大学教师教学发展具有一定的成效，但远未达到教学项目的预期目标和效果，还存在较大限度。为何限度大于成效？是项目制制度自身缺陷所致还是制度运作过程造成抑或是教学领域的特殊性无法达成？接下来是对问题的分析和解释。

第三章

资本的驱动:教师为何申报教学项目

> 任何行为都会有驱动力,这没有什么不同。有所不同的是,这个驱动力来自哪里?
>
> ——网络博客

布迪厄把资本看作行动者的实践工具,他认为资本是决定行动者在社会中的地位和他们在社会关系中相应的分配形式的各种力量。他扩展了经济学中资本概念的内涵和外延,认为资本表现为经济资本、文化资本、社会资本和象征资本四种基本形式,其中以前三种为主。而在阶级形成过程中,决定个人在社会空间位置的主要是经济资本和文化资本的占有量。由于资本同行动者在场域中的位置密切相关,因而成为行动者竞争的目标和对象。行动者对资本的渴求和欲望即是对资本的需要。心理学告诉我们,需要产生动机,而动机又是行为产生的直接原因。教学项目因其能够带来经济资本、文化资本和社会资本而成为教师竞争的目标,进而成为教师申报项目的驱动力。当教学项目纳入教师评价体系,这种外在的驱动力明显增强,但仍无法同科研项目的驱动力相提并论。

一 资本驱动:教学项目的申报动机

项目管理实行申报制度,从教师的角度来说,申报是首要环节。申报一般属自愿申报,教师究竟为什么申报项目,即申报项目的动机是什么？动机是一个心理学概念，有学者把动机定义为一种内在的传动方式，它能够刺激或推动一个人去做某事直到成功。[1] 另有学者界定动机是对个体行为产生的内在原因所做的假设性解释[2]，换言之，动机是行为的内动力，是行为的内在心理原因。动机是决定人们在组织中行为及绩效的基本因素[3]，对于教师和教学项目来说，教师的动机直接决定着教师的行为意愿，决定着教师个体是否愿意发挥其潜力并致力于完成教学项目，促进教学发展。

QH 老师从 2002 年起先后主持过三个校级教改项目和一个校级精品课程项目，又因和她认识，较为熟悉，所以我在选择访谈对象时，很快锁定了她。

我：QH 老师，您为什么对教改项目有这么高的积极性？

QH：一开始的时候就是做×××（教学理论研究领域）的，本身觉得首先要站住讲台，那么教改项目咱们学校里每两年一次，总觉得是参与一下，有这么一个感觉，当时要是说通过教改项目促进专业发展，没想这么多，咱们老师要求考核呀干什么的，要求有这么一个项目，学校里每两年一次，觉得自己又是学这个专业的，参与一下。基本上，两年结束了以后，就紧接着申请下一个，连续申请，这两年申请的少了一点。

我：那时候有明确的目的吗？

QH：那时候也没有什么明确的目的，就觉得学校每两年一次，觉得没有这个项目，你也得要搞，有这个项目有一个认可，学校里有这么一个立项，再一个是有一定的经费，这个经费非常少，一般一个教改项目 2000 元，现在 5000 元了，在逐渐增多。

---

[1] Harmer, J., *The Practice of English Language Teaching*, Harlow: Pearson Education Limited, 2001, p. 51.
[2] 田里：《发展中国家教师动机研究现状与策略推荐》，《外国教育研究》2014 年第 4 期。
[3] 谢玉华、毛斑斑、张新燕：《高校教师科研动机实证研究》，《高教探索》2014 年第 4 期。

QH 老师从事的专业和教学理论研究相关，因而进行了较多的教学研究。手头上有相关研究，又因项目既可以提供经费又可以对考核、晋升起到一定的作用，所以促成她积累了多个教学项目。而这几方面的原因涵盖了几乎所有受访教师所谈到的申报动机。

QB：我们拿项目也是因为自己想做这个项目。我们在设计这个项目的时候都是自己想做的。不拿这个项目我也想做这个工作，既然学校有这个项目，能够给我们一定的经济支持。那就要积极申请这个项目，这样一个是对自己个人的成长有帮助，再一个呢涉及项目的经费支持，我觉得可能这两个原因都有。

QV：当然两方面了，第一个肯定是能促进自己教学，是吧，对自己教学有点帮助，做一点跟教学相关的东西。第二个是对自己评职称啊，包括一些经历啊，肯定也是有帮助的。

QR：提高自己的教学和科研这方面能够相长，有这方面的一个因素，另一方面，从这个职称上考虑，也是为了科研上能够提升一个层面。

QJ：我是意识到这个问题，才会提出，其实在我没申报这个项目之前实际上也在实施这个（教学内容）分离，就是讲的深浅它都不一样。我的想法吧，比较单纯，就是我在教学过程中既然这么做了，咱们学校有申报的机会，就顺便报一下这个项目。

对于 2015 年之前获得的教学项目，访谈中的 15 位教学项目主持人都表示首先是对教学实践的思考，在此基础上恰逢申报项目的契机，考虑可以获得经费或者增加晋升的砝码，从而促成自己申报教学项目。

布迪厄认为资本主要表现为经济资本、文化资本和社会资本三种形式。由于资本是场域中位置的决定性因素，因此资本是行动者竞争的目标，是行动者行动的动力。

经济资本的驱动。项目经费显然属于经济资本的范畴。教学项目作为项目中的一种也具备项目的基本特征，即资源配置的重要方式，因此各个层级的教学项目都提供了相应的经费支持。

QB：学校对这些项目都有一定的经费支持，我们利用这个经费和外界进行交流，对我们自己书籍的出版也有一个帮助，每个学校都有自己的科研经费，像我们这种学校它的科研经费就比较紧张。我们做项目呢，就能拿到经费，拿到经费就有利于我们把教学活动更好地开展。

当前，Q大学每项省级教改项目经费为10万元，校级教改项目经费为5000元。对于大多数教师来说，获得省级教学项目的机会是非常小的，尽管认为几千元的经费对于一个校级项目"根本不够用"，但"总比没有要强"。QR老师2015年申请到一个校级教改项目，5000元的经费对她来说："要是以后能发表文章可以缓解经济上的压力。"教学项目经费尽管为数不多，但依然对教师们具有一定的吸引力，成为他们申报项目的动机之一。也就是说，经济资本作为教师开展教学项目建设和研究工具的同时也成为教师申报教学项目的驱动力。"对老师本身来说，（在）中国目前的这种形势（下），拿着这个项目，首先对我的经济效益是第一位的……"（QW）

文化资本的驱动。文化资本以身体化的、客观化的、制度化的三种状态存在，在以知识为基础的大学中，文化资本是最为重要的资本形式。教师通过完成教学项目，在一定程度上可以提升其教学素养，提高教学水平，最终形成一种身体化的文化资本。教学是大学的首要职能，是教师的第一任务，教学能力与水平是教师的安身立命之本。教师只有不断提高自己的教学水平，才能站稳讲台，满足岗位需要。满足考核和晋升的需要是对制度化文化资本的追求，职称是衡量大学教师学术水平的重要标志，在当今大学中，职称与教师的多种利益直接挂钩，意味着位置、声望、物质，可谓是"一票直达"。尽管2015年"新文件"[①] 出台之前，教学项目还没有被列为晋升职称的必要条件之一，但其依然可以起到锦上添花的作用。因此，教学项目亦成为追逐文化资本的手段之一。

[①] 2015年11月，Q大学人事处下发的关于教师职称评聘的新文件，即Q大学文件校字〔2015〕174号，Q大学关于印发《专业技术职务聘任管理办法（试行）》的通知。

社会资本驱动。QC 老师曾在 2005 年获批主持一项校级教改项目和一项省级教改项目，成果先后获校级教学成果一等奖、省优秀教学成果三等奖；2006 年成功申报一门校级精品课程，2010 年被推荐为省级精品课程；2012 年被评为省级教学名师。

当问及申报项目的目的时，与其他教师不同，担任院长的 QC 老师，更多是从领导身份的角度理解教学项目的意义和价值。

  我：为什么申报这个项目？

  QC：学院的"质量工程"建设能上层次，这也是一个类型，开始为了学院能拿到这样一个称号（教学名师），学院能拿到这样的"质量工程"项目。

  我：当时申报教改项目和教学成果奖出于什么目的？

  QC：也是希望学院能拿一个项目，（哈哈）我更关注学院拿了多少教学"质量工程"项目，我要多拿一些，最开始初衷确实是这样，不过我当时也对我那门课进行思考，我那门课到底应该怎么教，因为×××课程对于学生初次接触来说是比较难的，也比较枯燥，对老师来说也不太好教，很多老师就是满足于让学生知道重要概念和理论，把重要理论传授一下就完了，那这样实在不符合这个时代的要求，实际上学生能做的比我们想象的要多……

  我：精品课程、教学团队当时是什么情况？

  QC：精品课程、教学团队，说实在的都是为了学院，（哈哈）为了学院拿到这些项目，还是从学院的角度考虑，我自己还是比较有竞争力去拿的，做这些都很费事，对于我自身没什么太大作用，因为它又不是科研成果，特别是精品课程，申报材料特别麻烦，网站的制作、维护，包括教学名师申报材料准备都花费精力很大，对我个人的晋升没太大作用。主要是为了学院的发展，也可以带动其他教师，有些教授嫌麻烦不去做，费很多时间，如果对学院没有责任感的话，他们就不愿意去做，普通老师想，做这个太费事了，用好多时间，又不算多么大的成果，就不愿做。

社会资本是一种基于人际网络的资源,是通过社会网络或团体的成员之间的关系而获得的资本。作为一种隐形的、特殊的资本,它可以使互惠、信任、团结和参与等规范变得具体化;它可以通过家庭、组织成员、朋友、合作者、邻居构成的社会网络,有效地保证和促进社会、经济的健康发展,是保障人们正常生活不可缺少的资源。[1] 具体到大学中,对于教师发展有重大影响的社会资本之一就是行政职务。作为一院之长,QC 老师把学院的整体发展放在首要位置,以推动学院发展为第一原则。获批"本科教学质量工程"项目的数量是衡量学院发展水平、发展业绩的标准之一。作为学院领导者的 QC 老师同时又是学科带头人,她希望学院能获得尽量多的教学项目,以提升学院发展水平和声誉,这是她申报教学项目的主要目的。而学院的发展和声誉是与院长身份紧密相关的,学院地位的提高也就意味着院长声誉的提升。从此角度来看,不能不说 QC 老师申报教学项目是一种社会资本的驱动。

不论是经济资本驱动还是文化资本驱动抑或是社会资本驱动,总之,教师申报教学项目是资本驱动的行为。

二 外驱增强:当教学项目制遇上锦标赛制

一直以来,受大环境的影响,为了取得好名次和好声誉,大学把科研放在极其重要的位置,通过制定各项规章制度和评价指标强化科研的作用。虽然普遍承认教学的重要地位,但在教师评价中教学却被置于边缘的位置,教师评价存在着严重的重科研轻教学的倾向。2007 年,Q 大学颁布了《Q 大学教学奖励实施方案(试行)》,其中规定三个等级的教学奖获得必须具备相应层级的教学名师、教学改革研究项目、精品课程、教学研究成果奖等项目之一。[2] 为加强学科建设,培养和造就一批高层次创新型人才,2012 年 Q 大学印发了《Q 大学"1361"人才工程管理办法》,在其中的任期目标中,教学奖和其他任务相并列,被列为备选任务

---

[1] 金泽:《和谐社会建构与宗教研究》,《哲学研究》2006 年第 12 期。
[2] Q 大学文件校字〔2007〕136 号《Q 大学教学奖励实施方案(试行)》。

项目之一。① 虽然在制度上给予了教学项目这种支持，但因教学奖要求的教学项目的级别较高；"1361"人才工程只涉及高层次教师，并且教学奖并不属于必要条件，因此，教学项目没有在普遍意义上受到广大教师的重视。②

2015年之前，Q大学的教师职称评聘明确了科研业绩上的课题项目、文章级别及数量的刚性条件。对于教学业绩的要求包括教学工作量和教学评价两部分。教学工作量是对教学课时量的要求；教学评价在2013年之前主要采用学生评教成绩，自2013年开始采用学生评教成绩与同行评教成绩加权求和而成的分数。

2013年Q大学出台《Q大学教师本科教学质量评价办法》，其中指出通过学生评教、同行评教和专家评教等措施监控教学质量。学生评教主要指学生网上评教，同行评教主要指各学院（部）对本单位教师的评教，专家评教主要指教学督导委员会进行的评教。教师的学年教学评价总成绩（Y）由学生评教成绩（X_1）、同行评教成绩（X_2）加权求和而成，计算公式为：$Y = 0.50X_1 + 0.50X_2$。教务处每学年根据教师教学质量评价成绩，分A、B、C、D四个等级确定每位教师的教学质量评价等级。③

实际上，绝大多数教师的教学评价成绩都是A，也就是说，一般情况下，只要教师能够正常完成学校安排的教学任务，也就能自然满足这两个条件的要求。

> QB：这是个评价机制问题了。在高校体现在评职称和考核上，以我们学校为例来讲，今年之前，我们的教学上没太有评价，所谓的评价也就是一个工作量的评价，还有一个网上打分，那在教学其

---

① Q大学文件校字〔2012〕100号《关于印发"1361"人才工程管理办法的通知》。
② "1361"人才工程岗位基本任职条件规定省级及以上特色专业负责人，或精品课程主持人，或教学团队带头人；国家级教学奖励一等奖的前4位、二等奖的前3位、三等奖的前2位；省级教学成果一等奖的前3位、二等奖的前2位、三等奖的首位等教学项目相关条件，这些级别较高的项目涉及教师范围较小。
③ Q大学文件校字〔2013〕185号《Q大学教师本科教学质量评价办法》。

他成果上，没有进行一个考评。

2015年11月，Q大学人事处下发了关于教师职称评聘的新文件，即《Q大学专业技术职务聘任管理办法》（以下简称《新文件》），[①]《新文件》最大的变动之一是对教学业绩有了明确的要求，其中包括作为主持人申请获得教学改革项目（含实验教学改革项目）或教学"质量工程"项目，也就是说《新文件》把教学项目纳入进了教师职称评聘指标，对教学项目作了刚性要求。这一措施的出台一改一直以来重视科研成果的惯例，可谓是具有破冰意义。

分级治理是项目制的运作机制和治理逻辑，从国家部门的"发包"机制到地方政府的"打包"机制再到村庄的"抓包"机制，"项目"从操作上看是一个自上而下的纵向分配运作机制，而要想真正激活横向基层组织的竞争，还必须把项目制嵌入锦标赛体制[②]中。锦标赛体制和项目制的结合可以促成项目制牵一发而动全身的功用。阎光才指出，我国大学教师在学术的业绩考核、晋升、薪酬发放等整个过程，都带有锦标赛制特征。[③] 因此，当具有项目制特征的教学项目同具有锦标赛制特征的职称评聘制度结合在一起，教学项目的身份随即不可同日而语。

> QO：早的时候，大家对教学这块好像都不太重视。再早一点的话，大家评职称的时候，主要看的是科研项目，所以它就起了一个导向作用，大家都去努力争取钻研科学方面的课题，而对教学方面的，大家可能都认为可有可无。实际上在评职称、职称晋升、考核这个过程里面，教学项目实际上没有起到应有的作用。所以它这种政策导向，大家对教学这一块好像重视不够。可能×校长来了以后，

[①] Q大学文件校字〔2015〕174号，Q大学关于印发《专业技术职务聘任管理办法（试行）》的通知。

[②] 锦标赛作为一种激励机制的特性最早由Lazear and Rosen（1981）加以揭示。它的主要特征是参赛人的竞赛结果的相对位次，而不是绝对成绩，决定最终的胜负，因而易于比较和实施。各参赛人为了赢得比赛而竞相努力，以取得比别人更好的比赛名次，这是锦标赛的激励效果。在一定条件下（如参赛人的风险倾向是中性的），锦标赛可以取得最优的激励效果。

[③] 阎光才：《学术等级系统与锦标赛制》，《北京大学教育评论》2012年第3期。

对教学有了很好的思路，让教学在职称评定考核里都占了一定的作用，所以大家对教学可能会更重视一些，包括对教改项目的申请、对精品课的建立都可能会投入更高的热情。

QF 院长谈到刚刚进行完的教学奖评选，"这次评的这个教学奖多难啊，压力全到我们院长，院里去了。大家都看着有用，都去抢，那照顾谁吧，照顾这个人，那个有意见，不照顾吧，明摆着就觉得怪可怜的"。

QX：2015 年是一个分水岭，从报材料的那一刻开始，老师们才发现自己报某个东西少了教学项目报不上，这才有积极性，好多人给我们打电话问这个项目几年一次，以后什么时候评。2015 年之前，（对教学项目）积极性很差，都重科研，学校无论是在引导还是在操作等方面，都重科研，你科研强了，不上课仍然地位很高，评上职称。从现在开始老师们就重视了，发现没有教学项目的支撑，科研再强报不了（职称晋升）。

QT：乱成一锅粥了，太突然啦。以前什么都没有，就像刚评的教学奖，以前哪有人报啊，今年我们院一共报了 18 个，最后要 5 个。今年报的很多，以前校级课题（教学项目），谁报啊。现在校级课题（教学项目）都管用啦。

"资本的价值取决于它所处的场域"[①]，场域决定了资本是否有价值，同时也决定了资本价值的大小，资本的相对价值会随场域的改变而改变。一纸公文使得场域发生改变，增强了教学项目的价值，使其从边缘化变成香饽饽。与锦标赛体制的结合极大地增强了教师对教学项目需求的欲望，增强了制度性文化资本的驱动力。

随着教学项目竞争激烈的增加，教师的申报心态也开始出现变化。

[①] ［法］皮埃尔·布迪厄、［美］华康德：《实践与反思：反思社会学导引》，李猛、李康译，中央编译出版社 1998 年版，第 139 页。

我：是出于什么想法，出于什么目的申报××项目的？

QP：现在可能就是这种比较被动的状态，还不如之前（《新文件》出台之前）呢，之前还不是被动的。那还是就是叫申（报）我就申（报）也没有个压力申（报），现在是有个压力的。……弄那些复杂的额外增加东西，也未必能够解决什么真正的问题。

我：额外增加了什么？

QP：增加了一些，自己不是真正内心当中去投入很多精力去把这事情做好了，那就成了额外的负担。不过就是为了考核嘛，评职称，评定需要，是吧？要是真是内心想去做这些东西，现在有好多就是单纯为了考核、应付申（报）项目。

《新文件》出台后，教师申报教学项目明显增多的现象表明，一部分教师的申报动机纯属为了晋升职称的需要。如同 QP 老师所说，与《新文件》出台之前相比，教师在心理上从主动变为被动。虽然同属文化资本，但从动机的角度来看，先前教师主动思考教学问题，促进自己教学发展的需要，是一种源自个体兴趣从事某项工作的内驱力，属于内在动机；而满足考核、晋升的需要则属于外在动机，两者存在质的差别。由于《新文件》出台而增强的驱动显然属于外在动机层面。心理学研究表明与人际关系、工作条件和薪酬相比，成就、认可、工作本身、责任和晋升对动机更有效、更长远。[1] 相对于外在动机，内在动机更有助于个体提升工作绩效。在外在动机驱动下，教师主体性与自主性被忽略，屈从于外部的规约和控制从而具有被动性。长期处于被动状态，教师自主发展的空间就会被挤压，自我发展意识逐渐淡薄，自主发展能力逐渐被消解，较易形成依赖性的被动发展习惯，从而使教师发展只能获得浅层性发展。而内在动机强调教师发展的自主力量与自我意识，教师具有内源性的发展自觉，发展能够深入契合内源性需求，从而对教师发展产生实质性和持续性的影响与助推。

---

[1] Herzberg, F. I., *Work and the Nature of Man*, Oxford：Oxford University Press, 1966, pp. 20－23.

三 弱势驱动：教学项目之于科研项目

1810年，德国教育改革家洪堡创办柏林大学，提出"教学与科研相统一"的原则。虽然当时把科学研究引入大学的本意是实现教学与科研的相互促进，改革教学，促进教学。然而，科学研究一经进入大学就很快独立于教学，获得专门化发展。"二战"以后，随着大学的科学研究对社会发展重要作用的提升，国家愈来愈加强了对科研的投入，大学的科研与教学进一步分离。由于科研给国家、社会、大学和教师个人带来现实利益的凸显，教学的地位一步步下降，逐渐成为低于科研的存在。这种现象同样体现在教师对待教学项目与科研项目的态度上。

QJ：要是在目前，要我来说的话那肯定是科研，因为科研项目实现了一种导向。要发论文也好，教授要升职称也好，他就看你这个科研，对吧？再说就项目比较而言，科研靠个人，我们比较容易做到，你比如说我写篇文章改改啊，我这一年写上一篇，那可能发个比较好的刊物。但是教学啊说句实在话，往往个人比较难，你比如说我们几个人弄一个感到做得很好，然后弄到学校里可能什么都不是，人情关系在这里边太复杂，到省里更不用说。像我们普通老师，我们又不认识人，那他那个评估了解的情况，他不看你教学效果到底对学生有多大作用，就看你是不是校长，副校长或者是院长。就我们来说，从实际状况来说，我们个人达不到，所以我们愿意做科研，而且它有利于我们将来评这个教授分级啊，这样也有一种成就感，再一个也能扩大在学术界的影响，真正影响我们的看这个，看看你在哪发表过一篇文章，人家是这样认同的。教学项目呢，由于我们的考评体制决定的，你做得再好，再厉害都体现不出来，学界也不认可你，说你教学教得好，你教得好让学生去评价，学界也不认可你，是这样。

QJ老师直接表明了自己更加倾向于科研项目，原因有三个方面：其一，学校重科研轻教学的教师评价机制的导向；其二，科研项目管理中个人因素起较大决定性作用，而教学项目管理中官本位现象严重；其三，科研项目能扩大教师在学术界的影响力，而教学项目在这方面受到限制。抛开管理层面的原因，从资本的角度来说，相对于教学项目，科研项目更能有助于教师晋升、扩大教师在学术界的影响力，即带来更多的文化资本，这也是多数教师重视科研项目的主要原因。

访谈的22位教师中有20位教师如QJ老师一样不假思索地表达了同样的态度和类似原因。

> QE：因为我要评职称，所以对我而言就是科研对我有更大的吸引力。为什么呢？因为你要拿到一个省级课题给你教学经费1万块钱2万块钱。我现在拿了两个国家课题，一个是60多万元，去年我又拿了一个是80多万元。而且评"1361"（人才工程）什么的更看重的是国家级的课题，校级的课题是不管用的。有了这些课题你可以轻松地进入"1361""161"那些工程。今年我报的咱们学校的特级教授。因为它里面有一条，需要你同时主持两个国家级项目。我现在正好主持这两个项目，所以我就报了。所以我更关注的是科研，因为在科研上，我可以拿到更高档次的项目，比如说国家级的课题（项目）。教学只能在学校里去做。所以从科研的角度来说，对学校的贡献更大，如果你拿到国家级的（项目）对学校来说更好，当然对个人自己来说也很有好处！

QE老师是Q大学的三级教授，他所谓的要评职称是晋升更高层次的教授岗位，而晋升更高层次的教授岗位的必需条件是主持国家级项目。因此，对已属于高层次人才的QE老师来说，他的目标也是高级别项目。而国家级教学项目的数量极少，QE老师因而青睐于科研项目，他认为科研项目对学校和个人都有好处。另外，QE老师已经拿到的两个国家级项目分别有60多万元和80多万元的经费支持，这也是教学项目望尘莫及的。

作为学者，在学术职业中学术资历深一些的教师也会像QE老师一样考虑科研带来的学术影响力。

> QK：现在无论在中国还是别的地方，科研文章还是很多的，真正引用的频率很低，这也不好评价文章的好坏。按理说你发的文章引用率高了，你的文章才有意义，要是你的文章没被一个人引用，那你的文章就没有意义了。但是最起码人家能认可你的科研水平。我们的教学改革项目也是这样，你做了，那么你对整个教学质量的提升有多大影响，能否推广或者是否推广，都不见的，有的可能就是我做个（教学）项目，我自己也认为有良好的反应，表格也不空白了，面子上也过得去，但真正有没有影响，这个不一定。

由于体制的不同，教学项目配备经费、设立的数量、级别以及成果影响都不能与科研项目相提并论。由此，科研项目所来的经济资本、文化资本和社会资本都远远大于教学项目。尽管 2015 年的职称评审制度改革增加了教学项目的比重，但教学项目的地位并没有得到实质性的改善。"肯定不一样。因为你即使拿到一个省级教学项目，一般老师是拿不到省级教学项目的，比如拿到一个省级的教改项目，对我评职称的作用几乎是零，但我拿到一个省级或国家级科研项目的话，那科研马上就强了，评职称不是靠教改项目，至少以前不是，现在可能好一点，但在分量上也是低的。"(QD)"我感觉这个改革肯定是朝那个方向去走，能把教学突出起来，但是感觉在高校里面你无论怎么突出，它没法跟科研去抗衡。"(QU) 尽管教学项目与锦标赛体制的结合增强了教学项目的驱动力，但同科研项目相比仍然属于弱势驱动。

本章小结

外在弱势驱动：教学项目制驱动逻辑

资本是行动者争斗的目标。教学项目可以化约为经济资本、文化资本和社会资本，从而成为教师竞争的对象。资本的获取成为教师申报教学项目的动机，教师申报教学项目是资本驱动的行为。

资本驱动可分为外在驱动和内在驱动。外在驱动下的教师教学发展只能是浅层性的、短效性的，内在驱动下的教师教学发展是教师自觉、自主的发展，对教师教学能产生实质性和持续性的推动。教学项目纳入职称评审指标，大大增强了驱动性，而这种驱动下的教师教学发展更大程度上是一种外在驱动的发展。

尽管教学项目结合锦标赛制后，驱动力大大增强，但在重科研轻教学的大学环境中，科研依然受到教师的青睐，科研项目的强势动力是教学项目远无法相比的。相比科研项目，教学项目对教师行为的驱动处于弱势地位。

教学项目之所以对于教师产生的是一种外在的、弱势的驱动，根源在于项目管理思维模式主导的项目制，重视政府的意图，强调自上而下的行政力量，而忽视了教师教学发展的自主性，限制了教师自主发展的空间。这是教师教学发展无法发生实质性改变的重要原因之一。

第四章

弱势的惯习：教师如何
面对教学项目

> 分裂的学校相互矛盾的重点和对利益的竞争降低了本科生教育的学术和社会质量。
>
> ——欧内斯特·博耶

教学项目场域的惯习与客观现实形成悖论，教师在悖论博弈中以复杂矛盾的心理面对教学项目。工具理性作用下，客观现实呈现强势状态，惯习在悖论博弈中成为一种弱势的惯习，导致教师所面对的教学项目在实施过程中出现异化现象，呈现出边缘化、功利化和低效的现象，再加上教学项目自身的应用性和实践性特点，使其在场域中处于劣势地位。

一 "教学中心地位"的观念与
教学项目的边缘化

（一）教师普遍拥有"教学中心地位"的观念

教学与科研是大学的两项核心职能，二者的矛盾关系是世界大学的共性问题，这一关系的协调与否关乎教师的身份认同和行为选择，关系到大学能否更好地发挥其职能和价值。

如何认识教学的地位？对这一问题，教师们有着较为统一的看法。

QD：说实话，你比如说起主导作用、建设高水平科研大学这些话我认为是句空话。打个比方说 Q 大保持现在的速度再发展三十年，S 大原地踏步走，你也赶不上人家。就看学校怎样定位。我们学校就应该把百分之八十以上的精力投入教学当中去。我们的大学生将来到各个学校读研究生或者就业，我们靠这个，比如说你想办个科研型大学，我们的老师都集中搞科研，说实话你抓不过人家高等大学，你地方小经费又少，国家投入又少，你又没有钱，你怎么来弄科研啊，对吧？所以要提高位置就得把教学抓好，把学生培养出去，一流的。比如说我们数学就蛮好，这次全国大学生数学竞赛，在 S 赛区总共一百个一等奖，我们占了三十个，我们数科院还有统计学院总共获奖的有一百多个，占了全省的七分之一，总和超过好多学校，H 大学啦，L 大学加起来都不如我们，我们学校老师争教学质量，我培养的学生每年都有拿全国大学生数学竞赛一等奖的，二等奖、三等奖的都有！但咱们学校做科研做得再好，你和人家重点大学怎么比？和 H 大学，你应该了解 Q 大，毕竟科大差不多也就五十年，但 Q 大就是发展两个 50 年也赶不上人家，对吧？这不是危言耸听，也不是自卑，确实是这样，对吧！你得看学校的平台，所以我觉得科研可以做，但是主要的东西不能舍弃。

QV：看学校吧，我觉得看学校定位吧，咱们学校这个情况还是应该本科教学放在首位吧。因为你毕竟不是一个"211""985"大学，不能太片面地去追求科研。就是说还是教学为主吧。

QH：我觉得和这个学校的定位（有关），咱们呢是教学科研型的，（就）咱们学校的性质，还有咱们的教师现在所从事的工作来讲，我认为教学还是很关键的。作为一个老师，当你站不了教学这个讲台的时候，你就说我的能力有多强，这个也是要打折扣的。我觉得从咱们学校的定位以及学生的类型来讲，教学还是很重要的。

QM：教学在不同学校应该有不一样的地位，比如像 Q 大学这类的学校，教学应该占中心地位，甚至应该比科研更重要，因为像 Q 大学这类的学校，他们推行的是一种大众化的普及教育，所以教学比较重要。

从访谈中能感受到教师对自己的身份认同"首先是一名教师",他们普遍认为教学是中心任务、根本任务、首要任务。这一观念的形成,除了"师者,传道、授业、解惑也"既有惯习的影响之外,笔者发现"学校定位"是一个重要因素。

大学定位是一个融合观念、制度、政策与技术于一体的、整体的、发展的概念,不同类型的大学应该有不同的定位和发展方向。国务院关于《中国教育改革和发展纲要》的实施意见中指出,"不同类型、不同层次的高等教育应有不同的发展目标和重点,办出各自的特色"。所谓大学定位就是大学根据社会的需要、依据自身的条件基础,定好自己的位置,包括明晰一定时期内学校在目标、类型、层次、学科、服务面向等各方面的定位。[①] 在我国高等学校办学实践中,依据教学—科研权重的不同,把高校大致划分为研究型高校、教学研究型高校和教学型高校。Q 大学是一所教学研究型大学,教育部的官方文件将"教学研究型大学"释义为"教学与研究并重"的大学,许多教师都清楚学校的这一定位。从这一定位出发,教师认为在 Q 大学应该是教学为主、科研为辅,教学是目的、科研是动力。价值理性本质上属于一种价值理想和价值判断,在这里它指向的是教师的教学信念和精神追求,为教师教学提供了一种精神动力和支持,赋予了教师教学"应如何"的价值取向和"必如此"的精神信念。然而,观念与行为有时并不一致。

> QI:教学处于核心地位,因为大学是育人的,不管是培养学生的科研素质还是世界观、人生观,就得通过教学和一些相关的活动来进行。教学核心地位不能动摇,因为是大学嘛。……但是科研在评职称里起到的作用远远大于教学。现在教学(对评职称)起到一定的作用了,但是估计一下教学起到的作用能达到百分之多少?还是科研重要,所以老师在这个方面还是重科研轻教学。

[①] 教育部高等教育司评估处(内部材料):《普通高等学校本科教学工作水平评估指标体系》,转引自刘振天、杨雅文《大学定位:观念的反思与秩序的重建》,《清华大学教育研究》2003 年第 6 期。

我：那您觉得本科教学是处在一个什么样的地位？

QU：在大学里面。这个东西确实要看学校的定位，学校如果想往科研的方向定位的话，可能你不知不觉地就会把教学放到第二位上去，按说培养学生的地方应该是把教学放到第一位的。

我：那您说的意思是应该要放到第一位？

QU：对，但实际上是没有放在第一的，因为对老师来说他肯定要考虑个人的一些问题，所以就要考虑评职称，评职称的话你光教学肯定是做不到的，所以你就要去做一些别的，科研花的时间多，那教学肯定少。

QI 老师和 QU 老师认为"教学核心地位不能动摇""教学应该放在第一位"，但在实践中，教学"实际上没有放在第一位"，"还是科研重要"，原因在于"要考虑评职称"，"因为科研在评职称里起到的作用远远大于教学"，访谈中多位教师有类似表达。究其原因就在于在教师评价制度的规约下，价值理性和工具理性发生矛盾和冲突，导致教师观念同行为发生背离。由此，尽管教师普遍拥有教学中心地位的观念，教学项目却处于边缘化的境地。

（二）教学项目的边缘化

教学项目在教师眼里处于边缘化地位，主要体现在研究主体的边缘化和地位的边缘化。

研究主体的边缘化。《新文件》出台之前，科研项目同教学项目相比因其能带来更多的文化资本和经济资本而受到教师的青睐。因教学团队和精品课程规定了较高的申报资格条件，其主持者多为教授，而教改项目的申报者多为青年教师或从事教学法的教师，研究主体呈现边缘化。

QW：老师们都觉得对那些科研（能力）不特别的强，又想着进步（的老师），是个（申报教学项目的）机会。

QH：那时候科研项目也少，意识没那么强，再一个高层次上的（科研）项目弄不上去，就想（在）教学这一块做一做……那时候(《新文件》出台之前)的教改项目基本上学校领导不太热衷,普通老师一线老师做得比较多,一线老师大部分还是年轻老师,刚入职的。(QH)

正如 QW 老师和 QH 老师所言,在《新文件》出台之前,申报教改项目的教师大多是青年教师,或者科研能力较弱的教师。

  QS:我个人感觉,我倒是在教学上用的精力多一些,因为我科研上做的不是很出色,对教学项目当然感兴趣。
  QU:现在对我来说搞科研比较难,申请不到项目,所以平时只能多搞教学了,申请教学项目。

地位的边缘化。笔者在本书第三章中分析了由于管理体制的不同,同科研项目相比,教学项目配备经费、设立的数量、级别以及成果影响都不能与科研项目相提并论(前文已阐述,此处不再重复),从而处于边缘化的地位。

  QR:如果能拿到科研项目,那就不考虑教学项目了,尤其是以前,现在当然教学项目也是必须有的,但还是科研项目更重要啊,我觉得不仅是我,很多老师还是更重视科研项目,把科研看的更重些。
  QH:如果是从自己教学,作为一线老师,从自己的选择上来讲,如果教学项目和科研项目同样重要的话,那我可能选择教学,毕竟你是教学一线的,对教学有理解,然后操作起来也好操作。但是这里面有一个导向的问题,因为每个人在时间精力有限的情况下,都是要讲究一个效率问题。所谓效率,哪个对自己,比如我现在处于达标考核,哪一个更能直接帮助,那我就选择哪个,咱们学校里关于考核什么的,前几年还是以科研为主,对教改方面也不能说没有吸引力,如果是在时间精力或是资源不充分的情况下,那我就会倾向于科研项目。

QH 老师明确表示作为一线教师有必要也有优势开展教学项目，如果教学项目和科研项目两者地位相同的话，她会选择教学项目，而在当前由于评价机制的导向，两者的天平出现反向倾斜。QQ 老师给予了同样的信息表达："本科教学，我觉得还是应该很重要的，我教学上应该还可以，2004 年评估的时候当时专家听课，听说我是全院第一的，我对这个（教学）很喜欢，就我感觉的话，从目前形势来看，反正我现在倾向科研项目那一块。"（QQ）

在教师的视野里，教学项目同科研项目相比犹如高贵花卉花园角落的不起眼的卑微野花，即使《新文件》的出台硬性抬升了它的地位，人们最多迫于外在的压力多瞧几眼，但也终究未能改变它一直以来的配角形象。高贵花卉之所以高贵，能够占据主角的位置，是因为人们赐予了它适宜的生长环境并赋予其高贵的名义。科研项目如鱼得水、如日中天源于科研至上的环境。

（三）科研至上的环境导致教学项目边缘化

1. 社会以科研为重的大学评价

19 世纪之前的大学，教学是其唯一职能，科研只是个体对知识的探索，还不存在现代意义上建制化的科研，这一时期的教学与科研是一种学术性的自然融合。19 世纪初期，科研成为大学的公开职能，确立了其在大学中的地位，而当时它与教学是相统一的。20 世纪以来，随着大学服务职能的增加，科研凌驾于教学，20 世纪末开始出现彼此对立的现象，大学普遍呈现重科研轻教学的状况。导致"教学与科研统一体"瓦解的原因是复杂的、多方面的，其中之一是资本主义经济发展滞涨以及各国高等教育规模的扩张而导致的教育经费紧张，为了减轻政府财政负担以及维持高等教育品质，政府开始通过大学排名、质量保障评价、科研评估和各种绩效指标来决定大学资源的分配。[①]

尽管针对大学评价科研指标分量过重的问题，一些大学排行榜开始反

[①] ［英］杰勒德·德兰迪：《知识社会中的大学》，黄建如译，北京大学出版社 2010 年版，第 147 页。

思与修正,在评价指标中提高教学指标的比重,试图真实地对教学情况进行测评。但一方面由于部分全球排行榜对大学学术品质和科研成绩的重视,另一方面也因为科研指标相对于教学指标更容易量化、便于比较,所以从世界范围来看,"全球大学排名在对高校科研的评价已经形成了较为成熟的经验,可以说它们更准确地反映了大学的科研绩效而非教学状况"[①]。从国内来看,排名中轻视教学的现象不仅存在于大学排名中,而且一直延伸到本科教学评估、本科专业排名等评价中,其中仍然赋予了科研指标较大的权重。"整个像教育部的考核都是看你的文章啊,国家级的项目有多少。"(QJ)在大学评价中,对大学科研水平的评价主要依赖定量方法,主要依据SCI、SSCI、EI等国际引文数据指标。而教学项目成果相对于科研项目成果,则难以达到这些指标,影响范围较小。"按理说你发的文章引用率高了,你的文章才有意义,要是你的文章没被一个人引用,那你的文章就没有意义了。……我们的教学改革项目也是这样,你做了,那么你对整个教学质量的提升有多大影响,能否推广或者是否推广,都不见的。"(QK)

2. 大学以科研为重的教师评价

大学排名的结果会给大学带来声誉、资源等实质性的影响,对于大学知名度的追求以及为获得运作依赖需要的外部竞争性经费,强化了许多大学对科研的重视,受到大学行政层的充分关注,从而产生一种行政推动。大学行政管理层通过把大学排名的逻辑延伸到大学内部,即把大学排名指标变相嵌入教师评价指标中,以达到排名结果的最优化。"大环境就是这样(科研指标在大学评价中占据比重大),学校排名上不去,很多方面都受影响,所以学校也要跟着大环境走。"(QT)

下面我们以Q大学的专业技术职务岗位聘任条件中申报教授职务的条件为例说明这一现象。

◆1. 具有教授职务任职资格,或具有大学本科以上学历,任副教授5年以上。

◆2. 认真钻研教学业务,能担任2门以上课程的讲授工作(其

---

① 高飞:《全球大学排名:主要类型与发展趋向》,《高教探索》2015年第9期。

中 1 门应为基础课或专业基础课），完成学校规定的教学工作量，在教学研究上有较高造诣；获得过校以上优秀教学成果奖、优秀教师奖或教学考核成绩优秀。

◆3. 近 5 年来，出版过具有重大影响的学术著作（含高校统编教材），受到学术界的高度评价；或在国内外学术刊物上发表 10 篇以上的学术论文，其中在国家级学术刊物上发表 3 篇以上有较高学术价值的论文；或以本人为主获得过国家级四等以上奖、部省级三等以上奖励。

◆4. 具有提出本专业的研究方向或开拓新领域的能力，从事过具有重大学术、技术意义的开创性的研究课题，取得全国先进水平的成果；或主持、指导完成重要的科研、攻关项目；或从事科技开发工作取得重大经济效益和社会效益。

◆5. 对本门学科具有系统而坚实的理论基础和丰富的实践经验，掌握本门学科范围内的学术发展动态，具有指导研究生的能力。

2015 年《新文件》出台之前，Q 大学一直沿用 2002 年颁布的《专业技术职务岗位聘任管理暂行办法》（以下简称《2002 年文件》），其中明确了申报教授职务的条件如上。

从以上条件可以看出，除了第一条的客观条件以外，只有第二条是专门针对教学的，其他三条均指向科研。文件中的聘任、晋升指标显示《新文件》出台之前，Q 大学在教师职称评定中赋予科研的权重是教学所无法比拟的。教师论文、专著、科研项目及科研获奖的多寡、优劣程度直接决定了教师能否顺利晋升。教学效果虽列为教师晋升的必要条件，然而在实际的运作中，绝大多数教师的教学考核成绩都能达到优秀层次，即一般情况下教师都能满足教学条件的要求，教学业绩处于无足轻重的地位。事实的确如此，鲜有教师因教学业绩达不到要求而导致晋升失败，科研成果才是职务晋升的根本筹码。"学校无论是在引导还是在操作等方面，都重科研，你科研强了，不上课仍然地位很高，（可以）评上职称。"犹如 QX 老师所言，我们可以看到这一普遍现象，凡是科研业绩突出的教师在聘任、晋升以及高层次人才工程选拔方面等都能够顺利胜出，而许多教学业绩突出的教师却因科研业绩的限制而无缘这一切，在学校中难以获得认可。

工具理性注重过程、手段、方法、技术的特点反映在实践中，制度和体制成为其关注的对象。① 面对日益严重的重科研轻教学的现象，一些大学开始通过平衡教学与科研地位的制度安排提升教学的地位、调和教学与科研的关系。

2015年Q大学颁布的《新文件》，对《2002年文件》内容进行了调整，把教师岗位区分为教学为主型、教学科研并重型和科研为主型，我们以教师申报"教学为主型"教授资格为例：

◆1. 完成岗位职责规定的全日制本科生教学任务，任现职以来年均课堂教学授课时数在360学时及以上，至少有三年教学质量考核结果为"优秀"。

◆2. 教学业绩满足下列条件之二：

◇（1）主编国家级规划教材或本专业高水平教材1部，或参编国家级规划教材或本专业高水平教材1部（本人撰写10万字以上）。

◇（2）作为主持人申请到省级及以上教学改革项目（含实验教学改革项目）或教学质量工程项目1项。

◇（3）获得国家级教学成果奖，或获得省级教学成果奖一等奖的前三位、二等奖的前两位、三等奖的首位，或获得学校教学奖，或获得校级教学成果奖一等奖的首位，或获得校级及以上教学比赛一等奖。

◇（4）指导学生成功申请国家级大学生创新创业训练计划项目，或指导学生获得省级优秀硕士学位论文或指导学生获得省级优秀学士学位论文2项，或指导学生获得省级研究生优秀科技创新成果奖，或指导学生参加各专业类竞赛（以学校相关通知或文件予以认定为准）获得省级二等奖或集体项目前六名或个人项目前三名及

---

① 王春福：《公共政策决策责任的工具理性与价值理性分析》，《学术交流》2004年第8期。

以上奖励，或获评省级"优秀研究生指导教师"。

◆3. 科研业绩满足下列（1）（2）或（1）（3）条件：

◇（1）在SCD（科学引文数据库）刊物或核心刊物上发表论文3篇，其中在核心A类刊物上至少发表论文1篇；或在SCD刊物或核心刊物上发表论文2篇，且出版有重要影响的学术专著1部。

◇（2）作为主持人申请到省级及以上科研项目1项。

◇（3）获得国家级科研奖励，或获得省级及以上科研成果一等奖的前三位、二等奖的前两位、三等奖的首位，或首位获得教育厅高校优秀科研成果奖一等奖。

对制度和体制的过分强调和依赖，实际上就是工具理性扩张的结果。[①] 相对于《2002年文件》，《新文件》对教师晋升、评聘指标作了较大幅度的调整，除了增加了有关教学业绩方面的要求之外[②]，科研的数量和级别也进一步升级。导向是好的，但是否能真正把教师的精力转移到教学中去，暂且不讨论，从实际来看，只要教师满足了教学上的基本要求之后，仍然是以科研成果的质量进行比拼，"评职称比得还是科研，即便今年评职称已经发生了改变，那也不行，为什么呢，只是把教学设了门槛，（进了门槛）还是要看科研"。（QE老师）也就是说，随着竞争激烈程度的增加，晋升条件逐步提高，学术成就和学术声望依然是最重要的资本。

不仅是职务晋升，学校的教师考核、聘任、薪酬以及高层次人才工程选拔都无一例外地强调科研成果。除此之外，学校对科研与教学的经费支持差别也反映了学校重科研的行为。

QW：咱就还想着在科研上争啊，所以领导们骨子里面不是真正的重视本科教学的，就是他还是把这个钱大部分用到科研上面了，经费都用到那上面了。我有五块钱，科研上面拿三块拿四块，本科

[①] 王春福：《公共政策决策责任的工具理性与价值理性分析》，《学术交流》2004年第8期。

[②] 相对于教学科研并重型和科研为主型，教学为主型资格条件在教学方面的要求是最高的。

教学拿着一块，但是这一块他也不好好地想着用出一块钱的效果，也顾不上，再加上咱们的经费实力也不行。

　　QX：还是教学地位确定不了，老师不重视，学校也不重视，给钱没有。

3. 教师以科研为重的行为

教师评价结果及其运用直接关系到教师的声誉、票子、房子等切身利益，许多大学把教师的进退场与科研工作相结合，论文发表、科研经费的多寡与档次在很大程度上决定了教师在大学场域中的位置，从而把教师的科研业绩提高到前所未有的高度。为争夺更优势的位置，教师自愿接受如此的游戏规则，并参与到游戏中，"游戏者都同意游戏是值得参加的，是划得来的；这种同意的基础并非一份'契约'，而就是他们参加游戏的事实本身"①，事实即重科研轻教学。通过科研可收获大众可见的国家利益、学校位次和教师声望，效果及时而显性，这种状况普遍存在于全国甚至全球范围内的大学。沈红教授团队进行的"2014中国大学教师调查"实证研究显示，在科研为重的评价导向下，大部分教师选择将有限的精力放在科研项目和论文撰写上，对评价结果影响甚微的教学投入相对较少。② 有研究表明，在对待科研和教学上，87%的教师自认为没有把教学置于与科研同等重要的位置上③，正如博耶所分析的，大多数年轻的教授们都明白，如果想得到终身职位或者受聘于高水平的学校，就需要在学术界拥有卓越的名声。而这依赖研究工作的成绩，而不是教学工作。④ 这些都表明，在具有特定游戏规则的场域中，教师会遵循规则把

---

① ［法］皮埃尔·布迪厄、［美］华康德：《实践与反思：反思社会学导引》，李猛、李康译，中央编译出版社1998年版，第135页。

② 沈红、刘盛：《大学教师评价制度的物化逻辑及其二重性》，《教育研究》2016年第3期。

③ Noser, Thomas C., Manakyan, Herman and Tanner, John R., "Research Productivity and Perceived Teaching Effectiveness: A Survey of Economics Faculty", *Research in Higher Education*, Vol. 37, No. 3, 1996, pp. 299–321.

④ ［美］欧内斯特·博耶：《美国大学教育——现状、经验、问题及对策》，复旦大学出版社1988年版，第141页。

个人所拥有的相对确定的、有限的社会资本、经济资本和文化资本投入到能够带来更多资本的科研中去。人们在工具理性语境里思考和衡量一切，效益、实用成了判断一切的标准。工具理性主导一切及其相应的效益、实用性至上的观念，使得教师们忘却了所秉持的教学地位、教学价值的理念。"科研至上的行为策略也逐渐演变成一种被深刻默许甚至鼓励的集体性行为。"[①]

二 教学良心与教学项目功利性

（一）良心是教师维护教学的根本

访谈中，谈及教学听到的最多的词语就是"良心"，老师们认为教学是一个良心活。人们在教学实践活动中逐渐形成的这种价值观念显然是价值理性的体现。良心是什么？教学是一个良心活意味着什么？良心对教学发展有着怎样的影响？我们听听老师们的诉说。

> QN：我觉得，我反思教学是个良心活，主要是靠自己，我觉得靠外界促进，比方说你好好讲课，我给你什么什么，这也不是很好把握。你这一学期、两学期的课，我这每节课都能好好上吗？你还是得靠自己，如果你感觉你自己应该对得起下面坐的这些学生，就是说我自己不能辜负他们，然后你就上好每堂课，光靠外部促进我真的觉得是挺难的。你能想到什么积极政策让他死心塌地每节课都好好地上？我觉得这东西还是得主观上发自内心，就像你想让学生好好学，得让他从主观上想学，而不是说你给我好好学，考得好了我给你什么，当然这是必要的，但是我觉得还是得提高自己的主动性。

——QN 老师认为教学质量的保障要靠教师的良心来维护，良心是根植于内心的。外在的奖励政策、督促措施只能起到一时的作用，缺乏长效性。

[①] 王俊：《大学教师"科研至上"行为的制度逻辑》，《教师教育论坛》2014 年第 2 期。

QL：教学是良心活，原来学校对我们（带学生参加比赛）是一点政策都没有，校方也没有一点鼓励。教学永远是根本，一个是科学活动，一个是课堂延伸，对外比赛是灵活地把这些穿起来。

——QL老师在学校没有支持政策的情况下，主动、自愿地组织学生参加比赛，他认为这是良心的驱动，起码要对学生负责任。

QT：当然，这是（教学）良心活是吧，学生愿意上你的课，当然是很高兴的，我不计较其他什么，但是如果院里把这个（教学）也作为一个评价（指标）的话，那老师也是很高兴的，高兴了不干劲更足嘛。教学本来就是个良心活，我花两天我可以备课，花一下午也可以上这个课。对吧？

——良心是一种自觉行为，没有外在的监督和评价，如何对待教学要靠教师的自觉。

QV：教学要是不好的话，我觉得再谈其他的就有点开玩笑。因为你毕竟不是一个研究所，你是大学，从良心上讲，学生来了，你就得对得起学生，所以说这是一个基本条件，这个是师德，这个是最关键的，得有良心给学生上课。

——良心关乎道德，作为教师最基本的职业道德就是给学生上好课。"价值理性是人们关于自身存在意义的知识和判断力，它以道德的方式存在。"[①] 良心是什么，我们很难直接去定义，但可以确定的是良心深深地隐藏在每一个教师的内心，良心关乎道德，是一种内在的道德原则和道德意识，具有重要的道德力量和权威，它由外在的权威逐渐地发展到出于自我的内在要求。教学是良心活，意味着教学要靠教师的内心来

---

① 李清雁：《教师是谁——身份认同与教师道德发展》，博士学位论文，西南大学，2009年，第63页。

维护，靠教师的自觉来维持，靠基本的责任心来维持。它要求教师秉承对教学的信仰和责任，不为来自外界的各种诱惑牵动而坚守自己的信念并选择相应的行为。价值理性存在于人们的各种关系之中，它引导人们调整与自身相关的各种关系，改造和完善自己，是个体的自身立法。因此，教学是一种良心活，还意味着教师在自己的教学生活中要面对良心的拷问。而良心的拷问会让教师逼近自己的灵魂深处，或踏实或不安，在教学中不断反思、不断体悟，从而在无意识中调整、支配着人们的行为，良心是个人行事的心理支点。

教师对"教学是良心活"的认同，表明他们的内心根植着对教学的责任和信念，隐藏着一种无私教学的内驱力，但与此同时，与内驱力相对抗的力量无不时刻存在着。

  QH：学校是否重视，大的方面也很重要，因为每一个老师都有一种功利性，有一种自律，就自律方面，尽管是职业良心，但并不是说每一个老师在每一个阶段会有高度的自律，受外部的氛围以及学校的政策方面的导向、制度方面的规范，这些都很重要。

——尽管具有良心，但同时人又具有趋利性的一面。场域是"行动者所寻求的各种策略的根本基础和引导力量"[1]。在这个科研充当"主牌"的游戏场域中，在功利思想大行其道的时代，物质利益的诱惑无处不在，教学项目的功利化特征看似如此自然。

（二）教学项目的功利化

本书第三章中揭示了教师申报教学项目是资本驱动的结果，主要是一种外在动机的驱动，教学项目同职称评聘制度相结合后，教师对教学项目的竞争激励程度徒增（前文已阐述，此处不再重复）。这一结果充分显示了教师申报项目的功利化，对此，QI老师直言不讳地谈了当时申报

---

[1]　[法] 皮埃尔·布迪厄、[美] 华康德：《实践与反思：反思社会学导引》，李猛、李康译，中央编译出版社1998年版，第139页。

教学项目的目的：

　　QI：说实在的，校级的教改项目和教材立项想法很简单，是自己喜欢做的，到了省级精品课程和省级的教改项目功利性就比较强了，拿咱学校的制度来讲，咱们学校除了评职称，像对人才项目遴选，人才工程，教学成果奖是比较重要的，而且要省级的，拿一个省级精品课程就可以进入"1361人才工程"，我当时没有省级教学奖，报（项目）就是出于这个考虑。当时我职称已经晋（升）了，主要为了进入"1361人才工程"，但是课题不嫌多嘛，这种想法的人是很多的。

　　QH：确实在报项目的时候每个老师都存在功利性这个问题，都有功利性，但这个功利性也能提高自己，真正的功利性也有，像咱们普通老师，弄一个项目晋升要用，考核也要用，但是四年下来，你要好好地做，就会有提高。有的领导，很容易申报一个大的课题，先不说他有没有能力，首先他没时间，没有时间组成一个团队，那做出来以后还有后续的很多工作，评奖评优啊，提升自己不是靠研究而是靠项目，有的项目能拿奖，支撑学术性的领导走下去的基本是项目和项目获奖，研究没研究不知道。现在要是所有的老师都能抛开功利性，从专业发展的角度做，把这个当成乐趣，不在乎钱，也不在乎别的什么，哪可能？

　　QI老师和QH老师不仅都反映了教师申报项目是为了获奖评优从而达到进一步目的的现象，同时都直白地表示了教师普遍存在申报项目动机的功利性。为推进教学项目的实施，政府和高校采取了经费支持、教学成果奖评比以及把教学项目及其成果列为教师考评指标等激励机制。但现实是获得经费、获奖和晋升职称成为多数教师申报和进行教学项目研究的主要目的，成为教师谋取个人利益的工具。一旦他们立项成功，达成自己的目的后，对项目的研究就不再重视，教学项目的原本意义被功利化侵蚀得所剩无几。如同QW老师所言："功利性太普遍，在咱们国家很多时候政策是一个目的，但大家去做这项工作的时候就走样了。"当前,教师纯粹的为研究而研究,为项目而项目,无条件地坚守自己的教学良心,已成为一种理想的期望。功利风气盛行的环境中,教师在功利动机的驱使下与自己的教学良心渐行渐远,付出的代价自然是牺牲教学。

(三) 功利是教师牺牲教学的根源

我国改革开放四十年来,以经济建设为中心,激活了社会主义活力,促进了社会经济大跨步发展。改革开放是一场全方位的社会变革,随着计划经济体制向社会主义市场经济体制的转变,由社会转型引发的人们的价值观及行为方式的变化,带来了社会风气的深刻变革。改革开放以来,我国的社会风气总体上处在一种价值取向多元、道德规范无序的状态,既存在爬坡上升现象,又有滑坡下降表现。一方面,社会变革过程中,不断出现新事物和新风尚,人们道德观念与行为方式开始发生前所未有的变化,新的社会观念与传统习俗在互相碰撞中逐步吸取各自的优点而糅合成新的文明风气,形成推动整个社会不断发展进步的动力。[①] 另一方面,传统的价值体系发生裂变,在相应主导意识形态的介入力量不足的情况下,势必会引发现代性不良社会风气。

当经济基础薄弱,社会又同时面临经济发展的重要任务时,个人的私欲、功利心等就会成为社会发展的动力,人们甚至把对利益的追求作为评判、衡量一切的标准。在现代化建设的助推下,工具理性与市场经济的逐利性结合,日益演变为社会追逐经济效益、个人谋求个体利益的基础。这种工具理性主导的功利风气不可避免地会渗入大学校园,大学把追求自身的物质利益作为首要标准,功利色彩不断增强。功利风气大肆张扬的时代,人的趋利性凸显,外在的功利时常会让教师面对良心的拷问。道德两难之际,面对抉择之时,在良心与外在诱惑博弈中,不少教师淡漠了心中坚守的教育良心,而转向对利益的追求。大学某种程度上存在的权学交易、文凭泛滥、降低质量、学术腐败等现象,无疑是功

[①] 段妍、杨晓慧:《改革开放以来中国社会风气演变的历程》,《理论探讨》2012 年第 4 期。

利风气在大学中沉淀的结果,也可以说是大学功利思想唯经济目的的行为表现。正如布迪厄所言,场域形塑着惯习,惯习是一种社会化了的主观性,是某个场域固有的必然属性体现在身体上的产物。

"这种事(功利性)很普遍,首先职称指挥棒太重要了,职称怎么弄,人就怎么来,再有就是有人想发自内心来做,当然,他是真想做出东西的心情,不能一棍子说他不好或者是好,都有这个想法,包括我自己,谁不想这样呢?也想化作动力解决一个大的问题,培养几个学生,我觉得每个人身上都会有,(每个人都是)一个矛盾综合体。"QG 老师谈到每个人都是一个矛盾综合体,一个包含良心和功利性的矛盾体。功利风气的载体——评价制度是重要的指挥棒,有着巨大的导向性。外在利益的诱惑使教师对"教学是一种良心活"的践行面临着现实的困难,对现实的超越则需要付出巨大的勇气和努力。社会现实"既在场域中,也在惯习中,当惯习遭遇了产生它的那个社会世界时,正像是'如鱼得水',得心应手:他感觉不到世间的阻力与重负,理所当然地把世界看成是属于自己的世界"①。在功利目的的驱动下,人自身潜藏的"趋利避害"的特性从隐藏状态中暴露出来。工具理性无孔不入地进入教师的思维、感觉和情感的潜意识中,从心理层面控制了个体的行为。"当一个教师将自己的目标完全定位于功利的目标,并且将自己的精力全部投入到实现功利目标的时候,那么,他能够牺牲的就只有教学了。"②

三 教师评价逻辑与教学项目特性

(一)教师评价的量化、发表逻辑

随着工具理性在现代社会各方面的运用和渗透,数字亦越来越成为人们衡量和描述高等教育的重要方式。③ 我国的教师评价最初主要采用质

---

① [法]皮埃尔·布迪厄、[美]华康德:《实践与反思:反思社会学导引》,李猛、李康译,中央编译出版社1998年版,第172页。
② 周川:《教学质量只能靠教师内心来维护》,《大学教育科学》2012年第4期。
③ 刘少雪:《高等教育评价中的"数字陷阱"》,《苏州大学学报》(教育科学版)2016年第1期。

性评价方式，评价的主观性和随意性较强。随着现代主义的发展，人们越来越相信只有通过实验、实证、量化等"科学方法"才能发现和揭示世界潜在的逻辑和秩序。① 20 世纪 80 年代，我国引进泰勒的目标导向评价模式和西方的标准化测验以后，随着量化评价方式在我国的运用，教师评价也出现了追求量化评价的倾向，走出经验论的窠臼，客观性、技术化、数量化成为其主要的发展方向。

所谓量化评价，就是把复杂的教育现象简化为数量，通过对数量的分析与比较评价某一对象的成效。② 反映在大学教师评价中即为把教师的各项工作业绩通过数量单位表达出来。于是，大学教师工作被分解为各项指标，并赋予相应的分数，课题层次、获奖级别、论文期刊等级、出版著作水平以及教学时数和质量等都量化成数字。正如北大陈平原教授所指出的，现在的大学校长，心里都有本账，科研经费、重点学科、院士数目、SCI 索引等，所有成绩都进行量化，把教学、科研、精神、传统、学风、信誉等也全都变为数字，而且精确到小数点后两三位，使评价有客观的标准。③ 在强大的工具理性支配评价下，高校管理部门更乐于借助于建立的各种定量化评价指标来考评教师的工作绩效。而同时，这种量化评价一般要求以"可视化"的成果相匹配，可视性和传播性密切相连，所以成果通常以出版物的形式显示。加之科研获益的语境，大学教师评价几乎完全依赖发表和出版物，"发表"在大学教师的考核、晋升、奖励等各方面发挥着至关重要的作用，"发表至上"成为大学教师评价的重要逻辑，也就是大学内流行的所谓"不发表则灭亡"的规则。正如沈红教授所言："中国大学教师评价的现实是常常把教师的发表当作发展，发表多，发表快，评价就好，晋升就快，人就得到了发展，直接在发表与发展中间画上了等号。"④

---

① 张晓峰：《对现行教师评价三个基本问题的批判：后现代主义视角》，《教育理论与实践》2004 年第 10 期。
② 张杨：《论课程评价中的量化评价与质性评价》，《宁波大学学报》（教育科学版）2004 年第 3 期。
③ 陈平原：《大学何为》，北京大学出版社 2006 年版，第 178 页。
④ 沈红：《论大学教师评价的目的》，《高等教育研究》2012 年第 11 期。

（二）教学项目的应用性、实践性

无论是研究项目还是建设项目，典型的教学项目都指向教学实践，其本体功能都是通过开展项目解决教学中的实际问题，把成果应用于教学实践，指导改进教学实践，促进教师教学成长，最终提高教学效果，所以教学项目的特点在于其实践性和应用性。教学项目的这一特点决定了对教学项目成果很难通过书面材料加以鉴定，其主要衡量标准应是教师是否把成果应用到自己的教学实践中去，将之作为解决教学中的问题，指导和改进教学的依据。然而，现实语境中对教学项目的评价通常是以论文、研究报告或教学录像等为主要方式。

> QH：有的时候有论文就提交论文，因为申请下来他（管理部门）没有监督。
>
> QA：结项的时候差不多写个什么报告，（管理部门）也不看看到底做没做，就算了。

以下几位教师更是从教学项目的实践性和应用性的特点出发指出对教学项目的评价和鉴定应该从评价主体、评价方式等方面改进，应重点考察项目成果在实践中的应用效果，仅仅局限于论文和调查报告形式的结题是无法真正检验项目完成和实施效果的。

> QU：我觉得还是有待提高，比方说课题项目结题上，考评方式上不能一两篇文章就算了，应该真正研究一个（评价方式），比方说从学生的角度啊，这个课程有没有更新啊，学生感觉教学项目怎么样，评价体系上应从专家层面看一两篇文章转变到是不是可以从，比如说实际上微课、慕课这个平台啊，它就可以对老师教学情况进行评价，它有平台，使用的可以留言，反馈意见，那些东西也可以综合起来评价这个项目到底是不是落地了，到底是不是促进教学了，我觉得目前来讲还不是太理想。
>
> QJ：到结题的时候，应该看教学项目的效果。评论你这个教学

项目，编成教材看看学生使用的反映，如果是观察教学过程的教改项目，经过一个周期的培养，看看学生、听听学生的声音，原来老师那样教，现在是这样教的，看这个效果。我就认为实际的评价应是这样的，不能凭一个调查报告什么的（就结题了）。你看（现在）这么多教学课题，最后都是流于形式。

QM：因为根据教学改革项目需要的时间来说，一些教学改革项目特别像英语学习，它是一个持续性的过程，它需要多年的时间来完成。现在很多项目不是首先尝试提出一个问题，然后通过真正的实践去改进，最后提出模式然后再实践，他们现在是直接构建一个模式，很快就结题了。

根据教学项目的实践本质和应用特点，教师开展教学项目应当亲身参与教学改革过程，要在具体的教学情境、教学过程中"做"，所以教学项目是应该"做"出来的，而不是凭借一纸文稿"写"出来的，对教学项目成果的评价和鉴定应该结合过程监控和现场查验，而这样的评价和鉴定方式是难以通过量化和发表手段实现的，由此可见，量化、发表逻辑不适用于对教学项目的评价。其实，科学研究也是难以量化的，沈红教授对当前科研成果在出版、发表成果的质量或水平、科研项目水平、科研奖励的级别上的量化比较发出疑问，证明了科研成果并不容易量化，甚至不能被量化。[①] 而科研被大多数人认为是"硬指标"，容易被量化，主要还在于科研成果的显示性程度较高，可以转化为可视形态，对于同行可见度高，而教学以及教学成果（知识传授、学生发展）则难以用这种方式表达。"大学教师的科研成果较之教学成果更具外显性与流通性。作为'学术界的硬通货'，发表、出版、专利等科研成果可在思想市场内自由兑换；而作为'艺术'的教学则较难度量其价值。"[②]

（三）教学的艺术性特性

对于教学是科学还是艺术，目前教学研究领域已形成共识，即教学

---

① 沈红：《论大学教师评价的目的》，《高等教育研究》2012年第11期。
② 沈红、刘盛：《大学教师评价制度的物化逻辑及其二重性》，《教育研究》2016年第3期。

不仅是严谨缜密的科学，也是一门精湛灵活的艺术，既有科学性，又有艺术性。之所以称教学是一门艺术是因为教学是人与人之间的相互交流过程，这一过程充溢着情感、创造、审美、兴趣、需要、价值等因素，这些因素使得教学超出科学层面，蕴含了丰富的艺术色彩。教学现象中的艺术色彩，具体体现为教学的表演性，即教学是教师一切外显行为的综合表演，包括教师的衣着打扮、表情态度、身姿动作、实验操作、口语板书等；教学的情感性，意指教学的过程是师生之间情感投入与唤醒的过程，是人与人之间情感的交流；教学的创造性，也就是教学的艺术要求教学要有求异性和独创性；教学的审美性，表现为好的教学应该让学生感受到是一种美的享受，美的体验。[①] 要形成教学艺术，必须有较强的教学个性、独创性。正因为教学具有这样的艺术特性，而艺术创作的过程又是复杂而不确切的，使得教学评价很难赋予分数、划分等级，依照分数一比高下。"很多教学都是软指标，它不像科研一样是硬指标，容易评价。"（QE）"这个也没有办法，教学不容易评价，你说咱们有时候教学打分，谁谁95分，谁谁90分，我觉得这个很难说，老师的教学风格不同，很难用一个标准去量化成分数，分数高的（教学）不一定教学效果真好，所以这也是教学不受大家重视的一个方面吧。"（QN）量化标准难以涵盖教学的复杂性与情景性，一纸分数也无法承载教师的教学智慧与个性。这就是所谓的在教师评价中教学的"软指标"特性，同时也是教学价值理性的根本所在。

四 积极的教学项目政策与教学项目的低效性

（一）积极的教学项目政策

我国高等教育在20世纪90年代末期开始进行"扩招"，质量问题同发达国家一样在这一特定的时期凸显出来，受到社会各界的广泛质疑。为全面提高高等教育质量，各级教育主管部门和高校纷纷采取项目方式

---

① 程广让：《教学艺术的本质、特点和作用》，《中国成人教育》2008年第8期。

提高高校教学质量。不同种类、不同层次的教学项目应有尽有、百花齐放，逐步形成了国家层面政策制定与宏观掌控，地方政府上令下效、保障发展，各大高校自主定位、具体执行的教学项目政策体系，正所谓"工具理性的运作是在体制化的组织中完成的"①，这些政策、措施也正是工具理性关涉的手段和目的，强调手段的有效性、追求效率有效性思维的表征。其中和教师教学发展紧密相关的教学项目措施主要有以下几个方面。

第一，以精品课程为基础，完善网络课程资源体系。在提高人才培养质量的背景下，鉴于现代传媒技术的推进，为了通过现代信息技术促进教育教学观念转变，引领教学内容与教学方法改革，实现优质教学资源的共建共享，2003年，教育部发布了《关于启动高等学校教学质量与教学改革工程精品课程建设工作的通知》，要求建立国家、省、校三级精品课程体系。2007年，教育部在《实施"高等学校本科教学质量与教学改革工程"的意见》中再次强调要发挥以"精品课程"为代表的国家级项目的引导作用、示范作用和辐射作用，精品课程被纳入"质量工程"。2011年，教育部启动第二轮本科教学工程——国家精品开放课程建设，计划未来五年将组织高校建设1000门精品视频公开课和5000门精品资源共享课。实质上，精品开放课程建设是对原国家精品课程建设项目的继承与发展。2015年，教育部印发《关于加强高等学校在线开放课程建设应用与管理的意见》提出要立足国情建设在线开放课程和公共服务平台。上述政策的出台催生了一大批网络教学课程。

第二，以团队建设理念指导教学团队建设。伴随着"质量工程"的推进，教师的教学发展重心逐步由内容发展为主的"精品课程"转向提高教师专业素质的团队建设。2007年年初，教育部、财政部在"质量工程"中将教学团队建设作为保证和提高高校教师素质、教学能力以及培养可持续发展的教学队伍，提高教育教学质量的新举措和重点建设项目之一。

第三，以建设教师教学发展中心推进组织支持。为了满足教师专业发展的个性化需求，进而促进高校整体教师教学发展，在学习发达国家

---

① 李玉恒：《走向工具理性与价值理性融通的高等教育》，《河南广播电视大学学报》2005年第2期。

高校经验的基础上，教育部、财政部于 2011 年 7 月联合发文，提出引导高校设立适合本校特色的教师教学发展中心，并重点建设一批高校教师教学发展示范中心的政策要求。根据以上要求，2012 年 11 月，教育部遴选出 30 个国家级示范中心，并资助每个中心 500 万元的经费，由此带动了各省级教师教学发展中心的建设。上海、江苏等省市相关部门先后出台政策，支持本省高校教师教学发展中心的建设。这种组织支持的教师教学发展模式使高校成为教师教学发展的主要组织者，改变了以往以政府组织为主的高校师资培训模式。[①]

第四，以奖项设立建立教学激励体系。为了引导大学教师潜心教学，鼓励优秀教师脱颖而出，激发教师的教学积极性和创造性，政府设立了一系列教学奖励。从 1987 年开始，原国家教委每四年开展一次高校国家级教材奖励。1988 年 4 月，原国家教委发出《关于加强普通高等学校本科教育工作的意见》，明确 1989 年召开全国高校教学工作奖励大会，每四年进行一次。自此，原国家教委确立了普通高等学校国家级教学成果奖励制度。1996 年，原计划进行的第三次国家级教材奖与国家级教学成果奖"并轨"。为了表彰学术造诣高，长期从事基础课教学工作且教学效果好的教授，进而推动教授给本科生上课，提高高校教学质量，2003 年教育部进行了第一届高校教学名师奖的评选和表彰。在这些政策的推动下，各省（市、区）以及高校也积极开展相应的奖项评选，形成了国家、地方、高校三级教学激励体系。

第五，以教改项目推动教学研究。教学研究是大学教师教学学术的重要内容，是促进教师教学发展的重要途径。1993 年，中共中央、国务院颁布的《中国教育改革和发展纲要》指出要加强教育改革和发展的理论研究和试验，教师要具有教育研究的能力。为鼓励教师从事教育教学研究，提高教学水平和质量，1994 年国务院颁布了《教学成果奖励条例》。2001 年，教育部《关于加强高等学校本科教学工作提高教学质量的若干意见》中强调，教师要注重教学研究，重视教学改革，并通过教改

[①] 雷洪德：《高校教师教学发展的组织支持——对文华学院教师教学发展中心的案例研究》，《高等教育研究》2016 年第 2 期。

研究不断提高自己的专业水平。2005年,教育部又下文要求高校通过教学改革立项等方式,鼓励教师开展教学研究,广大教师要积极研究和改革教学内容与教学方法,不断提高教学水平。① 围绕改进高校教学实践,从国家教育主管部门到各省级教育主管部门再到各高校甚至院系,都出台了加强高校教学研究的相关文件或办法,以教改项目为契机,开展了大量的教学研究实践,以期为教学改革和教师发展提供理论支撑和科学依据。

(二) 教学项目的低效性

典型的教学项目政策在很大程度上指向教师教学,旨在引导教师重视教学,提高教学水平。本书第二章从教师改变、项目评估和检验三个较为具体的视角揭示了教学项目对教师教学发展的作用是一种有限的支持。然而,尽管有教师从个体的角度表示项目对自己的教学起到了一定的促进作用,但对于教学项目政策的总体效果,几乎所有的被访谈教师都持否定态度。

> QN:我觉得吧,这些教学项目促进能有个30%就不错了,但是你说不促进吧,参与的过程大家肯定还是要想点事情的,你要写个题目你也得想一下,但是你要真的说很促进我觉得做不到。比方说你给我一个教改项目我也不会怎么样,只是想让它结题而已,我拿到它也只是说我拿到了这个东西而已。

QN老师指出教师只要参与到教学项目中就会有所收获,但很难起到根本的促进,30%的最高效果估计说明教学项目政策效果是低效的。这一观点与本书第二章的结论是一致的,更多教师表达了类似的看法。

> QF:总体上呢,项目投资挺大的,国家实施"质量工程",把这些作为一些主要的标志,然后向财政要钱,也就是用这些来要钱,

---

① 秦福利等:《高校教师教学研究的现状与思考——基于广西本科院校教师的调查和分析》,《高教论坛》2012年第10期。

但实际上,有些东西仅仅是停在面上,停在面上的还不少。

QK:我觉得没有(达到预期效果),比如说精品课程的申请,光学是××申请的,好多事都是他一个人干的。课申请完了,就算完了,其他老师该怎么上课还是怎么上,你说你那个课程怎么影响后面,可能没影响,其他的也类似。

QU:肯定初衷是好的,想把这种优质的教学资源整合起来,让大家来用,但是最后做的效果都不是很好。包括这个精品课程,我去年去山大参加了一个慕课的会议,就说精品课程基本上是做的一个比较失败的一个项目,最后做出来这些东西,就看我们精品课程这些网站,基本上用的很少。

QX:肯定达不到,还是流于形式。不能说一点价值没有,但是大部分来看、整体来看还是不理想。

QT:感觉就是老师在做,做完了交上就行了,可能实际效果不是很明显。

导致教学项目政策效果不理想的原因有多种,但当教师教学面对教学项目,教学的稳定性是使其遭遇尴尬的原因之一。

(三) 教师教学的稳定性

从访谈发现,教师的教学习惯和个人特质不易更改,使得教师教学具有一定的稳定性,在一定程度上阻遏了教师教学发展。

1. 教师教学习惯

从不同的角度理解,习惯有不同的含义,本书的教师教学习惯意指教师个体的教学习惯,也就是一种个人习惯。个人习惯是狭义上的习惯,是指:"个人在长期生产、生活实践中形成的基于一定经验的行为或思维模式,也是一种规则,是一种主体自觉遵守的一种无意识的思维和行为规则。"[①] 它包括人的外显的行为表现和内隐的思维、心理等。在某种程度上,习惯是一种机械再生产,是行为和思维的复制与再现,往往表现

---

① 王彦明:《论教学习惯》,博士学位论文,南京师范大学,2011年,第30页。

出自动性、重复性、机械性和固定化。教学习惯是教师在长期教学实践中养成的、稳定的、具有自发性和潜意识特征的教学行为模式和思维方式，它隶属于习惯的范畴，具有习惯的特征。

由于教学工作的日常性、重复性，教师容易在不断重复的教学过程中形成诸多的教学习惯，如教学中如何面对学生、如何处理师生关系、如何处理教材、采用何种教学方法等都存在一种相对稳定的行为方式，久而久之，这种行为方式就会固定化，形成教学习惯。这种教学习惯会潜移默化地成为一种无意识的"潜规则"。

> QR：做项目能有些作用，像教材项目能让我们更熟悉内容脉络。看别人的录像也有收获，但过后还是那样讲，可能能补充点原来不知道的内容。能提高，但有些讲课的语言方式啦、教学方法啦，自己有自己的一套模式。
>
> QT：刚入职时不太适应，有个三五年，站稳了讲台，讲课就感觉好多了，怎么教，怎么讲，心里有底了，（教学）就稳定了。

在实践中，人们常常不由自主地依靠思维惯性或习惯模式去解决问题。同样，教学过程中，教师会不自觉地按照无意识的"潜规则"进行教学。在习惯力量的作用下，不少教师"以不变应万变"，日复一日、年复一年地重复着"昨天的故事"。

教师的教学习惯是经历了较长时间的教学实践后，逐渐形成的一套与自身相适应、运用自如、"如鱼得水"的教学方式，这些方式可以让教师以自身最"舒适"的状态进行教学，这也就是所谓的"舒适地带"。"舒适地带"即每个人都有自己习惯的经验和熟悉的范围，在这个范围内活动，人们就会觉得安全、稳妥、舒适，而一旦逾越范围界限就可能会出现困难、麻烦、危险和挑战。因此，许多人都倾向留在自己的"舒适地带"中，不愿意接触外部环境的改变。[①] 如同吉登斯认为理性常规带来

---

① 操太圣、卢乃桂：《抗拒与合作：课程改革情境下的教师改变》，《课程·教材·教法》2003年第1期。

的熟悉感,带给行动者安全感,这种规则一旦被打破,行动者就会感到紧张和焦虑。① 因此,当我们采取各种手段试图提高教师教学水平时,就意味着教师要改变教学习惯,养成新的教学思维和行为。由于习惯的作用,教师往往不是直接接受新事物,修正或突破原有的规则,而是把新信息纳入常规的图式中。因此,教学习惯的改变需要反复调整、试验、实践,需要教师投入大量的时间和精力。更重要的是由于他们对未知的恐惧和对超越"舒适地带"带来的紧张和焦虑,而从心理上抵制改变。由此可见,教学习惯对于教师教学发展有着强大的阻滞作用。

2. 教师个人特质

布迪厄指出:"场域是被各种社会因素构成为积极而有所作为的,而场域的这种构成影响则体现在以下事实上:这些行动者都拥有在此场域中发挥作用(亦即产生效用)所必需的禀赋。"② 通常我们把专业知识、教学技能、教学经验等看作影响教师教学发展的重要因素,但教师除了"师者"这个身份外,首先是一个独立的人,"即使是在最正式的讲座中,教授的态度、行为、性格、热情、敏感、公平、客观和表现都能够反映出其个人的本质"③。教师的个人特质,包括教学天赋、情感、态度、性格特征、脾气秉性、精神面貌等同样在一定程度上影响、制约着教师的教学发展。

QE:你首先要热爱你的职业。你不热爱的话,一说去上课你就烦,你永远也教不好,因为你不会花时间、花精力去投入这方面的课。

QB:没有比对教师职业的认可和态度更重要的了。只要你用心了,有一定的成就感,那你这个教学就不会太差。如果你把它作为

---

① 周晓虹:《现代社会心理学——多维视野中的社会行为研究》,上海人民出版社 2006 年版。
② [法]皮埃尔·布迪厄、[美]华康德:《实践与反思:反思社会学导引》,李猛、李康译,中央编译出版社 1998 年版,第 146 页。
③ [美]罗德斯:《创造未来:美国大学的作用》,王晓阳等译,清华大学出版社 2007 年版,第 78 页。

一个蹭饭职业，那肯定会影响教学的，那他的教学是不会好的，总的来说就是教育教学态度（影响）比较大。

"对优秀的教授来说，教学是一个道德意义上的职业。"① QE 老师认为热爱教学是成为优秀教师的前提，QB 老师谈到对教师职业的认可和态度是首要的。在他们看来，情感和态度是教师工作的动力机制，是教师教学发展的前提和基础。调查中不仅 QE 老师和 QB 老师谈到教学情感和态度对教师教学发展的重要性。多数教师都能体会到热爱教学和对教学的认可与否对自己教学产生的重要影响。如果教师发自内心地认可、喜欢自己所从事的教学职业，教学就不只是一种谋生手段，更是一种生活方式，教师就会意识到教学不只是一种责任和付出，同时也是自己生命价值的重要体现。只要教师把教学视为一种精神生活的事业，并从心灵深处忠实地拥护它，排斥异己的或至少令人不满意的虚假和伪作，教师的禀赋就能不局限为是一种被动的形态或单纯的劳作准备状态，而是变成一种完整意义的教学生活，成为教学生活的真正灵魂。② 只有这种内心的支持，才能使教师教学发展获得内在的驱动力量，成为教师教学发展的力量源泉，让发展成为持续而有效的主动发展。

除了情感和态度之外，不少教师谈到了个人自身的教学基本素质对教师教学发展的重要性。

> QT：我觉得某某就是喜欢讲的人，他擅长讲。没有教学比赛，他也能讲很好，是吧？没有督导，他也讲得很好，他就是好这一口吧。有的老师就算工资、课时量给你提高，他可能肚子里有东西，说不定也讲不出来；有的老师可能稍微内向一点的，可能就是不善于表达。就是为什么有的人可能更适合讲台，有的人更适合研究所。

---

① ［美］罗德斯：《创造未来：美国大学的作用》，王晓阳等译，清华大学出版社 2007 年版，第 82 页。
② 徐继存：《教学生活的精神意蕴》，《课程·教材·教法》2012 年第 3 期。

QH：这个还是和老师的专业素质有关系。因为教师这个职业依赖于（个人专业素质），比如说我喜欢当老师，我有当老师很扎实的知识，另外，很重要的是作为老师基本的自身条件，有的适合当老师，基本的方面，比方说老师的语言，教师的语言的基本功很强，语言表达能力，一个是善于表达，会表达。有的老师不善于表达，非常内向，不愿说话，这是比较欠缺的。除了语言之外，非语言方面还有形象、教态等。有些老师站在讲台上他就很像个老师，其实学生的感觉很重要，有时他们配合不配合你，当然他是一个全方位的，如果一个老师语言方面有障碍，形象方面有缺陷，这也是成为学生心目中一位好老师一个很重要的影响因素。

QQ：其实教学好与差和一个人的什么（自身素质）有关。我是喜欢表达类型的，表现型的，所以说讲课的时候可能就什么（效果较好）。我感觉我讲课主要就在于把知识先消化掉，然后用自己的话去说，结合自己的一些事，结合自己看过的书，基本上不是照本读的，学生可能比较喜欢，也能接受。本身的素质，还有本身的努力，各方面吧。就像本身的素质吧，你口才怎么样，有些老师讲课的时候非常得抑扬顿挫。

以上几位教师认为性格、语言表达能力等自身条件是优质教学的基本前提，尤其是语言表达能力，作为教师教学的主要工具，它是教学过程的媒介，是信息、思维的载体，载体的质量决定了信息传递的质量。被调查的教师一般在强调后天努力的同时，认为教师教学水平在一定程度上受制于先天禀赋，即教学需要天赋，而自身的努力和训练也能在一定程度上促进教师教学水平的提高。自 20 世纪后半叶以来，盖洛普机构（Gallup Organization）长期致力于教学优秀教师的构成要素的研究，他们经过长期的调查与探索，也发现所有伟大的教师都有着重要的相同之处——他们都是基于各自的天赋并将其发挥到极致。

另外，个人的性格脾气、处事风格同样是影响教师发展的因素之一。QA 老师是我的朋友，在我的印象里是一位做事认真的"完美主义者"，教学和科研工作都干得有声有色。访谈中的许多细节印证了我的印象。

第四章 弱势的惯习:教师如何面对教学项目 / 169

QA老师曾申请并完成了一个校级教改项目。

我:假如没有这个项目来推动这个事,那您这个课的PPT会不会达到您结题时的水平?(项目以PPT的形式结题)

QA:会的,说实在的会的,因为是我要上课用,只不过就是学校给这个资助,也是对年轻老师在生活上的投入。那个时候,这个PPT咱们学校并没有多少做的,当时济南有一个老师,他也教××课程,是济南大学的,我就想着去看看他的,专门还让我们院里的刘院长,引荐了一下,我专门去拜访了,看看他做的。……比如说,我那时候需要一些图片,可能在网上找不到,我就把那挂图拍下来,因为××课程有好多的挂图,当时我为什么要做这个PPT电子教案呢,因为那时候是八九十人的大课堂,上课过程中,如果在教室前边挂图的话跟大屏幕上展示效果是肯定不一样的,学生会看得更清楚些,所以像这些找不到照片的直接拍下来,拍的时候当时还找教务处借的好一点的相机,家里边的(相机)拍出来肯定不如那种好,说实在的,我那时候相对来说还是很敬业的,太认真了有的时候是虐待自己。

我:您平时都是如何处理教学和科研的矛盾的?

QA:这样来说吧,因为我觉得我本身具备这样的素质,就是说教学还可以。我一进大学以后,首先就是要上好这一门课,即使没有那个教改立项的话,我也会很认真地去备,用两年的时间我没干别的,就是把这门课研究了一下,研究了一下做成了,然后我就说我这门课没有任何人再跟我提出致命的伤,然后我在感兴趣的基础上再去拓展一下做一下我的科研。……曾经督导听过我的课后对我说,"你不用把平时的每一节课上的和参加教学比赛一样。"我这人就是严于律己,这不是句口号,真是,这不是吹的,我一定要让人觉得学识让人心服口服才行啊,口不服心里也得知道。

四十多岁的QA老师已被评选为博士生导师,较好的职业发展除了得益于自身良好的基本素质之外,不能不说其做事认真的"完美主义"的个性发挥了重要作用。

总之，从性格脾气、情感、态度到语言表达能力、形象等教师个人的先天条件是制约教师教学发展的重要因素。马修·金戈斯（Matthew M. Chingos）和保罗·彼得森（Paul E. Peterson）针对佛罗里达州在职的46257名教师展开的教师效能调查发现"好教师似乎真的是天生的，和教学经验无关"①的结论印证了以上观点。

本章小结

教师教学发展陷入悖论桎梏：工具理性逻辑的彰显

教学项目场域中的惯习与教师面对的教学项目形成四大矛盾。

其一，教学中心观念与教学项目边缘化。一方面，教师普遍拥有"教学是中心地位"的观念，认为教学是中心任务、根本任务、首要任务。另一方面，教学项目在教师眼里处于边缘化地位，主要体现在研究主体的边缘化和地位的边缘化。导致这一现象产生的原因是科研至上的环境，无论社会、大学都强调科研的硬性指标，科研至上的工具理性思维受到推崇和过度使用，最终多数教师在博弈中背离了教学中心的观念。其二，教学良心与教学项目功利性。教师普遍认为教学是一个良心活，良心是维护教学的根本。但同时教学项目的申报和完成又体现了严重的功利性。功利是教师牺牲教学的根源，在功利风气的影响下，利益的诱惑使教师对"教学是一种良心活"的践行出现困难，教师只能是牺牲教学。其三，教师评价逻辑与教学项目特性。当前，高校普遍采用各种定量化评价指标评价教师工作绩效，一味重视论文发表，呈现出量化、发表逻辑。与之相对的是不适用量化、发表逻辑的教学项目的应用性、实践性，这源于作为"艺术"的教学由于过程复杂而不确切，使得教学评价难以量化。其四，积极的教学项目政策与教学项目的低效性。为保障

---

① Matthew M. Chingos, Paul E. Peterson, "It's Easier to Pick a Good Teacher Than to Train one: Familiar and New Results on the Correlates of Teacher Effectiveness", *Economics of Education Review*, Vol. 30, No. 3, 2011, pp. 449–465.

和提高教学质量，政府采取了以精品课程为基础，完善网络课程资源体系；以团队建设理念指导教学团队建设；以建设教师教学发展中心推进组织支持；以奖项设立建立教学激励体系；以教改项目推动教学研究等多项教学项目政策。但教学项目效果呈现低效性，教师教学的稳定性是原因之一，教师的教学习惯、情感、态度、教学基本素质以及个人的性格脾气、处事风格对于教师教学发展具有一定的阻滞作用。

科研至上的环境、功利风气、教学的艺术性和教师教学的稳定性是形成上述四大矛盾的表象，深层的原因是以上四者同教学中心观念、教学良心、教师的量化、发表评价逻辑和积极的教学项目政策形成悖论，教师在悖论中博弈，而博弈的实质是价值理性和工具理性的斗争。价值理性赋予行为"绝对价值"的意蕴，行为服务于信念，不论行为是什么形式，出于什么目的，人们坚信必须这样做。它强调价值本位，解决主体"做什么"的问题。工具理性关注现实的目的以及使用手段的有效性，人们根据目的、手段和附带后果来计算和预测结果，做出合乎目的的行动选择。它解决"如何做"的问题，立足价值中立，排除价值判断、坚持效率优先、强调量化标准。当前，科研至上行为、功利风气、教师评价的量化和发表逻辑以及积极的教学项目政策以强势的状态出现，大肆彰显着工具理性逻辑，导致场域的惯习成为弱势的惯习，教师教学发展陷入悖论桎梏。由此可见，"行动者不一定是遵循理性的，但总是'合情合理'的"[1]。

---

[1] ［法］皮埃尔·布迪厄、［美］华康德：《实践与反思：反思社会学导引》，李猛、李康译，中央编译出版社1998年版，第175页。

第 五 章

错位的行动:教师如何
应对教学项目

> 一个行动者,在许多情况下都具有充分的论据,对别人隐瞒自己的经历。
>
> ——尤尔根·哈贝马斯

项目制运作表现为项目主管部门把项目直接或通过高校间接委托给教师,这种运作形式形成了典型的委托代理关系。在教学项目制特有逻辑的作用下,作为行动者的教师采取错位行动应对教学项目。

一 教学项目运作中的委托代理关系

委托和代理最初是法律术语,后来在经济学领域被用来描述企业所有者和经营者之间两权分离状态下的关系。在古典企业制度中,所有权和控制权统归于企业家,他们拥有全部剩余所有权和剩余控制权,百分之百地占有利润。而在现代股份制企业中,所有权与控制权相分离,多个主体分享利润,激励的有效性大打折扣。1932 年,美国经济学家 A. 伯利(A. A. Berle)和 G. 米恩斯(G. C. Means)发现在股权极其分散的条件下,经理实际上已经掌握了企业的控制权,那些提供资产的人只是被赋予所有者的地位。[①] 20 世纪 60 年代末 70 年代初,有学者开始质疑阿

[①] 高金岭:《教育产权制度研究:基于新制度经济学的分析框架》,广西师范大学出版社 2004 年版,第 52 页。

罗—德布鲁体系中的企业黑箱理论,并探究企业内部信息对称与激励问题,① 为委托代理理论的提出奠定了基础。以此基础,史蒂芬·罗斯(Ross. S. A.)于 1973 年提出了现代意义的委托代理概念,他认为"如果当事人双方,其中代理人一方代表委托人一方的利益行使某些决策权,则代理关系就随之产生了"②。1976 年,迈克尔·詹森(M. C. Jensen)和威廉·麦克林(W. H. Meckling)又指出委托代理关系是委托人委托代理人根据委托人的利益从事某些活动,并相应地授予代理人决策权的契约关系。③ 随着社会的发展以及其他组织对企业制度的广泛借鉴和运用,委托代理理论的含义得到扩展,人们认为委托代理关系不只存在于企业内部,它还广泛存在于任何组织、任何合作性的活动中。

在委托代理关系中,"委托人"(principal)是指主动制定契约并且处在信息劣势地位的当事人,被动接受契约且处于信息优势地位的当事人被称作"代理人"(agent)。委托代理理论以"经济人"假设为核心,涉及的核心问题是由于委托人和代理人存在信息不对称性,委托人对代理人难以实施监督,代理人因此采取偏离委托人预期目标的行为,从而损害委托人的利益。

委托代理关系中的委托人和代理人之间信息不对称。一个契约关系可以分为对称信息和不对称信息两种情况。在对称信息条件下,委托人和代理人彼此之间没有隐瞒的信息,委托人能够清楚获知代理人的一切真实行为。在这种情况下,很容易实现帕累托最优。然而,在通常情况下,委托人和代理人双方的信息是不对称的,委托人对代理人的评价只能通过直接考察其实绩,但这通常并不能准确了解代理人的真实付出水平,只有代理人自己才清楚付出的努力程度,真正知道自己究竟还有多大的潜力,可是委托人却无法完全掌握这些他们最关心的信息。④

---

① [美]哈特:《企业、合同与财务结构》,费方域译,上海人民出版社 2006 年版。
② Ross S. A., "The Economic Theory of Agency: The Principal's Problem", *American Economic Review*, Vol. 63, No. 2, 1973, pp. 134–139.
③ 何维达:《企业委托代理制的比较分析:制衡机制与效率》,中国财政经济出版社 1999 年版,第 200—204 页。
④ 张万朋:《高等教育投融资中的产权、规制及技术经济问题分析》,博士后研究工作报告,华东师范大学,2004 年,第 43 页。

另外，委托人和代理人双方都追求自身利益的最大化，两者之间的利益目标存在差异，甚至是对立的。委托人期望其所拥有的资本获取最大利润，他们的收益直接取决于代理人付出努力的水平；而代理人更关心的是自己的利益，即委托人所支付的报酬，是否能得以满足，如酬金、职位、地位等，而不是委托人的资本是否能实现最大利润。[1] 在此情况下，代理人在获得委托人赋予的一定决策权利后，有时并不完全为委托人的利益努力，甚至有时以损害委托人的利益为代价为自己谋取私利，由此就出现了所谓的委托代理问题，其中包括逆向选择和道德风险。

逆向选择是指在委托代理关系建立之前，代理人利用自己拥有的而委托人不了解的信息优势（如自己的真实能力、道德品质等），进行行为决策。委托人则因信息劣势导致自己处于不利选择的位置，又称为不利选择。道德风险是在建立委托代理关系之后，代理人利用信息的不对称性，在委托人观察监督困难的情况下，减少投入或采取机会主义行为（不诚实的利己主义行为），为使自身利益最大化，而不惜损害委托人利益的行为，亦被称为败德行为。[2]

为加强对代理人的监督和激励，抑制代理人的机会主义动机，委托人必须建立一套行之有效的契约以尽量避免"代理问题"的发生。这样，委托人和代理人之间就会形成博弈，博弈的结果是形成一套剩余收益分配机制，如果这套机制能够实现双方理想的激励互容，那就可以达到委托人和代理人都能实现自己利益最大化的目的。但是在现实活动中，双方理想的激励互容是难以实现的，因此，如何让代理人的行为更加符合自身利益就成为委托人面对的一个重要问题。对该问题的解决，则需要建立有效的代理人行为激励和约束制度。正是由于委托代理问题的存在，在所有权与经营权分离的基础上，公司治理结构就应运而生了达到"激励相容"的目的。

委托代理关系的实质是一种契约关系，教学项目实施过程中存在着

---

[1] 任勇、李晓光：《委托代理理论：模型、对策及评析》，《经济问题》2007年第7期。
[2] 熊俊峰：《大学教师薪酬结构研究》，博士学位论文，华中科技大学，2014年，第31页。

委托人与代理人之间的契约关系，形成了典型的委托代理关系，如同其他契约双边关系一样，有着信息、激励等一系列问题。

二 委托代理关系下的教师错位行动

项目制是国家主导的自上而下的管理体制，在操作层面上，项目看起来是一个"自上而下"正式给予的转移之物，同时项目制的竞争性又决定了它具有"自下而上"的运作特性。无论项目在上级政府层面上如何运作，项目的实施过程都与教学项目这条关系链中的最终端——教师密切相关。教师承担着项目的完成过程，他们的真实意图、实施能力和投入程度，最终决定着项目的成败以及项目完成的效果。在委托代理理论框架下，教学项目运作表现为项目主管部门作为委托人把项目委托给代理人即教师，由于项目主管部门无法观察、监督到教师完成项目的过程，只能通过项目最后完成结果对项目完成质量进行评价，因此双方信息不对称。在追求最大化利益的前提下，教师利用自身的优势采取策略应对教学项目。

（一）"包装"与"跑项目"

1. "包装"：掩盖信息

作为一种管理体制，项目制的具体实施包括项目的制定、发布、申报、审批、验收等步骤。从自上而下运作的角度来看，涉及教师行动的首要环节就是项目申报。就教学项目来说，申报的主要手段就是项目申报书，专家通过对项目申报书的评审决定项目通过与否，申报书是项目成功申报的重要砝码，因此如何撰写一份符合评审专家意志的申报书就成为获得项目的必要前提。为此，许多教师费尽心思，练就出一套申报书撰写的"硬功夫"，成为经验丰富的"填表专家"。除了对项目内容进行充分的论证和分析之外，为了打造"漂亮"的申报书，部分教师绞尽脑汁进行"包装"，这种"包装"行为首先具体表现在对项目团队成员的"包装"。

无论是教改项目还是教学团队、课程建设项目都要求团队成员的合理配置，从年龄、职称到学历、学科以及前期教学、研究成果等，都属评价标准之列。为了提高成功率，有些申报人不惜弄虚作假，临时请知名教授或校领导挂帅，拼凑高职称、高学历师资队伍，以"拉郎配"形式组建成一支"漂亮"的团队。

QF：这两个项目是别人拉进去的，那个对我用处不大，也没大用我。这种情况是老师当中的普遍现象，一个课程想报呢，就拉几个人，几个教授，教授呢参与不上。他没指望教授去参与，最终自己搞了些教材，他自己写的，别人就没大参与，我顶多在面上指导了一下。

我：QE老师，您参加×老师的这个教改项目具体做了什么？
QE：这个（项目）就是直接把我拉进来了。包括现在国家基金也是。你搞一个团队，你得找这个领域的人来组成一个团队，但是到了最后就各做各的了，当然这不是一种好现象，确实是一种客观存在的现象。

我：我看您参与过一个教改项目，名单上有您的名字。
QG：在哪看的？没有吧？
我：教务处。您不知道这个事？
QG：有可能是别人写上的。

访谈中笔者发现这种为了组建符合规定、外观"高大上"的团队，拉上相关人员拼凑，随意搭建的现象司空见惯，许多教改项目成员都是摆设，教学团队实质上是人员成果材料的集合。某些精品课程所谓的一流教师在实践中演绎成"一门课的教师"："这个是相关课程，就是说你起码和我的课程相关，相关的话到时候你有一部分工作要做。像精品课程，我们录像，那些录像的老师，都尽可能的是一个课程群里面，或者是上一门课的老师。"

其次，"包装"还体现在对项目内容的"包装"，主要表现为项目申报人把研究内容"改头换面"后,把相同或相近的内容依托不同项目基金提出申请,也就是把一个选题略加变化后同时申报不同层级的基金项目,即"一文多挂"现象。笔者通过在中国知网查询发现以 Q 大学教学改革项目为标注的 41 篇论文中同时标注其他基金项目数量的达到了 20 篇。表 5—1 中列举了部分同挂项目基金信息。

表 5—1　　教改项目成果期刊论文下挂基金项目信息示例

论文题目	下挂的基金项目
"×××"课程的教学改革与探索	Q 大学教学改革项目;Q 大学青年基金项目
×××"3+1"实验课教学方法的探索与实践	××省教学改革项目;Q 大学教学改革项目
×××实验中标准曲线的绘制	国家级大学生创新创业训练计划资助项目;Q 大学教学改革资助项目
×××和波束形成的对比分	××省高等学校科技计划项目;Q 大学教学改革项目
×××实验数据统计分析中的多重比较法	国家重点实验室开放课题;Q 大学教学改革项目
×××下构建我国研究生教育质量评估体系的思考	××省研究生教育创新计划;Q 大学教学改革项目
×××与虚拟经济互动的价值流转模型——基于马克思主义经济学的理论建构	××省科学技术发展计划(软科学部分)项目;××省社会科学规划研究重大招标项目;××省研究生教育创新计划资助项目;××省高等学校教学改革研究项目;Q 大学教学改革项目
×××层面上汉语经验对英语语音习得影响研究	省教育科学"十一五"规划基金项目;Q 大学教学改革项目
×××还是科技劳动价值论——与郑文范、杨建军就《科技价值论与劳动价值论的发展》一文商榷	2011 年度国家社会科学基金项目;2009 年度××省研究生教育创新计划资助项目;2009 年度××省高等学校教学改革研究项目;Q 大学教学改革项目

续表

论文题目	下挂的基金项目
×××思想在高等代数中的若干应用	国家自然科学基金资助项目；××自然科学资助项目；Q大学教改项目
基于×××的物理化学教学改革探讨	Q大学教改项目资助；Q大学实验技术研究项目资助

"一文多挂"反映了项目重复申报现象，由于项目立项条块分割、政出多门、各自制订计划、各自组织申报评审，难以进行筛选项目以致出现项目交叉、重叠、嵌套现象。作为依托发表论文的教改项目在Q大学仅仅是教改项目中的一部分，于此可见一斑。

不论是申报书中项目团队成员的"包装"还是对项目研究内容的"改头换面"，都表明项目申报者试图掩盖劣势信息，使信息趋向最优化。对于项目成员的思想品德、合作能力的实际状况以及包装后的成员情况、内容信息，评审专家是无法通过申报书的文字材料或者一节教学录像甄别出来的。这种情况下，负责项目组织管理的上级部门处于信息劣势的地位，不利选择，"包装"行为实质上是委托代理中的逆向选择问题。

2. "跑项目"：隐蔽手段

逆向选择问题还体现在"跑项目"方面。

QT：总体来说，教改项目包括它的价值，从咱们这个学校来说，价值不是很大，评这个教改项目，包括课题的申请，也有很多靠关系的，并不能真正体现出公平性。

QH：我报了一个全国教育规划课题，好多人就说这个项目很难，没有关系不好做，成不成也只是侥幸，因为我没有任何的关系，好多做成的都是找了关系的，不过这好像是咱们公开的一个规则，一到每年课题申报，到何种程度他们是怎么知道的呢？我们都不知道。这就是信息的不平衡，这样就会导致心里特别慌。道听途说，是不是真是这个样子谁也不知道，我觉得只要是人参与的难免有关系的成分，什么项目都是这样。

QW：评项目的时候你是校长你是处长，咱举例子吧或者说你是院长你是著名的教授，评的时候都希望评这些人。（指从校级教学项目中评选省级教学项目）推荐都希望评这些人，因为他们在教育领域里面大家都知道这个人，他有一定的声誉，譬如说举一个最简单的例子，某某系有一个老师叫某某，挺年轻，他做得挺好的，就是说一看让人觉得是为这个课程在思考一些东西，但是你要是评的话，同样都拿出来这么一个项目评，大家不会评他。……实际上因为老师们或者是领导们光靠说将来我走走后门，我去请个客送个礼，到某个高度的时候这个东西是行不通的，是吧？到一定程度的时候你靠弄虚作假是行不通的。怎么说呢，就是推荐的时候有这么个意识，觉得谁的活动能力强就推选他吧。

我：活动能力是指什么？

QW：活动能力就是拉票啊，找找专家啊这种，实际上有时候把咱自己真正好的教改（项目）泯灭了。

QW老师谈到管理部门在从校级项目中推选高一级项目时会考虑到申报者的"活动能力"，这也就意味着"活动能力"在项目评审中能够起到重要的作用。而这一现象造成的结果是有些真正高质量的教改项目被淘汰出去。

多数教师表示"跑项目"现象是普遍存在的，而且是项目地方化程度愈高、级别愈低，这种现象愈加严重。但也有教师指出要想获得上级部门的项目，单凭"跑"是不够的，立项依据还需要达到一定的质量。

QH：质量和水平是一个很高的标准，往往达到一种水平有关系更好一点，即使没有关系只要你水平够高，也压不住你，这样也能接受，没关系水平再高也不成，有关系水平差不多就能拿下来，这就导致大家……省级的更表现出这种倾斜。因为人脉导致一报课题先走关系这种风气，这种风气是极不好的。

QA：打招呼肯定是存在的，中国人这个人情社会嘛，这是可以理解的，但是不要过了，凡事过犹不及嘛，全看面子不看质量那就麻烦了，你想是吧，就是说质量达到一定程度的情况下，你这个面子有点是可以的。但是你这个质量啊不过关，你不抓这个质量问题，最后都没面子了。

我：QO 老师，您如何看待项目制这种手段？

QO：如果去掉了"跑项目"这个事，风气好一点，可能还好一些，现在"跑项目"这个事很讨厌，这个事很不正。

我：您觉得"跑项目"现象很严重吗？

QO：不严重吗？当然很严重了，不严重吗？（放低了声音）我想是比较严重的，就是有些项目你不"跑"，它也下不来。"跑项目"的现象还是比较严重的吧。这个事太不好了，本来学校是比较纯净的地方，学术也应该是纯净的、纯粹的，现在都有些变味了，国家一直没解决好，你看民国时期……

项目制隐含了配套的激励机制，项目带来的巨大利益为下级部门和教师提供了"跑项目""争指标"的强大激励，由此项目制在某种程度上成为上级部门权力膨胀的重要途径，部门化的项目垄断现象日渐严重，项目发包逐渐演变为"设租寻租"，成为滋生腐败的沃土。[①] 这种情形下必然会诱致下级部门和教师千方百计地争取项目。为了成功获批项目，教师会利用自己的社会资本，采取隐蔽的"跑"项目手段，想方设法达到目的。各种社会资本在这个过程中扮演了重要角色，许多下级部门和教师通过各种途径公关，试图通过对评审专家的精神或物质贿赂以换取项目立项的结果。QH 老师所说的"公开的一个规则"在另一位教师口中得到验证："××学校在国家级项目评选中，学校组织人员在北京住宾馆，每个专家 5000 元，（跑项目）这种事大家都知道，是公开的秘密了。""潜规则"公开化、到项目审批地"安营扎寨""跑部钱进"已经成为项目制运作中的惯常现象。Q 大学的《新文件》出台之前，由于教学项目没有和职称评审挂钩，竞争激烈程度有限；《新文件》颁布之后，

[①] 郭琳琳、段钢：《项目制：一种新的公共治理逻辑》，《学海》2014 年第 5 期。

由于竞争激烈程度的骤增，"跑"的现象也愈加严重。

从"包装"行为再到"跑项目"行为，下级部门和教师利用自己的信息优势进行行动决策以获取建立契约的机会（成功通过项目审批），使作为委托人的上级部门处于被动不利地位，利益受损，出现逆向选择问题。项目运作过程中，由于委托人和代理人追求目标不一致和掌握信息量存在差异，使得代理人为了自身的利益通常不能完全满足委托人的想法，甚至会故意隐瞒相关信息。具体而言，作为初始委托人的教学项目主管部门希望通过项目引导大学教师重视教学，把精力转移到教学上，促进教学发展，提高教学质量；各高校首先考虑的是自身利益，他们更关注的是项目数量所带来的学校排名、声誉，即所谓的政绩："领导在意结果，他不管你用哪种方式，结果数量上去了，有多少上去，评了几个省级的、几个国家级的，没有国家级的就觉得你（高校项目管理部门）做得不好，没有省级的就觉得你做得不好"；教师考虑的则是项目能带来多少经费、能否有利于考核、促进晋升而不是项目的品质和质量。由于目标的不一致，导致各级代理人出现遮蔽信息和逃避责任等逆向选择问题。

（二）"应付"与"变通"

1. "应付"：减少投入

项目获得审批之后，接下来就是教师对项目的建设或完成，这一过程直接决定着项目完成的质量。教师作为行动主体，其工作投入量起着至关重要的作用。访谈中能够真切地感受到有教师对项目的完成态度认真、投入了较大的精力（如第四章提到的 QA 老师）。但同时我们也发现更多的老师在使尽浑身解数获批项目后便松懈下来，对项目采取一种应付心态，应付项目结项，应付监督检查。

有些教师因为忙于其他事务而拖延完成教改项目，不能按时结项："去年没有结题，当时也想发一些文章，但忙着咱们学校检查那个事情，去年就没有结题，……就是提出申请，推迟一年，今年十月份开始，我看咱们学校的公示，全校还有好几个人"；有教师认为"教改课题嘛，而且是学校的，要求没有那么高"；有教师谈道："结题的时候没有很明确的（要求），有一张表，很简单的。如果是有论文就附上论文，也不是很严格，导致教改项目有一些形式化的东西。"有教师戏言："没有结不了题的项目。"如此思想和行为流露出的是一种应付心态。（前文教学项目研究内容与教学实践出入现状同样反映了这一应付策略，在此不再赘述）

无论高校还是教师申报精品课程之前都做足了文章，申报获批，名利兼收之后，其建设积极性就大打折扣。

  我：这门精品课程您参加录像了？
  QS：就录了一次课，实际上真正的资源不应该只有一次课。
  我：那录了一次课之后，那后期？
  QS：没有什么维护，也没更新。
  我：哦，为什么？
  QS：我觉得不光我们这样，都是这样。

  QF：老师们个人都忙得不行，没有专门的人整天去网上传资料，或者互动，就用一两个月的时间讲课，把讲课的录像全弄完，课件传上去，最后由于缺少了更新维护，还有学生也不看，因此最后就流于形式了，这个事比较严重。

  QW：（精品课程）真正地运行起来，一个是需要平台支撑，另一个是需要老师把拍下来的视频啊录制上去，然后到平台上去发布，同时还需要不断地跟踪、完善它，这一些咱都是没有做到，一个是咱自己平台当时就是不行，另一个就是老师顾不上。

国家精品课程建设要求课程申报成功后，课程组应确保网站畅通，应逐年增添网上课程录像，及时更新网站内容，在2—3年内完成全程授课录像入网，网上课程资源应向全国高校免费开放。但从国家精品课程资源中心监控结果来看，只有65.07%的课程可访问率为优良，23.77%的课程只能偶尔访问或根本就无法访问。[①] 更有一部分精品课程在申报成

---

① 潘爱珍、沈玉顺：《国家精品课程建设回顾与检视》，《高等工程教育研究》2012年第3期。

功后对课程网站内容进行更新、维护和完善的承诺置若罔闻。

教学团队的建设同样存在类似情况，许多教学团队几乎没有开展过任何实质性的建设工作。有教师对于回答教学团队工作的开展是"分工，汇集教学成果材料"，实际是教学团队申报之前的工作；有教师表明："说实话，咱们的教学团队，也就是报上去了，并没有真正坐下来开展研讨。"另有老师有着同样的说法："教学团队，还有什么综合改革项目啊，实验区啊这一些实际上都只是评并没有做（建设）。他们都没有具体的实施，咱当时评的时候本质上它没有依托，没有凝聚力，没有实质的东西。"有教师表示："这个工作（教学团队的工作）还是体现于教研室那块儿，因为还是教研室那一帮人，有的时候我们教研室要讨论一些其他的工作，实际上，有些教研活动也就涵盖了教学团队的建设。"尽管教学团队和教研室在师资队伍构成上相近，建设目标具有一致性，都是把教学列为中心工作，试图通过完成教学任务、实施教学研究与改革，实现提高教学质量的目标。暂不说教研室工作开展如何，如与这位教师在同一学院的 QG 老师所说："我觉得大学教研室有时候能不能真正的像高中一样，借鉴一些，探讨一些课程，教研室不是光下通知，而是真正研讨一些东西，这些他们达不到。虽然也会开一些会，确定教学方案，教学改革，但是功能应该再发挥一些。"另外，教学团队与教研室相比在观念、机制以及内涵方面毕竟存在着差异，"教研室虽然具备教学团队的基本表征，但却缺乏教学团队运作的内涵，合作开展教学改革的基础较差"①。如果可以以教研室工作取代教学团队建设，那么教学团队建立的意义又何在？

"应付"是影响项目成效的重要原因，如同有教师所言："（教学项目）总体上还是有促进作用，当然前提是你得认认真真地去把这个教学课题做好，如果你混过去的话，那肯定没意思了。""混过去"是应付最直接、最形象的同义语，含有蒙混过关之意，带有欺骗之味。而在这里蒙混过关、欺骗的具体手段就是把对项目的投入最少化，将就、凑合着

---

① 马廷奇：《高校教学团队建设的目标定位和策略探析》，《中国高等教育》2007 年第 11 期。

完成项目，不是应付，此乃何谓？

2."变通"：降低标准

"变通"一方面体现在项目成员的合作程度上。项目团队是一个学习共同体。教学团队建设的基本要求之一，即为要具有明确的目标、良好的合作精神和合理梯队结构，老中青搭配，在指导、激励中青年教师的专业素质和业务水平提升方面成效显著。精品课程亦要求由"学术造诣较高、具有丰富授课经验的教授主讲（高职高专精品课程要由本领域影响力较大并具有丰富实践经验的教师主讲）,要通过精品课程建设逐步形成一支结构合理、人员稳定、教学水平高、教学效果好的教师梯队"。团队通过成员科学分工，密切合作，取长补短，才能更好地实现项目目标。

我：您是依据什么原则来选择的那几个组成成员？

QP：我还是基本上一个（原则），我觉得他们能对我的课题啊，能提供些建议、帮助的，一个最主要的因素就是这样。每个课题都有负责人吧，加上我就5个人这个样子。

我：在实际当中他们提供帮助了没有？

QP：说实话没提供什么帮助。

我：就你一个人完成的？

QP：基本上是我一个人完成的。

我：QU老师，您参与的其他老师的×××课程群建设，您做了什么工作？

QU：我现在还真是不太清楚这个（项目），这个课是相关的，我可能做了个数效处理吧，好像是吧，不确定了。

项目团队成员协作意识不强，由主持人独自完成项目的现象可谓是司空见惯，正如前文中 QE 老师所言："当然这不是一种好现象，确实是一种客观存在的现象。"笔者原认为这种现象在文科应突出于理工科，但从实际来看，在教学项目的完成过程中，学科之间并无大的差异。即使成员中有分工,也只是把任务分解后,单兵作战、单打独斗,缺乏实质性的协商、交流、合作,团队合作被"变通"得无影踪。

"变通"还体现在项目研究过程中教师"偷工减料"、降低申报时的标准。有的教师在项目实施手段上进行"变通",一项关于教学模式改革的项目,项目申报时的目标是改变传统课堂教学的常规方式,"采用教师将制作好的课件和教学微视频通过网络平台发给学生,让学生在课前进行学习,课堂教学中采用合作学习,通过答疑、讨论、提升、拓展巩固运用所学知识",而由于多种原因,项目实验过程中只是采取 PPT 的形式,从而使得"教改的实验程度就大打折扣";有的教师对研究方法的使用实行"变通":"考虑到条件限制,原定的实验法取消了";有的教师对项目调查实施进行"变通":"本来想着做(调查)两个校区,后来由于……就只做(调查)了一个校区。"如此一味"做减法"的"变通"又如何保证教学项目的成效?

究其以上"变通"的原因无非为了"方便""省事",其实质则是尽量降低项目要求和标准,简化项目完成和建设过程。"应付"与"变通"策略实质是委托代理中的道德风险。

逆向选择和道德风险是代理人不尽心为委托人的利益努力,甚至为了自身的利益不惜损害委托人的利益,"包装""跑项目""应付"与"变通"行动都是教师利用机会主义行为损害项目设立部门利益的错位行动。

三 项目制逻辑导致教师行动错位

项目制规则约束下,政府、大学和教师各行为主体有着不同的行为选择和利益诉求:项目主管部门以其绝对权威进行"自上而下"的控制而教师则进行"自下而上"的反控制以实现各自利益,并在此互动中产生重视结果的策略。这种"自上而下"的控制与"自下而上"的反控制逻辑以及其衍生的结果导向逻辑是导致教师行动错位的重要制度原因。

(一)"自上而下"与"自下而上"的逻辑：委托人和代理人之间的博弈

在社会学视域中，项目制最初的制度安排就隐含着这样的意图：一方面能保证国家部委"条条"的权力，以实现"自上而下"的集权控制，另一方面可以给予地方一定的自主裁量的余地，以便使地方"块块"利益的增长既不会受到严格限制又不至于突破集权体制。项目制的运作是一种分级治理模式，包括国家部门的"发包"、地方政府的"打包"和村庄的"抓包"机制。"发包"机制是遵循"自上而下"的控制逻辑，把国家"大盘子"进行"条条"分割的过程；"打包"机制是地方的应对策略，是把"条条"重新又做成"小盘子""块块"的过程，它所遵循的是"自下而上"的反控制逻辑，而村庄"抓包"是打包过程的延续，是基层结合自己的意图，利用外力提升治理能力的过程，它所遵循的也是"自下而上"的反控制逻辑。[1]

本书中高等教育领域的教学项目与社会学领域的项目相比在具体运作过程中存在着一定的差异，即不存在社会学领域项目的地方政府按照自己的发展规划和意图，把各种项目重新融合或捆绑成新的综合工程的"打包"机制。高校中教学、科研项目的管理模式更符合周雪光、练宏提出的委托方—管理方—代理方的三级科层组织模型：委托方（项目主管部门）拥有正式权威，包括目标设置权，即委托方为下属设定目标任务的控制权；结果的检查验收权，即在目标设定权的基础上，检查验收项目完成情况；激励分配权，即管理方对其下属代理方的激励机制设置的权力。而代理方（教师）有责任按照契约落实执行委托方要求的任务；项目主管部门给予管理方（中间项目主管部门），如省级、市级或高校部分权威，使其承担起监管下属基层（高校或教师）执行项目的职责。[2] 在这里，管理方的中心任务是按照规定要求向委托方"交货"，它更大意义

---

[1] 折晓叶、陈婴婴：《项目制的分级运作机制和治理逻辑——对"项目进村"案例的社会学分析》，《中国社会科学》2011年第4期。

[2] 周雪光、练宏：《中国政府的治理模式：一个"控制权"理论》，《社会学研究》2012年第5期。

上是一个"上传下达"的中间站。尽管存在着一定差异，但本书所涉及的项目，同样既需要上级部门自上而下地招标发包机制，又离不开下级部门或教师自下而上地竞争获取。项目申请成功后，教师并不是完全被动地按照上级部门设置的项目管理程序实施项目，他们会按照自身利益最大化的原则进行行为选择，自下而上地进行"反控制"，所以其中同样存在着两条同时运作的主线，自上而下的"发包"的控制逻辑和自下而上的"抓包"的反控制逻辑。从根本上来说，项目委托代理关系即是各级项目主管部门委托教师代理完成项目的实施，控制逻辑与反控制逻辑对抗的实质就是项目主管部门和教师相互间作用的博弈。简言之，项目制不是自上而下的单向运作形式，其项目契约形式是项目主管部门与教师在博弈过程中互动演变的结果。

作为一种治理手段，项目制运行中的"反控制"策略并不是项目制本身所固有的，而是项目在实施过程中由于上级项目主管部门和教师利益诉求的差异而形成的。委托代理关系中作为委托人的项目主管部门的收益直接取决于代理人的成本，即教师所付出的努力，而教师的收益就是上级主管部门成本支付的报酬。如前文所分析，项目主管部门、高校和教师相互之间的利益目标函数并不一致，甚至是冲突的。在双方博弈过程中，代理人便有可能利用委托人授予的资源决策权谋取自己的利益，由此构成了项目完成过程中委托代理问题产生的基本逻辑。

（二）结果导向逻辑：委托监督的缺失

项目制作为一种超越科层制的制度设计，是在集权模式下，由市场机制结合分权原则演化出的新的治理方式，是平衡集权与分权的一种存在。在项目制委托代理关系中，一方面，委托人即发包方拥有正式权威，即上文提到的目标设置权、结果的检查验收权、激励分配权。另一方面，代理人则拥有具体的执行权和决策权，尤其重要的是代理人还以自由裁量权的方式享有许多实际控制权。发包制与雇佣制的区别之一在于发包制中发包方（委托人）只是支付给承包方（代理人）相应的资金购买其产品或服务，对于产品如何生产则全部由承包方决策，其自由裁量权非常大。雇佣制则是发包方掌握着资产的所有权，同时他们向雇员下达指令，雇员按其指令完成生产工作，雇员的自由裁量权相对较小。① 委托人拥有制定项目的控制权，保留了检查验收的控制权，同时赋予代理人较大自由裁量权，这几点可以勾勒出一个项目政策执行过程：项目主管部门（委托方）设立项目，将这些项目发包，落实到教师（代理人）后，教师自主完成项目，然后项目主管部门对项目成果进行检查验收。由于代理人负责具体执行项目任务，且拥有非常大的自由裁量权，项目完成过程中他们会控制不利于自己的私人信息的向上披露，因此上级发包方只能凭借最后的项目成果进行评价。也就是说，委托方只关心代理人的任务完成结果即项目执行结果，并不关心项目完成的具体过程。简言之，项目运作过程依循的是结果导向逻辑。

委托代理理论指出，委托人为了保证代理人的行为符合他们的意愿，也会采取手段监督代理人的行为，但是，达成契约之后，委托人产权的性质从"私有权力"变成了"公共权力"，监督成本亦随之具有较大的外部性。具体到每位委托人而言，存在着监督成本过高与机会主义行为取向，从而造成监督难以到位的情况。具体来说，虽然每位委托人都不希望代理人自谋私利违背他们的意愿，但是对代理人的监督要付出财力、物力和精力等巨大成本，而具体到每位委托人个人受到损失的份额相对是较小的，即使查处了代理人的违规行为，他本人因此而获得的利益也是很少的，甚至于得不偿失。所以，每个人都会采取机会主义行为策略，期待别人进行监督活动，自己可以搭便车从中受益，其最终结果就是无人或很少有人进行监督，出现监督人缺位或监督不力的情况。② 正如亚当·斯密在论述股份制企业的监督时所言："在钱财的处理上，股份公司的董事为他人尽力，而私人合伙公司的伙员为自己打算，所以，要想股份公司的董事们监视钱财用途，像私人合伙公司那样用意周到，那是很难做到的，疏忽和浪费是股份公司业务经营上难以避免的弊端。"③

委托代理关系下的教学项目制运作中，实际上并没有具体的法人或

---

① 周黎安：《行政发包制》，《社会》2014年第6期。
② 罗建国：《我国学位授权政策研究》，博士学位论文，华中科技大学，2008年，第11页。
③ [美] 亚当·斯密：《国富论》，转引自艾佳慧《破产程序中的合约安排——现行破产管理人制度检讨》，《北大法律评论》2011年第1期。

自然人为追求自身效益去对代理人的行为进行充分的监督，监管的任务只能是落到了既是代理者又是委托者的中间层——学校职能管理部门的身上。学校相关职能管理部门并非追求利益最大化的资本所有者，而是追求多元化目标的行政管理机构，他们缺乏监督项目承担者行为的内在动力，因此造成项目监督的缺失。

> QH：有的时候有论文就提交论文，因为申请下来他（管理部门）没有监督，往往项目没有监督。
> QA：这种治理手段我觉得关键就在于这种监管。……（现在）结项的时候差不多写个什么报告，（管理部门）也不看看到底做没做，就算了，那……
> QG：原因（项目成效不高的原因）就是监管力度不够，教学团队得有教研活动呀，或者是真正做出什么成果啊……还是监管力度得跟上，项目也是这样。

作为管理部门人员，QW老师也认可这一事实："没法去检查，很多老师说在自己的班级里进行，因为这些老师都是咱们上课的老师，他们自己说他在课堂上做（实施教改），我们就没有到课堂上去看看他是怎么做的，……这些细节做得不好。……这个教改本身首先是一个长期的，它要用于实践肯定是个长期的，一时半时的作为管理层不好去、很难去评估啊，评价啊，去监督啊等，这个很难具体地去操作，所以呢也使很多人能够去钻空子啊，能够目的不单纯啊。"

QW老师指出，由于教改项目的实践性，进行项目过程控制和现场查验并不现实，从而导致教学项目管理过程中监督的缺失，这里暂且不讨论其原因究竟有哪些，但不能否认的是从某个层面反映了项目运作管理中的结果导向逻辑。在这一逻辑作用下，管理方同上级项目主管部门一样只是关注项目完成的结果，其中心任务是确保如期按照规定向上级部门交差。如果对大量的项目进行细致的监督，一则需要高昂的成本代价，二则对于管理方并无多少益处。管理方为达到上级要求，甚至会利用项目评审组织者、监督评价者的身份对主管部门在检查过程中发现的下属执行问题淡化处理，甚至加以包庇。而对项目成果的检查验收，有时候会联合其下属的代理方（教师）一起采取各种"变通"策略应对，或共谋掩盖问题，以确保成果如期按约上交。例如，在精品课程的建设过程中，当上级部门进行抽查时，学校和教师会共同采取策略应对，遮掩其中的问题。在如此监督验收不到位甚至缺失的情况下，也就不难理解项目运作过程中重申报、轻研究（建设）、重结果、轻过程以及各种机会主义行为现象的产生了。

本章小结

"重申报轻建设（完成）"：教学项目制技术治理逻辑后果

教学项目制中，项目主管部门和教师形成了典型的委托代理关系，即项目主管部门作为委托人把项目委托给作为代理人的教师。在委托代理关系下，作为行动者的教师在项目制运作过程中采取错位行动应对。

"包装"与"跑项目"策略。"包装"行为首先体现在申报书中对项目团队成员的"包装"。申报人不惜弄虚作假，拼凑高职称、高学历师资队伍，组建符合规定、外观"高大上"的团队；其次体现在对项目内容的"包装"，主要表现为项目申报人把研究内容"改头换面"后，把相同或相近的内容依托不同项目基金提出申请。"跑项目"即下级部门或教师通过各种途径公关，试图通过对评审专家的精神或物质贿赂以获得项目。Q大学《新文件》颁布之后，随着竞争激烈程度的骤增，"跑"的现象也愈加严重。从"包装"到"跑项目"，下级部门或教师利用自己的信息优势进行行动决策以达到通过项目审批的目的，使作为委托人的上级部门处于被动不利地位，利益受损。这套策略实质上是委托代理中的逆向选择问题，表明了教师和申报单位对于项目申报环节的"重视"。

"应付"与"变通"行为。"应付"表现为在项目完成过程中，许多教师从思想上不重视教学项目、完成态度不认真、投入精力不足等。具体体现在精品课程建设中严重缺少更新和维护，教学团队获批后并无相应工作的开展，而教改项目则是能达到结项的最低标准即可。"变通"则表现为原本应属团队完成的任务普遍变为项目主持人单兵作战以及项目研究过程中教师"偷工减料"、降低申报时的标准。这套策略实质上是委托代理中的道德风险问题,体现了教师或申报单位对项目建设(完成)环节的轻视。

行动者之所以采取以上错位行动,首先是因为项目制中并存着"自上而下"与"自下而上"的逻辑,即委托人、代理人之间是一种博弈关系。高等教育领域的教学项目与社会学领域的项目在具体运作过程中有所不同,但同样既需要经过自上而下地招标发包,又需要通过自下而上地竞争获取。一方面是项目主管部门自上而下的"发包"控制逻辑,另一方面是项目获批后,教师会站在自身利益最大化的角度,自下而上地对项目进行"反控制"。控制逻辑与反控制逻辑对抗的实质是项目主管部门和教师相互间的博弈。而博弈是由于在项目运作过程中,上级项目主管部门、高校和教师相互之间的利益目标函数不一致造成的。

其次是由于项目运作过程遵循的是结果导向逻辑,缺少必要的委托监督,也就是说,代理人拥有非常大的自由裁量权,上级发包方只能依赖最后的结果进行考查和评价。项目制运作中没有具体的法人或自然人对代理人的行为进行充分的约束和监督,监管的任务落到了学校职能管理部门的身上。而学校相关职能管理部门是追求多元化目标的行政管理机构,缺乏内在动力监督教师的行为,从而造成项目监督的缺失。

其实,项目制中并存的"自上而下"与"自下而上"的逻辑和结果导向逻辑,只是问题的表面原因,深层次原因则是技术治理逻辑的过度主导。教学项目的设立是为了满足教学质量提高的需求,基于弥补高校教学管理资金的不足,由此呈现出事本导向而非人本导向的目标管理特征,表明教学项目制从最初就走上了遵循工具主义逻辑的轨道;项目运作通常需要经历申请、审核、批复、监管、验收及审计等一套程序和技术系统,这种具有同样任务、要求和指标的标准化、程序式的线性管理进一步强化了技术治理的特征;项目制之所以出现"自上而下"与"自下而上"的逻辑,其根本在于教学项目制并不是基于教师主体需求的制度设计,而是一种突出自上而下权威的安排,如此制度安排体现了技术治理的又一大特质；结果导向逻辑无疑是各行动主体强调成本与收益，追求效率至上的技术治理逻辑的一种表现形式。[①] 因此，"重申报轻建设（完成）"的现象归根结底是项目制技术治理逻辑过度的后果之一。

[①] 应小丽、钱凌燕：《"项目进村"中的技术治理逻辑及困境分析》，《行政论坛》2015年第3期。

第 六 章

实践的优化:基于教学项目如何促进大学教师教学发展

"项目制"理论本身也许无可厚非,但它显然需要其他的制度配套和较崇高的价值取向方才可能展示其所可能起的"现代化"和"合理化"作用。

——黄宗智等

教学项目场域中,教师面对教学项目时所遭遇的悖论性难题在本质上是大学教学工具理性与价值理性的抵牾,教师应对教学项目采取的错位行动实质上是教学项目制技术治理逻辑过度导致的;教学项目制驱动逻辑忽视了教师教学发展的自主性。实践逻辑是由场域、惯习与资本三者相互作用构建而成的,而惯习的产生、存在状态以及资本的利用则取决于其拥有者,即行动者,因此,对于实践活动的优化要重塑场域并变革行动者。针对教学项目场域中的问题,需从大学教学、教学项目制和教师三方面着手改进。

一 大学教学走向工具理性与价值理性的和谐统一

(一)重构教学文化

任何实践都是一定文化指导下的实践,文化贯穿于人类的整个实践活动之中，指导和规定着实践的价值和意义。① 换句话说，文化是事物存在形式、个体思维以及行动的深层支撑。改革发展中暴露的诸多问题不单单是技术层面的问题，其症结均可追根溯源到文化层面。邬大光曾指出"要确保教师发展和教育质量提升，必须认清大学教学文化是大学教师发展的根基"②。也就是说，大学教学文化直接决定着教师教学发展的成效，影响教师教学发展实践的根本在于大学教学文化。

大学教学文化是大学在长期教学活动中形成的精神意识形态，是一种非物质环境，具有历史延续性与现实再生产性。③ 作为一种文化积淀，教学文化具有精神熏陶浸染作用，能够根植于教师内心，并通过规范教师的价值取向和教学行为来促进教师教学发展。

回望当前的大学教学文化是以工具理性为基础的，工具理性主义的价值观追求功利和实用，追求控制和效率，这种对效率的尊崇和对功利的极度弘扬，凸显了管理的地位，使得教学的本真意蕴和价值遭到遮蔽；使得教师放弃了自我追求的精神领地，行为偏离价值理性引导；使得教师主体地位被忽视，教学发展成为一种单纯的、外在驱动下的机械发展。

价值理性需要工具理性的支撑，工具理性离不开价值理性的导向，两者互为依存。以价值理性为支撑的教学文化背景下的大学，会使教师把"卓越教学"变成一种主动行为，而不是迫于外在管理监督之下的被动行为。反之，这类教学文化的缺失会使得教学发展成为"无源之水，无本之木"。因此，应消解过度的工具理性，促进工具理性教学文化与价值理性教学文化的兼容与渗透。

工具理性与价值理性均衡状态下的教学文化对于教师群体来说，可以把广大教师的教学愿景和教学信念追求密切联系起来，形成强大的群体心理氛围，并继而影响学校层面的制度规则，建立起促进教师教学发展的价值规范和行为准则；对于教师个体则可以增强每一位教师的教学

---

① 邹广义：《人类文化的流变与整合》，吉林人民出版社1998年版，第16页。
② 邬大光：《教学文化：大学教师发展的根基》，《中国高等教育》2013年第8期。
③ 别敦荣、李家新、韦莉娜：《大学教学文化：概念、模式与创新》，《高等教育研究》2015年第1期。

使命感和责任感，提升教师的自觉发展意识。① 只有这种工具理性与价值理性和谐统一支撑的良性教学文化，才能从深层次提供教师教学发展的原动力，持续而有效地促进教师教学发展。

(二) 构建教学学术制度

1990年，欧内斯特·博耶针对20世纪80年代美国大学本科教学质量下滑、学校严重偏离教学中心工作倾向、教师轻视教学、教学投入严重不足等弊端，发表了报告——《学术反思：教授的工作重点》。在报告中，他扩展了学术的内涵，首次提出教学学术的概念，指出学术应该包括四个不同又相互重叠的方面，即发现的学术、综合的学术、应用的学术和教学学术。博耶指出了教学学术在学术领域中的重要地位，并指出要给予教学学术应有的尊严和位置，以保持知识之火持久延续。②

教学学术概念引入的目的不在于丰富、完善知识体系，也不在于创建新的理论，关键在于可以转变大学教师的学术观念，提升教学在教师工作中的地位，化解科研与教学的矛盾。教学发展纳入教学学术的视野，可以为教师教学发展赋予新的理念和内涵、开拓新的空间。

教学学术使大学回归教学研究，彰显大学育人为本的内在需要，它是大学教师内在的价值需求，能够促使教师把"卓越教学"看作自己的内在诉求而不是额外负担，把教学发展看作自我需求而不是外在压力，从而实现从被动发展到主动发展的根本转变。

1. 改革大学教师评价制度，为教学学术提供制度环境

教学学术制度环境是指规范和约束大学教学学术活动的一切正式的或非正式的制度准则。影响教学学术的大学制度有多个方面，其中最核心、最关键的莫过于教师评价制度。

教师评价是一种价值判断，价值取向对评价有着定向功能，在一定程度上支配和决定着评价。工具理性主导的教师评价无视教师工作的复

---

① 樊小杰、吴庆宪：《提升研究型大学青年教师教学能力：制度创新与文化重构并举》，《高等教育研究》2014年第9期。

② [美] 欧内斯特·博耶：《关于美国教育改革的演讲》，涂艳国等译，教育科学出版社2002年版，第78页。

杂性、独特性和创造性,远离教师工作的真实境况,教师评价被异化为数量的较量、科研的单项对抗、静态的结果评价,外在管理要求的压力抑制了评价促进教师发展内在动机的功能,评价的本真追求被遮蔽,发展和育人功能被异化。为此,应转变价值取向,改革教师评价制度。

(1) 改革教师评价内容,消减教师教学发展功利化

教学作为教师的基本任务,理应列为教师评价的重要内容。唐纳德·肯尼迪曾言:我们需要谈论教学,尤其是在研究型大学,并尊重与奖励那些在教学上做得好的教师,使教学成为教师热爱的工作,成为每个教师的责任。[①] 其实,不论哪种类型的大学在当前大学教师评价中都普遍存在着科研权重大于教学权重的现象,从而导致教师科研至上的功利行为,影响教师教学发展。所以,应改革教师评价内容,增加教学权重。尽管 Q 大学在这方面实行了改革,增加了教学的相关内容,但仍然没有把教师的师德师风、治学精神、教学效果、教学质量等关涉教学过程实践的关键因素实质性地体现出来。制度设计者只有把这些因素真正纳入教师评价的范围,才能在一定程度上消减教师的功利行为,并通过评价帮助教师发现自己教学的优势和不足,从而有针对性地改进和提高教学。

(2) 改革教师评价方式,体现教师教学发展个性化

教学的艺术性和实践性使得当前以量化为主和以静态结果为主的教师评价方式不能满足教师评价尤其是教学评价的需要,这种从根本上把教师当成"工具人"的评价方式一直为人们所诟病,如何改革教师评价方式是一个值得深思的问题。

任何事物都是质和量的辩证统一,只有定量分析与定性描述有机统一,才能客观、真实地揭示事物的本质特征。尤其是对于评价对象是"人"的教师评价必须实行定性评价与定量评价相结合,恰当合理地确定"量"的指标和"质"的指标,唯有如此才能获得更为有效的评价。另外,以静态结果评价为主的方式缺少评价主体和教师必要的沟通、互动,忽视教师的差异性,妨碍教师发展。教师评价不仅要注重静态结果,更要考察教师发展的动态过程,在评价者与教师之间要增设面对面的交流

---

① [美] 唐纳德·肯尼迪:《学术责任》,阎凤桥等译,新华出版社 2002 年版,第 113 页。

环节、建立动态性体系,深入考察教师评价材料背后深层的隐性意义和价值,才能使教师评价功能得以真正实现。①

把定量评价和定性评价结合起来,把静态结果和动态过程统一起来,是教学特性的本质要求。可以采用面谈、教师发展档案法、苏格拉底法、案例分析法等方法,通过具体的情境解析那些能够体现教师工作品质的具有动态性、解释性的材料,如教学准备过程、课堂教学录像、教学反思日记等。② 如此评价可以使评价工作质性化和动态化,不仅有利于教师评价结论的科学性、针对性和客观性,更重要的是这样的评价方式能个性化地关注教师的教学成长过程,使教师在个体教学体验中得到发展。

(3) 改革教师评价主体,提高教师教学发展自主性

工具理性取向主导的大学教师评价制度主要通过学校的行政职能部门,如人事处、教务处等对教师进行评价,虽然也有学生参与评价,但仍然是以管理者的评价为主。管理部门评价的出发点立足于"大学发展",立足于管理教师,评价的目的是甄别、考核、鉴定。这种评价实施是在主体——客体模式下展开的,评价者主宰着评价的全过程,教师没有机会发表自己的见解,没有参与权、知情权,处于被动的、"失语"的状态地位。因此,大学评价要坚持价值理性取向,尊重教师的人格,发挥教师主体性。在制度设计中,要引入民主评价的方式,让教师们充分参与到教师评价过程中,具有知情权与发言权,变"被动"为"主动"。具体来说,可以在评价过程中,增加自我评价环节,由教师向院系学术委员会提供自评报告,院系学术委员会在教师自评的基础上再对教师进行评价。③ 教师参与到如此的评价过程中,能够发挥他们的主体性、自主性,借此通过自我参与、自我反思、自我激励、自我调控达到自我发展的目的,从而使评价超越鉴定的功能,成为教师教学发展的有效手段。

---

① 何阅雄、李茂森、高鸾:《教师发展视域下的教师评价机制的思考与实践》,《高等工程教育研究》2016年第1期。

② 王向红、谢志钊:《大学教师评价:从"鉴定与分等"到"改进与发展"》,《江苏高教》2009年第6期。

③ 沈红、刘盛:《大学教师评价制度的物化逻辑及其二重性》,《教育研究》2016年第3期。

2. 完善大学教学学术自主发展制度

大学制度的改革为教学学术发展提供了制度环境，而教学学术发展更需要有相应的制度依托。只有建立和完善教学学术自主发展制度，才能为教师提供专业教学训练、学习与探究，发展教学学术的、可持续的组织和制度保障。

（1）完善教学学术培育机制

完善教学学术自主发展制度首先是培育教学学术的组织和制度。主要包括：一是成立专业的教师教学学术促进机构。建立和完善教学学术发展的支撑组织是制度的核心。这类机构包括学校层面的教师教学发展中心和院系层面的教研室等教学组织，在开展教学培训、教学研讨、教学评价以及教学奖励等基本教学活动的同时，帮助教师获得教学学术发展所需要的信息和资源支持等[①]，为教师提供教学发展服务，促进合作交流、资源共享，促进教师提高教学学术水平。二是设立教学研究项目专项平台，鼓励教师深入开展教学改革难点和热点、课程教学、教材教法等教学相关理论研究和实践探索。三是建立教学学术休假制度，为教师教学研究提供时间资源，形成长效机制。

（2）建立教学学术交流与共享平台

美国学者李·舒尔曼和帕特·哈钦斯认为教学学术需具备三个特征：成果的公开化、接受批判性评价、成果能够交流和被同行使用。[②] 也就是说，从教学学术的视角来看，教学发展已超越了传统的仅靠教师个人摸索、试误缓慢成长的路径，而是在有目的地借鉴已有教学成果的基础上，通过交流、反思改进自己的教学。教学成果公开、被同行评价、学习和吸收，即教学成果成为公共资源，是教学学术的重要特征。

当前，教师的教学学术成果的示范效应并不理想，原因之一在于很多刊物明确表示不接受教学成果类论文，更缺乏关于教学设计、教学改

[①] 杨超：《大学教学学术发展的制度环境及其治理途径》，《现代教育管理》2014 年第 3 期。

[②] Shulman L S, Hutchings P., *About the Scholarship of Teaching and Learning*; *the Pew Scholars National Fellowship Program*, Menlo Park, CA: The Carnegie Foundation for the Advance of Teaching, 1998, pp. 86 – 88.

革、教学反思等与他人共享和交流的平台①，因此必须多角度、多层次打造教学学术成果的共享与交流制度平台。具体形式包括：举办各层次大学教学学术活动和教学学术会议，通过会议交流研讨、简报和论文集等方式传播会议成果；创办教学学术成果的专门刊物，并提高刊物的层次和品质，促使其成为各相关学科与教育学相结合的高水平刊物；建立公开的教学学术网络平台，将教学经验公开化，并接受同行的评价。② 通过这些途径健全教学学术交流与共享制度，促进教学学术发展。

3. 建立教学学术繁衍制度

大学教师教学学术发展开始于研究生教育阶段。当前，要想在我国大学中受聘为新教师，绝大多数都必须是博士学位获得者，博士研究生教育是大学师资培养的主要渠道。从博士研究生到新任教师是从学习者到教育者的转变。为了满足这一转变的需要，博士研究生教育不仅要从科学研究的角度培养学者队伍，还要从教学学术的方向繁衍教师队伍。博耶认为帮助新教师做好从事教学的准备要从研究生教育开始。他引用肯尼斯·艾伯尔（Kenneth Eble）的观点作为例证：教授们轻视教育，不愿当教师的问题很大程度上同研究生培养有关。从研究生教育开始培养大学教师，对于改进教学和改造高等教育都有着极其重要的作用。③ 他认为重要的是要改变研究生课程，应在研究生培养的过程中加入教师培训的内容，"具体来说就是要求研究生参加关于教学的讨论，这样的体验会改进课程教学技能，并能以潜移默化的方式了解正在学习专业的性质"④。克拉博·C. 则从理论上论述了职前教育对于培养教学学术人才的重要性，并提出调整研究生课程教学计划、让学生进行教学实习、允许研究生进

---

① 李宝斌：《教学学术发展的阻滞与突破》，《高等教育研究》2015 年第 6 期。

② 杨超：《大学教学学术发展的制度环境及其治理途径》，《现代教育管理》2014 年第 3 期。

③ ［美］欧内斯特·博耶：《学术的反思——教授工作的重点领域》，见《当代外国教育改革著名文献》（美国卷·第三册），人民教育出版社 2004 年版，第 53 页。

④ 同上书，第 54 页。

行教学方面的研究及论文写作等建议。①

而我国的博士研究生教育一直把培养目标定位于学术型人才，博士生学习阶段只接受学科专业的教育与训练，而没有涉及教师职业所必需的教学准备，只要学科专业的学习达到要求，就可以成功应聘为大学教师。入职后，虽然大学建立了教学学术的自主培育机制，但当前的考评制度迫使他们更钟情于科研，所以对准教师系统培养的缺乏已成为教师教学成长的硬伤，没有教学经验的博士生毕业进入高校后，直接走上讲台后往往无法从容应对。

卡恩强调，所有准备做教师的人都要学习教学法课程，研究生教育有责任为学生开设这些课程。② 美国高等教育较早开始加强未来教师的职业准备，1993 年就启动了未来师资培训计划（Preparing Future Faculty，PFF），其目的是将博士生培养成为胜任的新教师。2003 年美国成立了"科研、教学与学习整合中心"，该中心设计开发了大量培训课程、活动和项目，重点对技术、科学和工程学科的研究生和博士后进行教学技能训练，为他们成为新教师创造一个良好的开端。③

鉴于我国的博士生教育现状，高等教育应采取提前介入教学的方式，对博士生的教学培养应列入培养方案，并做好过程管理。高校应有针对性地为有意从教的研究生提供相应的培养和培训，为他们认识教学、提高教学能力、发展教学学术奠定良好的基础，做好未来从教的职业准备，这对于大学教师教学学术发展是可行且强有力的支撑点。

另外，值得补充的一点是，并不是所有具备一定学科专业基础的博士生经过教学学术的培养都可以获得良好的教学学术发展。长期以来，大学在招聘教师时重点是考察候选人的科研成果，试讲环节成了走过场，而聘任后他们一般都要从事教学工作。为此，大学必须改变招聘方式，

---

① Kreber C., "Implementation in Faculty Development and Graduate Education", *New Directions for Teaching and Learning*, No. 8, 2001, p. 11.

② ［加］纳普尔等：《高等教育与终身学习》，徐辉、陈晓菲译，华东师范大学出版社 2003 年版。

③ 郭丽君、吴庆华：《试析美国博士生教育为学术职业发展准备的社会化活动》，《学位与研究生教育》2013 年第 7 期。

制定教师准入资格制度,把热爱教学、具有良好师德、健全的人格、较好的业务能力和教学素养的准教师选拔出来,如此才能从源头上做好大学教师教学发展的准备。正所谓:"不论在什么时候,每个场域都要强征一笔类似'入场费'之类的东西,而且这种东西又确定了谁更适于参与这一场域,从而对行动者优胜劣汰的遴选。"[1]

二 教学项目制超越技术理性逻辑

由于技术理性对价值理性的僭越,使得教师采取了错位的行动应对教学项目,为此应从超越技术理性的角度完善教学项目制。

(一)建设项目文化

新制度主义认为制度包括法令规章、规范和文化—认知三大要素,即把文化本身也看作制度的一部分。对于项目制的完善,我们亦需要以文化为起点。文化常以一种无形的力量影响着人们的价值判断和行为导向,在项目制这个特定的场域内形成的特定的项目文化,对教师的观念和行为有着较强的引导作用,常常在不自觉中左右教师的项目价值标准和行为规范等。

对于项目文化,目前对其界定主要是管理学中以企业项目为对象,从管理的角度进行的探讨。美国学者戴维·克利兰定义项目文化是:"将项目团队成员联系在一起,赋予他们工作的意义以及在工作与生活中履行各自项目责任时所应遵循的原则和标准。"[2] 国内有学者把项目文化界定为"在项目管理的实践中,由项目负责人倡导和推动的,项目成员认同并积极参与形成的,并内化到每一个成员心中成为其自觉行动的意识、规范和动力的一整套项目管理特有的管理体制、领导风格、目标、价值

---

[1] [法]皮埃尔·布迪厄、[美]华康德:《实践与反思:反思社会学导引》,李猛、李康译,中央编译出版社1998年版,第147页。

[2] [美]戴维·克利兰、刘易斯·艾尔兰:《项目经理便携手册》,机械工业出版社2002年版,第89—90页。

标准、基本信念、精神、道德观、行为规范等内容的复合体"①。总的来看，管理学中将项目文化归结为项目负责人的职责和使命，把项目文化的主体看作项目负责人。高等教育领域的项目制与其不同，尤其是大学内部的项目，在项目负责人之外，笔者认为还有更具影响力的主体对项目文化起着主导性的作用，即项目文化的主体是大学。大学项目文化是在大学这个特定的环境内形成的一种精神生态或非物质环境，是教师和管理人员对项目的态度和理解，影响着教师和管理人员对项目的态度和行为，潜在地决定了人们对项目的行动取向，从而影响项目的实施过程和结果。

项目文化的建设同教学文化的建设一样，需要消解过度的工具理性，促进工具理性项目文化与价值理性项目文化的均衡，工具理性与价值理性均衡状态下的项目文化是对项目管理规则和道德规范的双重塑造，是刚性规制和柔性管理的统一，是一种健康的项目文化。从项目外部环境来讲，健康的项目文化可以引导教师和项目管理人员对项目形成正确的认识、产生正确的动机；可以激发教师参与项目的积极性；约束项目相关成员的不良心理和行为，使之遵守项目规范。从项目内部环境来说，良好的项目文化可以提高管理效率，增强项目成员对项目的认同感和责任意识，形成一种有助于项目目标完成的无形机制；能够增强项目成员的凝聚力，形成目标一致，密切协作，配合默契、精诚团结的项目团队。② 总之，项目文化建设，是大学文化体系的重要组成部分，是确保大学文化落地、推进项目制持续、健康发展的重要举措。

（二）加强教学项目质量管理与监督

"无以规矩，不成方圆"，建立健全项目管理与监督制度是项目顺利开展与质量保证的保障。"项目要有效果，关键就是在于监管。一是立项的时候要严格把关，再就是结项的时候要严格把关，结项尤其要严格。结项的时候你严格把关，对他这个项目评估到底完成没完成，有没有按

---

① 郝幸田：《不可忽视的项目文化》，《企业文明》2007年第8期。
② 同上。

预期来完成，如果没有按预期来完成，这种处理手段要严厉一点，我觉着这样才能说是真正地让这些项目发挥作用，否则的话，结项的时候还是差不多写个什么报告，也不看看到底做没做，就算了，那……"访谈中不少教师像 QA 老师一样指出要发挥项目治理方式的作用，关键在于要做好管理和监督。如何加强教学项目质量管理与监督，应从以下几个方面入手。

1. 建立项目行为准则

法律是解决问题最直接、最有效的手段之一，同时能保证公正性、透明性。澳大利亚尤其强调学术诚信立法，重视采用法律手段制约研究人员、团体与机构的研究行为。2007 年，联邦政府发布了《澳大利亚负责任研究行为准则》，其中明确了接受联邦政府科研资助的人员和机构必须遵守的学术研究行为基本规范。① 我们可以借鉴澳大利亚立法规范研究诚信的思路，制定符合我国实际的高校项目行为准则。政府相关部门和高校有必要通过建立法律、法规等行为准则规范研究机构和教师的行为，应就机构和教师对项目的责任、完成标准、时间进度、不端行为等事项进行明确界定和统一规定，规范、指导其行为；对各大学及新入职教师进行行为准则教育，强化项目管理和参与人员的法律意识，预防在前；对于违反行为准则的行为应给予法律层面的处罚，通过法律的强制作用进行项目质量管理。

2. 健全项目质量管理、监督制度

针对项目制运行中监督约束机制的弱化，建立健全强有力的项目质量监督制度是项目质量管理的当务之急。首先，要形成以主管校长为领导，协同相关职能管理部门的监督班子，以制度形式明确监督各方的责任，施以压力改变原来缺乏内在动力约束项目承担者行为的状况。其次，建立项目质量监督委员会制度。从国家层面，可根据项目需要设立专门项目监督委员会。例如，为避免国家精品视频公开课建设中产生监督不力现象，主管部门可建立由专家和社会享用者组成的国家精品视频公开

---

① 王涛、夏秀芹、洪真裁：《澳大利亚科研管理和监督的体系、特点及启示》，《国家教育行政学院学报》2014 年第 11 期。

课监督委员会，同时建立专家信息库并定期更新。监督委员会可搭建网上评审、监督平台，随机选取信息库内的专家定期对上网课程实施监督评审。① 就学校层面而言，可聘请本地高校对项目研究或管理具有丰富经验的退休教授或退休干部作为督导员，对项目执行情况和项目管理运行所出现的问题进行指导、跟踪和督促项目执行过程，促进项目计划的执行。最后，建立项目质量管理信息化平台。高校可以借助信息技术的优势，构建统一的学校项目质量管理信息化平台，学校的各级各类项目都能够在这一平台上建立本项目的论坛空间。项目成员可以通过平台交流项目完成过程中的心得体会、讨论遇到的困惑，管理人员和监督员则可以利用平台实现一定程度的管理和监督。②

3. 实施项目全过程管理

项目全过程管理理论指出，一个项目的全过程一般由起始、计划、实施、控制和结束几个过程组成。就高校教学项目而言，结合实际特点，主要包括项目的申报立项、实施、结项验收和成果推广应用管理四个方面。③ 具体来说，可从以下几个方面开展实施：

一是加强立项审批的公开与公正性，把好立项关。在项目立项过程中，主管部门应把"公正、公平、公开"的原则很好地贯彻到遴选推荐工作和批准立项工作中，应打破传统的几位专家"开小会定大事，开大会定小事"的惯例，通过匿名方式由校外专家或者同行审议、校内审议、综合评定等评审方式把好立项关。

二是强化项目执行的约束与监督，控制项目实施质量。项目实施是整个项目过程中的核心环节，它决定着项目完成的质量与品质。在这个环节中要确保项目按时按质地完成，要与项目负责人签订项目履行合同，并严格履行合同条款；要落实项目负责人制度，明确规定项目负责人的

---

① 国凤兰、刘庆志：《国家精品视频公开课可持续建设研究》，《高等农业教育》2014年第10期。
② 祁超：《项目管理在高校科研项目管理中的应用研究——以闽南师范大学为例》，硕士学位论文，华侨大学，2014年，第38页。
③ 应晓春：《宁波大红鹰学院科研项目管理研究——项目全过程管理模式探讨》，硕士学位论文，浙江工业大学，2012年，第32页。

责、权、利；要加强项目的定期检查和监督。①

三是转变项目成果一元化评价，严格结项管理。长期以来，教学项目管理中对项目的评价，在评价主体上主要以项目管理部门为主，在评价标准上主要以结果为主，在评价方式上主要以终结性评价、定量评价为主。评价主体、标准和方式都呈一元化，难以全面、科学、客观地评价教学项目成果。

对于教学项目，鉴于其应用性和实践性的特点，不能单纯地以论文、研究报告、培养计划、光盘等"物"的形式由管理部门进行评价，评价应实现多元转变。在评价主体上，项目管理部门评价的同时，还应考虑项目参与者、同行专家、教师、学生等相关利益者的评价；评价标准要注意结果与过程相结合，不仅要注重项目结果，还要关注项目实施、研究过程；评价方法上要做到定量评价与定性评价，终结性评价与过程性评价的有机统一，在对"物"进行鉴定的同时要考察成果的教学改革实践效果。同时，应建立严格规范的项目结项盲审制度，根据需要引入第三方机构，避免形式化、走程序。

四是关注项目成果后期作用，促进成果推广应用。现代项目管理理论指出，项目结项并不是项目生命周期的完结。② 只有成果进行了转化或者应用于实践，才能够体现其真正的价值。长期以来，完成项目、出成果、结项验收、报奖是项目完成后的通常模式。然而，一纸奖状不是教学项目完成的最终目标，教学项目的根本目的是其对于教学质量的提高，这通常需要通过成果在实践中得以应用才能体现。因此，对于已经结项的项目，也要加强成果管理，使项目成果的后期效益与教师的职称评定、晋升相联系，这样可以最大限度地促进项目成果的推广应用，促进成果价值最大化。

---

① 应晓春：《宁波大红鹰学院科研项目管理研究——项目全过程管理模式探讨》，硕士学位论文，浙江工业大学，2012年，第32页。

② 陈颖姣、何贤、王忠、林玲：《借鉴现代项目管理理论 提升科研项目管理水平》，《科技管理研究》2010年第24期。

三 教师提升教学道德

如何使项目的外在驱动发挥其应有的正面、积极的效应,如何才能增强教师发展的内驱力,为何在价值理性和工具理性的博弈中依然有教师能坚持良心和信念,为何有教师把教学看作内心需求,有教师则把教学当成义务,良心、信念、义务和价值理性等词语都关乎道德,对于问题的解释和解决亦需从道德层面找寻。

在伦理学中,道德规范是指那些具有规范性的伦理标准。伦理标准是规范性的,它们不仅是在描述我们调节行为的方式,还通过命令、逼迫我们,或者建议、引导我们的方式对我们提出要求。[1] 为何伦理标准可以具有这样的规范性?这也被科尔斯戈德称为"规范性问题"。对于如何解决规范性问题,反思性认可是方案之一。

当我们面对多种道德欲望,要从中选择其一时,我们会问:这一欲望合理吗?我们能否根据它来行动?换言之,它能成为我们行动的充分理由吗?对于这些问题我们都需要反思。人类具有反思的本性[2],因为我们是慎思的具有自我意识的理性动物。人类具有反思道德生活的本性,即使清楚自己的道德行为和处境,我们的道德信念和道德动机还是需要有理由和解释来支持,因为我们担心道德可能经不起反思。如果如此,那必须使道德能够经受得住反思。"如果我们基于对真正的道德理论反思之上发现我们仍然愿意认可道德对我们提出的要求,那么道德就是规范性的。"[3] 这一确立规范性的方法被科尔斯戈德称为"反思性认可"。也就是说,人类反思的本性使得人们必须基于理由才可以接受欲望,因为只有我们的行动可以经受起反思的审查,我们才获得了行动的理由。她认为,这种方法可以更好地解决实践道德行动的理由,即规范性的理由问题:我们是否具有拥有此种道德情感并受它们支配的理由。作为规范

---

[1] [美] 克里斯蒂娜·科尔斯戈德:《规范性的来源》,杨顺利译,上海译文出版社 2010 年版,第 9 页。
[2] 同上书,第 55 页。
[3] 同上书,第 57 页。

性的语词,"理由"意指一种"反思"的成功。① 换言之,理由来自主体对某个规范性考虑的反思性认可。

大学教师在教学发展中会面对多种欲望进行选择,这些欲望必须交由反思性审查,为使欲望能够经受得住反思的审查,为使反思的心灵认可,获得一个行动的理由,就需要提升教师的教学道德。

(一)增强大学教师自身认同感

基于反思,我们会接受某些对象;同样经由反思,我们也会拒绝某些对象。如果"理由"代表着反思的成功,那么,是什么使得反思得以成功地终结?我们是如何做到通过反思拒斥不合理的欲望并认同某些欲望为行动的理由?对此,科尔斯戈德用"实践同一性"的观念进行解释。② 她认为,规范性问题应将道德的规范性诉诸我们的同一性意识。这种诉诸行为主体的反思性认可,是行为主体自身的同一性的尝试,是人们拥有行动理由的根据。③ 也就是说,如果经由反思获得的结果与我们自身的同一性相一致,那么我们就拥有了认可行动的"理由";反之,我们就会否定如此行动。因此,所有大学教师的身份的"同一性"都给予他们行动的依据,教师的"自我"为他们设立行动标准。对于教师教学发展问题要使反思得以成功完结,必须使反思的结果是教师自身同一性的认可,这需要通过增强角色认同感和职业认同感来达成。

1. 增强角色认同感:让大学教师首先是教师

大学教师首先是教师,是对"大学教师是谁"的回答,是对大学教师角色的定位。对于大学教师的角色定位,除应具有普遍意义的教师的基本属性外,还应凸显在大学中的特殊性。研究者们根据自己研究的需要,按照不同的标准把大学教师角色划分成不同的类型,包括:教育者、研究者、社会批判者、服务者、知识人、政治人、真理的化身、道德的榜样以及社会的良心等。但不管何种划分,从大学教师的本源意义出发,

---

① [美]克里斯蒂娜·科尔斯戈德:《规范性的来源》,杨顺利译,上海译文出版社2010年版,第107页。
② 同上书,第18页。
③ 同上书,第115页。

教育者应该是大学教师基本的、首要的社会角色定位。因为大学的基本职能是培养人，教师的基本职责是教学，是"传道、授业、解惑"。尽管大学的内涵在近千年的发展历史中不断得到丰富，大学教师的职业形象变得愈加多样，但大学教师作为教育者的基本角色定位是永恒不变的。

作为教育者，教师给学生上课是天经地义的，就像工人要做工、农民要种地一样是最基本、最自然的。但是为数众多的大学教师却对上课不感兴趣、不愿上课、逃避上课。在对教育部所属高校的调查中，有 1/3 的教授和 1/5 的副教授不给本科生上课。其中 5 所高校中竟有 70% 的教授、副教授没有承担本科生教学任务。[①]"教授不教，讲师不讲"已成为一种普遍现象，以至于政府和高校只能采取硬性措施或激励手段进行行政强制干预。教育部于 2001 年下发了《关于加强高等学校本科教学工作，提高教学质量的若干意见》，其中明确要求教授要上讲台，鼓励院士和知名学者为本科生开设讲座。但在这种行政强制干预下，教授们给本科生上课大多只是满足课时量要求的最低标准即可。为进一步转变这种局面，2013 年浙江大学设立了教学促进津贴，旨在激励教师多教学、教好学，提高教师的教学待遇；2010 年，南京大学给予 45 位教学优秀教师每人 1 万元"南京大学石林集团奖教金"，2013 年又出资 300 万元表彰了 117 位优秀教师。北京大学也设立了奖教金，2013 年的奖教金总额达 1000 万元。[②]

令人不解的是，造成教师不愿上课的原因归根结底竟是所谓的"大学发展""大学排名""一流大学"。然而，在世界著名大学中，教师都必须上课，而且"职称越高，讲课越多"。在美国研究型大学中，即使是诺贝尔奖金获得者、院士等顶级教授，也要给本科生上课。[③] 康奈尔大学物理系有两名教授是诺贝尔奖金获得者，有国家科学院院士七位，他们

[①] 朱振国：《高等教育呼唤质量意识》，《光明日报》2001 年 12 月 27 日第 B1 版。
[②] 刘尧：《"教学本位"的前提是"教师本位"——从浙江大学设立"E 津贴"谈起》，《青岛科技大学学报》（社会科学版）2014 年第 3 期。
[③] 马廷奇：《论大学教师的教学责任》，《高等教育研究》2008 年第 5 期。

一半的教学工作是针对本科生的。① 美国前国务卿基辛格卸任后渴望回哈佛大学当教授,但因他提出不给学生上课而被哈佛大学婉言谢绝。因为教授必须直接给本科生上课是一条哈佛铁律。② 在耶鲁大学,"教授们同样把教学作为大学的第一感召,发自内心地认真进行本科生教学"③。

由此看来,大学要成为大学,要成为好大学,教师必须有正确的定位,应清楚作为大学教师,教学是首要任务、核心任务,并身体力行践行之。教育者角色的失位只能是使大学偏离其目标和方向,大学教师教学发展也必定无从谈起。

2. 增强职业认同感:让大学教师热爱教学

如果说教师首先是教育者是社会对教师角色的规范与要求,教学是教师出于职业要求的责任,是历史和时代所赋予的,具有客观性、被动性的话,那么教师热爱教学便是教师主体作为一种社会角色所应具有的精神境界,具有主观性、主动性,是否热爱教学可以体现一个教师的职业伦理道德。"如果一位教授将他的教学责任——讲解专业术语——仅仅视为谋求生存的手段,那么他就是一个骗子。任何一位被称之为教授的人都必须将教学看作是一项道德职业。"④

热爱教学是教师的一种教学情感,是教师从事教学工作的首要动机,是教师教学的内部动力,也是教师促进教学发展的不竭源泉。正是对教学的热爱和对这份事业的自我认同,促使教师主动投身教学,激发教师不断反思,改进教学,提高教学,从而使其在教学中体验到生命的价值,享受到职业的幸福。

热爱教学是卓越教师的行动灵魂,由此产生非凡的行动力,将教育由"职业"升华到"事业"的境界。许多研究表明大凡优秀教师都具有热爱教学的特征。有研究指出"教学名师都有着一份对教育事业的执着,

---

① [美] 罗德斯:《创造未来:美国大学的作用》,王晓阳等译,清华大学出版社 2007 年版,第 85 页。
② 李元卿:《有感于哈佛大学不聘基辛格》,《人才开发》2003 年第 12 期。
③ 张国祥:《大学教师的原典意义及其启示》,《黑龙江高教研究》2013 年第 4 期。
④ [美] 罗德斯:《创造未来:美国大学的作用》,王晓阳等译,清华大学出版社 2007 年版,第 76 页。

不管环境如何变化，他的初衷与希望仍不会有丝毫的改变，通过克服障碍，达到期望的目的。三尺讲台是名师的终生所爱，也是其人生的最大旨趣"①。另有研究显示，在高校教师教学胜任力模型中，热爱教学是其中的一项重要指标。② 因此，要使教师获得有效发展，必须增强教师对教学的热爱情感，增强其对教学的认同感。

（二）提高教师教学道德反思性审查能力

欲望作为一种外部约束，它必须能够得到反思心灵的认可。这些欲望必须交由反思性审查，即要获得反思性认可必须启动反思性审查机制。

林小英在如何促进大学教师的"卓越教学"研究中将大学教师的教学事务置于伦理范畴之内，基于反思性审查分化出三种状态：反思性认可、反思性缺失、反思性拒斥。反思性认可状态下，教师从内在规定性的角度把教学看作使命；相对应的反思性拒斥状态下则是义务；有教师对教学可能没有进行反思性审查，即反思性审查的缺失，那么就容易接受外部的刺激而采取避害就利的行为。教学经由教师的反思性审查，大学就能够在整体上达到卓越层次。③ 由此可见，教师教学有效发展必须经由教师的反思性审查，即教学道德的反思性审查。

教师教学发展需要反思性审查，反思需要自觉。具有反思自觉的教师能够虔诚地追求教学的工作意义，面对外部世界的各种诱惑，教师能够自律、依规而行；教师能够自觉地扬弃和超越自己的依赖性、受动性，进而充分发挥其自主性、能动性，遇到不断变化的环境和新形势依然会坚定信念且不断自我更新，从而实现教师教学的可持续发展。因此，促进教师反思性审查能力的不断提高，使其达到反思自觉层次，是大学教师教学发展的必要途径。

---

① 张意忠、宋彦婷：《高校教学名师及其生成机制》，《江西师范大学学报》（哲学社会科学版）2011 年第 4 期。
② 何齐宗、熊思鹏：《高校教师教学胜任力模型构建研究》，《高等教育研究》2015 年第 7 期。
③ 林小英、宋鑫：《促进大学教师的"卓越教学"：从行为主义走向反思性认可》，《北京大学教育评论》2014 年第 2 期。

本章小结

价值理性的回归：大学教师教学发展的必由之路

教学项目场域中，教师面对教学项目时所遭遇的悖论性难题，应对教学项目采取的错位行动以及教学发展自主性的不足，归根结底在于价值理性的沦落。基于教学项目促进大学教师教学发展需在价值理性回归其位的前提下，从大学、教学项目制、行动者各方面入手。

首先是大学教学需走向工具理性与价值理性的和谐统一。

一是教学文化的重构。当前大学教学文化是以过度工具理性为基础的，应对其进行消解，促进工具理性教学文化与价值理性教学文化的兼容与渗透。只有工具理性与价值理性和谐均衡状态下的良性教学文化，才能提供教师教学发展的原动力，持续而有效地促进教师教学发展。

二是构建教学学术制度。基于教学学术制度的教师教学发展是价值理性主导下的教师教学发展。第一，改革大学教师评价制度，为教学学术提供制度环境。其中包括：改革教师评价内容，消减教师教学发展功利化；改革教师评价方式，体现教师教学发展个性化；改革教师评价主体，提高教师教学发展自主性。第二，完善大学教学学术自主发展制度。具体包括完善教学学术培育机制：成立专业的教师教学学术促进机构，设立教学研究项目专项平台，建立教学学术休假制度；健全教学学术交流与共享制度，促进教学学术发展。第三，建立教学学术繁衍制度。高等教育应采取提前介入教学的方式，有针对性地为有意从教的研究生提供相应的培养和培训，为他们认识教学、提高教学能力、发展教学学术奠定良好的基础。另外，必须制定教师准入资格制度。

其次是教学项目制应超越技术理性逻辑。

一是重视项目文化建设。工具理性与价值理性均衡状态下的项目文化是对项目管理规划和道德规范的双重构筑，是刚性规约和柔性约束的统一，是一种健康的项目文化。项目文化建设，是确保大学文化落地、推进项目制持续、健康发展的重要举措。

二是加强教学项目质量管理与监督。第一，建立项目行为准则。政府相关部门和高校有必要通过建立法律法规等行为准则来规范研究机构和教师的行为。第二，健全项目质量管理、监督制度。具体来说，要形成以主管校长为领导，协同相关职能管理部门的监督班子，以制度形式明确监督各方的责任，施以压力改变原来缺乏内在动力约束项目承担者行为的状况；需建立项目质量监督委员会制度；应建立项目质量管理信息化平台。第三，实施项目全过程管理。主要包括加强立项审批的公开与公正性，把好推荐立项关；强化项目执行的约束与监督，控制项目实施质量；转变项目成果一元化评价，严格结项管理；关注成果后期作用，促进成果推广应用。

最后是提升教师教学道德。

大学教师在教学发展中会面对多种欲望进行选择，这些欲望必须交由反思性审查，为使欲望能够经受得住反思的审查，获得一个行动的理由，就需要提升教师的教学道德，唯有如此才能增强教师教学发展的内在动力。

一是增强大学教师自身认同感。所有大学教师的身份"同一性"都给予他们行动的依据，教师的"自我"为他们设立行动标准。对于教师教学发展问题要使反思得以成功完结，必须使反思的结果是教师自身同一性的认可。因此，要增强教师角色认同感，让大学教师首先是教师；要增强教师职业认同感，让大学教师热爱教学。

二是提高教师教学道德反思性审查能力。教师教学有效发展必须经由教师的反思性审查，即教学道德的反思性审查。反思需要自觉，促进教师反思性审查能力的不断提高，使其达到反思自觉层次，是大学教师教学发展的必要途径。

结　　语

> 我们知道的远甚于我们所表达的。
>
> ——波兰尼

当前，高校教学项目实施效果如何以及如何促进大学教师教学发展都是高等教育领域的重要理论和实践问题，本书从教学项目对教师教学发展作用的实践问题入手，在通过调查获得一手资料的基础上，分析探索了教学项目制下教师教学发展的实践逻辑，提出了促进教师教学发展和完善教学项目制的策略及建议。

一　本书的主要结论

（一）教学项目对教师教学发展产生了一定的作用，但较为有限

本书通过调查发现，Q 大学教学项目体现出一定积极作用，但整体来看，远没有达到预期目标。

从教师改变的视角来看，教学项目对教师教学的促进作用主要体现在教学知识层面，对于教学实践有较小影响，对于教学情感则几乎没有影响。对教学知识发展的作用主要来源于精品课程项目和教材立项项目，具体主要表现为促进教学内容全面而系统；对教学实践的改善有体现但不明显，只有不到 20% 的教师谈到对教学实践的促进作用，并且其中有些表达不明确；就教学情感层面而言，只触及极少数教师的教学情感。就整体情况来看，教学项目对教师教学发展在表层的改变是最明显的，少数的教师可以在中层发生改变，能够发生真确式改变的教师则

几乎没有。从项目评估的视角来看，示范作用主要体现在国家级精品课程对青年教师的影响，国家级、省级、校级精品课程的辐射作用呈依次递减状态；教学项目成果的表现形式比较单一，公开程度低，由于客观条件的限制和推广机制的缺失，许多教学研究成果呈封闭状态；多数教学团队没有开展过实质性的工作，其示范效应无从谈起。从检验的视角来看，教师教学实际情况与项目申报书和结项报告中的内容存在较严重的出入现象，申报书和结项报告并不能真实反映项目在实践中的情况。

从以上结果可以看出，Q 大学教学项目中只有部分类型中的部分项目对教师教学发展起到了作用，且作用教师群体范围较小，作用程度较浅，还存在较大限度。

（二）教学项目制呈现出外在弱势驱动逻辑

资本是行动者争斗的目标。从现实来看，教师申报教学项目的动机是获取资本，是资本驱动的行为。当教学项目纳入职称评审指标后，与锦标赛制的结合使得资本驱动性大大增强，但这种驱动更大程度上是一种外在驱动；另外，在重科研轻教学的大学环境中，科研依然是教师晋升的重要筹码，科研项目的强势动力远胜于教学项目。总体而言，教师申报教学项目是一种资本驱动行为，这种项目制驱动表现出外在、弱势的特点，是教学项目作用下的教师教学发展呈现浅层性、短效性特征的原因之一。

（三）工具理性逻辑的彰显导致教师教学发展陷入悖论桎梏

教学项目场域中的惯习与教师面对的教学项目形成四大矛盾。其一，教学中心观念与教学项目边缘化。一方面，教师普遍拥有"教学是中心地位"的观念；另一方面，教学项目在教师眼里处于边缘化地位。导致这一现象产生的原因是科研至上的环境，最终多数教师在博弈中背离了教学中心的观念。其二，教学良心与教学项目功利性。教师普遍认为教学是一个良心活，但同时教学项目的申报和完成又体现了严重的功利性。在功利风气的影响下，利益的诱惑使教师牺牲教学。其三，教师评价逻辑与教学项目特性。当前,高校普遍采用各种量化评价指标评价教师工作绩效,与之相对的是不适用量化、发表逻辑的教学项目的应用性、实践性。教学项目的特性源于教学的艺术性。其四,积极的教学项目政策与教学项目的低效性。为保障和提高教学质量,政府采取了多项教学项目政策,但教学项目效果呈现低效性。教师教学的稳定性是其原因之一。

科研至上的环境、功利风气、教学的艺术性和教师教学的稳定性是形成上述四大矛盾的表象,深层的原因是以上四者同教学中心观念、教学良心、教师的量化、发表评价逻辑和积极的教学项目政策形成悖论,教师在悖论中博弈,而博弈的实质是价值理性和工具理性的斗争。当前,科研至上行为、功利风气、教师评价的量化和发表逻辑以及积极的教学项目政策以强势的状态出现,大肆彰显着工具理性逻辑,导致场域的惯习成为弱势的惯习,这是影响教师教学发展的又一原因。

(四)教学项目制的技术治理逻辑带来"重申报轻建设(完成)"的后果

教学项目制中,项目主管部门和教师形成了典型的委托代理关系,作为行动者的教师在项目制运作过程中采取错位行动应对,这是影响教学项目促进教师教学发展的又一原因。

错位行动首先表现在教师的"包装"与"跑项目"行为策略。"包装"行为主要体现在教师在申报书中对项目团队成员的"包装"和对项目内容的"包装"。"跑项目"现象已是"潜规则"公开化,是公开的秘密。从"包装"到"跑项目",下级部门和教师利用自己的信息优势使上级部门处于被动不利地位,利益受损。这套策略实质上是委托代理中的逆向选择,表明了教师和申报单位对于项目申报环节的"重视"。

错位行动其次表现在教师的"应付"与"变通"行为策略。"应付"表现为在项目完成过程中,许多教师从思想上不重视教学项目、完成态度不认真、投入精力不足等。"变通"则表现为原本应属团队完成的任务普遍变为主持人单兵作战以及项目研究过程中教师"偷工减料"、降低研究标准。这套策略实质上是委托代理中的道德风险问题，体现了教师或申报单位对项目建设（完成）环节的轻视。

行动者之所以采取以上错位行动，表面上一是因为项目制并存在着"自上而下"与"自下而上"的逻辑。一方面是项目主管部门自上而下的"发包"控制逻辑，另一方面是项目获批后，教师会站在自身利益最大化的角度，自下而上地对项目进行"反控制"。二是由于项目运作过程遵循的是结果导向逻辑，缺少必要的委托监督，从而造成项目监督的缺失。深层次原因则是技术治理逻辑的过度主导。

（五）价值理性的回归是大学教师教学发展的必由之路

大学教师教学发展问题的根本症结在于价值理性的沦落。价值理性回归是有效促进大学教师教学发展的必由之路。

首先，大学教学需走向工具理性与价值理性的和谐统一。一是教学文化的重构，促进工具理性教学文化与价值理性教学文化的兼容与渗透。二是构建教学学术制度。主要包括：改革大学教师评价制度；完善大学教学学术自主发展制度；建立教学学术繁衍制度。另外，必须制定大学教师准入资格制度。

其次，教学项目制应超越技术理性逻辑。一是重视项目文化建设。工具理性与价值理性均衡状态下的项目文化才是一种健康的项目文化；二是加强教学项目质量管理与监督。其中包括：建立项目行为准则；健全项目质量管理、监督制度；三是实施项目全过程管理。

最后，教师要提升教学道德。教师只有提升自身的教学道德，才能增强教学发展的内在动力，使教师在面对欲望时，能够经受得住反思的审查。一是增强大学教师自身认同感。要增强教师角色认同感，让大学教师首先是教师；要增强教师职业认同感，让大学教师热爱教学。二是提高教师教学道德反思性审查能力。反思需要自觉，要促进教师反思性审查能力的不断提高，使其达到反思自觉层次。

二 本书的创新与贡献

（一）本书的创新

大学教师教学发展在近几年被学术界关注之后，研究成果开始不断涌现。相对于前期的研究成果，本书采用了新的研究视角。

一方面，关于大学教师发展、大学教师教学发展的研究，一直以来都不同程度地存在着或关注大学教师个体性因素或关注社会性因素的二元分化现象，呈现出典型的一元论色彩。本书采用关系性思维视角，通过动态性、过程性和全面性的思维方式，多层面、综合地审视和考察项目制下大学教师教学发展的实践逻辑，从各种动态关系中探索大学教师教学发展的影响因素和实践机制，避免了长期以来研究中常见的非此即彼的二元对立现象。

另一方面，与教师教学发展相关的研究中，大学教师专业发展的成果多集中在教师专业发展内涵、教师专业发展存在的问题、教师专业发展阶段以及发展实现途径和机制的探索；专门针对大学教师教学能力的研究则更多集中于大学教师教学能力构成成分、提升能力的途径等方面。在此基础上，研究者开始从影响因素的角度探讨大学教师教学发展，但总的来看，主要囿于从文化、制度、机构、教师教学素质等角度着手，本书从教学项目制视角探讨教师教学发展在一定程度上属创新之举。

（二）本书的贡献

1. 揭示了教学项目在高校教学管理中的实施效果并进行了较深层次的原因解释

为提高高等学校教学质量，我国政府和高校设立、出台了大量的教学项目，长期以来，对于这些项目的实施效果，有学者针对单项项目从某角度进行了相关研究，相对来讲，缺乏整体层面的揭示和解释。本书采用质性研究方法从教师教学发展的角度在一定程度上揭示了 Q 大学教学项目实施效果的真实状况，并运用社会实践理论、委托代理理论和价值理性、工具理性理论分析了项目制下教师教学发展的实践机制，解释了导致教学项目实施效果没有达到预期的深层原因。虽然质性研究不追求推广价值，研究对象也限制了结论的局限性，但其中的观点和结论对于处于同一或相似背景的学校仍具有一定借鉴意义，对于政策制定部门和项目管理部门对高校项目政策，尤其是教学项目政策的制定和项目管理具有一定的参考价值。

2. 提供了大学教师教学发展的指导策略和建议

教师教学质量作为高等教育质量提升的关键因素，已越来越受到重视。如何提高教师教学能力，促进大学教师教学发展，是理论层面和实践层面都迫切需要解决的重要问题。本书通过收集到的一手资料揭示教学项目对教师教学发展的影响状况，采用关系性思维方式，更客观、更正确地认识和把握了当前项目制下的大学教师教学发展实践，提出了价值理性回归对于大学教师教学发展的重要性，无论是对于教师教学发展理论的丰富，还是对于教师教学发展实践层面的指导都具有一定价值。

三 本书的不足和局限

由于主观上个人能力的有限加之客观上时间、条件的限制，本书一定存在许多不足和局限。

（1）从研究内容上看，由于个人研究经验的缺乏以及对理论深度把握的欠缺而造成整体行文中侧重于质性写作的描述和分析，而没能很好地把主要理论和分析有机地结合起来；另外，由于研究内容涉及教师深层次的心理活动和隐蔽的教学发展过程，挖掘的难度较大，因此必须与被访谈人员建立很好的研究关系，并掌握较高的访谈技巧，才能使研究信息饱和度较高，本书在此方面还有提升的空间。

（2）从研究方法上看，本书主要运用了质性研究方法，这对于进行深入研究、获得比较深刻的理解有着重要意义。但在质性研究方法具有其自身特有优势的同时，也不可避免地存在着局限性，例如，质性研究的样本通常比较小，目的是揭示样本本身，它不追求量化研究的"由样本到整体"推广意义。由于条件限制，本书取样以 Q 大学一所教学研究型大学为研究对象，所以研究结论具有一定的局限性。后续研究如果能够同时采用量化研究，扩大样本范围，选择不同地区、不同类型的学校进行比较研究，研究结论将更具普遍性和推广价值。

（3）从研究范式上看，本书更多的是一种揭示—解释性研究，由于社会实践理论的功能更多倾向于阐释"社会何以可能"，所以本书倾向于教学项目对教师教学发展影响现状的揭示以及教师教学发展影响因素和实践机制的阐释，而对于建设性的策略虽有提出但相对粗略。

附录 1

访谈提纲
（教师）

1. 您的教龄？职称？

2. 教学项目对教师教学发展的影响

您参与过哪些教学项目？您对教学项目申报积极性如何？

申报的目的是什么？

申报过程是怎样的？

项目提供了多少经费支持？有什么样的意义？

项目完成成果是怎样的？

项目成果在教学实践中的应用情况？

项目对您的教学产生了怎样的影响？

（如果没有申报）为什么没有申报？其他老师的教学项目对您有怎样的影响？您如何对待科研项目与教学项目？

您对 Q 大学把教学项目纳入职称评审制度有什么看法？

3. 您对项目制的看法？如何看待在教学管理中采用项目制方式？

4. 您是如何看待教学的？

教学应该处于什么样的地位？

您是如何对待教学工作的？

5. 请谈谈您的教学经历了怎样的发展过程？

附录 2

访谈提纲
(管理人员)

1. 您认为教师申报教学项目的积极性如何？
2. 学校每年设立的校级教学项目大概多少？数量根据什么确定？
3. 如何对项目评选、管理（中期检查）、审核、验收？
4. 学校拿到国家级和省级教学项目的情况如何？在同层次学校中的水平如何？
5. 学校获得项目的数量对学校意味着什么？
6. 您认为教学项目成果价值如何？对教师教学有什么影响？
7. 您对教学项目总的看法？
8. 您对把教学项目纳入教师职称评审制度的看法是什么？
9. 您认为如何才能有效促进教师教学发展？

附录3

Q大学教学项目获批数量汇总[*]

1. 课程与教材建设

(1) 精品课程

（单位：项）

年份 层级	2004	2005	2006	2007	2008	2009	2010	2011	2012	2013
省级	2	2	2	1	1	4	3	5	5	11
校级	8	11	12	10	9	10	12	2	8	15

(2) 其他

项目	年份	数量（项）
精品资源共享课（国家级）	2013	1
在线开放课程建设	2015	5
双语教学示范课程建设	2000	1
校级教材建设立项	2009	51

2. 教学团队建设

（单位：项）

年份 层级	2007	2008	2009	2010	2011	2012
省级	1	1	4	2	1	1
校级	1	1	1	2	6	8

---

[*] 只包含涉及本书的项目类。

3. 教学改革立项

（单位：项）

年份 层级	2002	2005	2009	2012	2013	2015	2016
省级		6	14	16		10	57
校级	75	96	71	74	33（实验）	45	8

注：由于管理人员更换，少量数据已无法获得。

主要参考文献

中文文献

别敦荣、李家新、韦莉娜:《大学教学文化:概念、模式与创新》,《高等教育研究》2015年第1期。

操太圣、卢乃桂:《抗拒与合作:课程改革情境下的教师改变》,《课程·教材·教法》2003年第1期。

曹正汉:《统治风险与地方分权:关于中国国家治理的三种理论及其比较》,《社会》2014年第6期。

陈斌:《建设教学文化 服务教师发展》,《高等教育研究》2015年第1期。

陈平原:《大学何为》,北京大学出版社2006年版。

陈廷柱:《"项目体制"与全面深化高等教育改革》,《苏州大学学报》(教育科学版)2014年第3期。

陈向明:《质的研究方法与社会科学研究》,教育科学出版社2000年版。

[美]戴维·斯沃茨:《文化与权力——布尔迪厄的社会学》,陶东风译,上海译文出版社2006年版。

杜春林、张新文:《从制度安排到实际运行:项目制的生存逻辑与两难处境》,《南京农业大学学报》(社会科学版)2015年第1期。

樊小杰、吴庆宪:《提升研究型大学青年教师教学能力:制度创新与文化重构并举》,《高等教育研究》2014年第9期。

范良火:《教师教学知识发展研究》,华东师范大学出版社2003

年版。

［法］菲利普·柯尔库夫：《新社会学》，钱翰译，社会科学文献出版社 2000 年版。

冯卫斌：《1978 年以来我国高等教育教学改革述略》，《清华大学教育研究》2001 年第 4 期。

冯向东：《教育科学的理论与实践逻辑——关于布迪厄"实践逻辑"的方法论意蕴》，《高等教育研究》2012 年第 2 期。

付伟、焦长权：《"协调型"政权：项目制运作下的乡镇政府》，《社会学研究》2015 年第 2 期。

高飞：《全球大学排名：主要类型与发展趋向》，《高教探索》2015 年第 9 期。

高宣扬：《布迪厄的社会理论》，同济大学出版社 2004 年版。

高宣扬：《当代法国思想五十年》（下），中国人民大学出版社 2005 年版。

高芸：《高等学校青年教师培养的理论与实践》，中国地质大学出版社 2008 年版。

宫留记：《布迪厄的社会实践理论》，博士学位论文，南京师范大学，2007 年。

宫留记：《资本：社会实践工具——布尔迪厄的资本理论》，河南大学出版社 2010 年版。

顾建民：《大学教师专业发展的政策分析》，《中国高教研究》2009 年第 5 期。

顾瑶韵：《美国高校教师教学发展的实践》，《教育评论》2012 年第 6 期。

郭琳琳、段钢：《项目制：一种新的公共治理逻辑》，《学海》2014 年第 5 期。

国凤兰、刘庆志：《国家精品视频公开课可持续建设研究》，《高等农业教育》2014 年第 10 期。

郝翔、陈翠荣：《大众化进程中我国高校教师队伍发展与政策效果分析》，《中国高教研究》2012 年第 5 期。

郝幸田：《不可忽视的项目文化》，《企业文明》2007年第8期。

何齐宗、熊思鹏：《高校教师教学胜任力模型构建研究》，《高等教育研究》2015年第7期。

何阅雄、李茂森、高鸾：《教师发展视域下的教师评价机制的思考与实践》，《高等工程教育研究》2016年第1期。

胡森：《国际教育百科全书》（第4卷），贵州教育出版社1990年版。

黄瑞琴：《质的教育研究方法》，心理出版社1997年版。

黄宗智、龚为纲、高原：《"项目制"的运作机制和效果是"合理化"吗?》，《开放时代》2014年第5期。

贾勇宏：《论影响高等教育质量的学校相关因素——基于全国121所高校问卷调查的实证分析》，《中国人民大学教育学刊》2011年第3期。

简德三编著：《项目评估与可行性研究》，上海财经大学出版社2004年版。

姜羡萍：《以大学文化建设助推高校教师发展》，《高等教育研究》2013年第8期。

姜勇：《论教师专业发展的后现代转向》，《比较教育研究》2005年第5期。

金泽：《和谐社会建构与宗教研究》，《哲学研究》2006年第12期。

[美] 康斯坦斯·库克等：《提升大学教学能力——教学中心的作用》，陈劲、郑尧丽译，浙江大学出版社2011年版。

[美] 克里斯蒂娜·科尔斯戈德：《规范性的来源》，杨顺利译，上海译文出版社2010年版。

[美] 肯·贝恩：《如何成为卓越的大学教师》，明廷雄等译，北京大学出版社2007年版。

雷洪德：《高校教师教学发展的组织支持——对文华学院教师教学发展中心的案例研究》，《高等教育研究》2016年第2期。

李宝斌：《教学学术发展的阻滞与突破》，《高等教育研究》2015年第6期。

李昌新：《基于教师教育专业发展的高校教学团队建设》，《中国高教研究》2008年第6期。

李福华：《从单位制到项目制：我国高等教育重点建设的战略转型》，《高等教育研究》2014 年第 2 期。

李玲：《论质性研究伦理审查的文化适应性》，《比较教育研究》2009 年第 6 期。

李猛、周飞舟、李康：《单位：制度化组织的内部机制》，《中国社会科学季刊》1996 年第 16 期。

李清雁：《教师是谁——身份认同与教师道德发展》，博士学位论文，西南大学，2009 年。

李小娃：《高校教师发展中心建设的制度逻辑与理论内涵》，《中国高教研究》2013 年第 12 期。

李祖佩、钟涨宝：《分级处理与资源依赖——项目制基层实践中矛盾调处与秩序维持》，《中国农村观察》2015 年第 2 期。

李祖佩：《项目下乡、乡镇政府"自利"与基层治理困境——基于某国家级贫困县的涉农项目运作的实证分析》，《南京农业大学学报》（社会科学版）2014 年第 5 期。

李祖佩：《项目制的基层解构及其研究拓展》，《开放时代》2015 年第 2 期。

连榕主编：《教师专业发展》，高等教育出版社 2007 年版。

林浩亮：《大学教师专业发展的文化桎梏及其破解》，《河北师范大学学报》（教育科学版）2010 年第 6 期。

林杰、李玲：《美国大学教师教学发展的背景与实践》，《中国大学教学》2007 年第 9 期。

林杰：《大学教师专业发展的内涵与策略》，《大学教育科学》2006 年第 1 期。

林小英、宋鑫：《促进大学教师的"卓越教学"：从行为主义走向反思性认可》，《北京大学教育评论》2014 年第 2 期。

刘少雪：《高等教育评价中的"数字陷阱"》，《苏州大学学报》（教育科学版）2016 年第 1 期。

刘振天：《高校教学评估何以回归教学生活本身》，《高等教育研究》2013 年第 4 期。

柳礼泉、陈宇翔：《精品课程建设与一流教师队伍培养》，《高等教育研究》2007年第3期。

卢晓中：《高校自主权：落实或扩大？——基于国家教育政策文本的简要分析》，《苏州大学学报》（教育科学版）2014年第3期。

陆益龙：《定性社会研究方法》，商务印书馆2011年版。

[美]罗伯特·威索基：《有效的项目管理》（第4版），费琳译，电子工业出版社2009年版。

[美]罗德斯：《创造未来：美国大学的作用》，王晓阳等译，清华大学出版社2007年版。

吕林海：《大学教学学术的机制及其教师发展意蕴》，《高等教育研究》2009年第8期。

马良灿：《项目制背景下农村扶贫工作及其限度》，《社会科学战线》2013年第4期。

马陆亭：《试析我国高等教育投入制度的改革方向》，《高等教育研究》2006年第7期。

马廷奇：《论大学教师的教学责任》，《高等教育研究》2008年第5期。

马万华：《扩招后高等学校教学质量状况分析》，《高等教育研究》2002年第5期。

[美]迈尔斯、[美]休伯曼：《质性资料的分析：方法与实践》，张芬芬译，重庆大学出版社2008年版。

毛亚庆、蔡宗模：《建国以来高校教师专业发展的制度审视》，《清华大学教育研究》2010年第6期。

[美]梅瑞迪斯·高尔等：《教育研究方法》，徐文彬等译，北京大学出版社2016年版。

[美]欧内斯特·博耶：《关于美国教育改革的演讲》，涂艳国等译，教育科学出版社2002年版。

[美]欧内斯特·博耶：《美国大学教育——现状、经验、问题及对策》，复旦大学出版社1988年版。

[美]帕克·帕尔默：《教学勇气——漫步教师心灵》，吴国珍等译，

华东师范大学出版社 2005 年版。

潘爱珍、沈玉顺：《国家精品课程建设回顾与检视》，《高等工程教育研究》2012 年第 3 期。

潘惠玲主编：《教育研究的取径：概念与应用》，华东师范大学出版社 2005 年版。

潘懋元：《大众化阶段的精英教育》，《高等教育研究》2003 年第 6 期。

潘小明：《论高校教师教学发展的意义和策略》，《宁波大学学报》（教育科学版）2013 年第 6 期。

［法］皮埃尔·布迪厄、［美］华康德：《实践与反思：反思社会学导引》，李猛、李康译，中央编译出版社 1998 年版。

［法］皮埃尔·布迪厄：《实践感》，蒋梓骅译，译林出版社 2003 年版。

［美］皮埃尔·布迪厄：《资本的形式》，见薛晓源、曹荣湘《全球化与文化资本》，社会科学文献出版社 2005 年版。

秦福利等：《高校教师教学研究的现状与思考——基于广西本科院校教师的调查和分析》，《高教论坛》2012 年第 10 期。

渠敬东、周飞舟、应星：《从总体支配到技术治理——基于中国 30 年改革经验的社会学分析》，《中国社会科学》2009 年第 6 期。

渠敬东：《项目制——一种新的国家治理体制》，《中国社会科学》2012 年第 5 期。

饶见维：《教师专业发展——理论与实务》，五南图书出版公司 1998 年版。

任勇、李晓光：《委托代理理论：模型、对策及评析》，《经济问题》2007 年第 7 期。

沈红、刘盛：《大学教师评价制度的物化逻辑及其二重性》，《教育研究》2016 年第 3 期。

沈红：《论大学教师评价的目的》，《高等教育研究》2012 年第 11 期。

沈梦洁、孔垂谦：《反思性教学：高校新教师专业发展的有效途径》，

《理工高教研究》2007年第5期。

时伟：《大学教师专业发展模式探析——基于大学教学学术性的视角》，《教育研究》2008年第7期。

史静寰、许甜、李一飞：《我国高校教师教学学术现状研究——基于44所高校的调查分析》，《高等教育研究》2011年第12期。

苏永建：《体制化的技术治理与非对称性问责——社会转型期中国高等教育质量保障的社会学分析》，博士学位论文，华中科技大学，2015年。

孙立平：《利益关系形成与社会结构变迁》，《社会》2008年第3期。

孙新华：《惠农项目的企业化运作：机制、问题与对策》，《安徽师范大学学报》（人文社会科学版）2014年第1期。

谭光鼎、王丽云主编：《教育社会学：人物与思想》，华东师范大学出版社2009年版。

［美］唐纳德·肯尼迪：《学术责任》，阎凤桥等译，新华出版社2002年版。

田里：《发展中国家教师动机研究现状与策略推荐》，《外国教育研究》2014年第4期。

王鉴、王明娣：《大学课堂教学改革问题：生活世界理论的视角》，《高等教育研究》2013年第11期。

王莉华：《我国高等教育绩效专项经费改革及完善思路——以"211工程"和"985工程"为例》，《中国高教研究》2008年第9期。

王若梅：《大学教学学术评价方法之研究》，《江苏高教》2012年第5期。

王绍光：《分权的底线》，中国计划出版社1997年版。

王向红、谢志钊：《大学教师评价：从"鉴定与分等"到"改进与发展"》，《江苏高教》2009年第6期。

王新艳：《新手教师在学校实践共同体中的学习》，重庆大学出版社2012年版。

王彦明：《论教学习惯》，博士学位论文，南京师范大学，2011年。

王勇、方志达编著：《项目可行性研究与评估》，中国建筑工业出版社2004年版。

王友航:《高等教育质量政策的话语策略》,《教育学术月刊》2012年第10期。

王友云、朱宇华:《高等教育政府规制因由分析——基于高教产品特性视角》,《现代教育管理》2015年第1期。

王瑜、陈时见:《美国高校教师发展的价值取向与实施模式》,《高等教育研究》2013年第4期。

韦雪艳、纪志成、周萍、陆文君:《高校青年教师教学能力影响因素与提高措施实证研究》,《现代教育管理》2001年第7期。

魏戈:《国内一流大学教师教学学术研究——来自北京大学的实证调查》,《复旦教育论坛》2014年第2期。

魏捷:《高等院校如何助推教师专业发展》,《教育研究》2010年第5期。

魏薇、陈旭远、高亚杰:《论我国高校教师专业发展"自为"的缺失与建立》,《国家教育行政学院学报》2011年第2期。

邬大光:《教学文化:大学教师发展的根基》,《中国高等教育》2013年第8期。

吴振利:《美国大学教师教学发展研究》,教育科学出版社2010年版。

肖瑛:《作为治理术的科研项目制》,《云梦学刊》2014年第3期。

谢安邦、朱宇波:《教师素质的范畴和结构探析》,《教师教育研究》2007年第2期。

徐斌艳:《教师专业发展的多元路径》,上海教育出版社2008年版。

徐继存:《教学生活的精神意蕴》,《课程·教材·教法》2012年第3期。

徐继红:《高校教师教学能力结构模型研究》,博士学位论文,东北师范大学,2013年。

许杰:《论政府对大学进行宏观调控的新向度——以治理理论为视角》,《清华大学教育研究》2003年第6期。

阎光才:《学术等级系统与锦标赛制》,《北京大学教育评论》2012年第3期。

杨德广：《60年中国高等教育投资体制的变革》，《上海师范大学学报》（哲学社会科学版）2010年第1期。

杨志勇：《分税制改革是怎么开始的?》，《地方财政研究》2013年第10期。

姚利民：《大学教师教学成长之涵义——国外研究及其启示》，《高教探索》2009年第3期。

姚荣：《大学治理的"项目制"：成效、限度及其反思》，《江苏高教》2014年第3期。

叶澜等：《教师角色与教师发展新探》，教育科学出版社2001年版。

［美］约瑟夫·A.马克斯威尔：《质的研究设计：一种互动的取向》，朱光明译，重庆大学出版社2007年版。

张安富、李博：《高校青年教师专业发展制度的反思与重构》，《国家教育行政学院学报》2012年第9期。

张晓峰：《对现行教师评价三个基本问题的批判：后现代主义视角》，《教育理论与实践》2004年第10期。

张意忠、宋彦婷：《高校教学名师及其生成机制》，《江西师范大学学报》（哲学社会科学版）2011年第4期。

张应强：《大学教师的专业化与教学能力建设》，《现代大学教育》2010年第4期。

折晓叶、陈婴婴：《项目制的分级运作机制和治理逻辑——对"项目进村"案例的社会学分析》，《中国社会科学》2011年第4期。

周川：《教学质量只能靠教师内心来维护》，《大学教育科学》2012年第4期。

周飞舟：《财政资金的专项化及其问题——兼论"项目治国"》，《社会》2012年第1期。

周飞舟：《分税制十年：制度及其影响》，《中国社会科学》2006年第6期。

周光礼、马海泉：《教学学术能力：大学教师发展与评价的新框架》，《教育研究》2013年第8期。

周海涛、李虎：《大学教师发展的模式探析》，《大学教育科学》2013

年第 4 期。

周黎安:《行政发包制》,《社会》2014 年第 6 期。

周雪光:《权威体制与有效治理:当代中国国家治理的制度逻辑》,《开放时代》2011 年第 10 期。

周雪光:《项目制:一个"控制权"理论视角》,《开放时代》2015 年第 2 期。

邹永松、陈金江:《回归实践:让教研项目真正推动教学改革》,《中国高等教育》2012 年第 10 期。

英文文献

Andrea Beach, Strategies to Improve College Teaching: The Role of Different Levels of Organizational Influence on Faculty Instructional Practices, Michigan State Universtiy, 2002.

Ann Stes & Peter Van Petegem, "Instructional Development for Early Career Academics: An Overview of Impact" *Educational Research*, Vol. 53, No. 4, 2011.

Aswan Hamza, "International Experience: An Opportunity for Professional Development in Higher Education", *Journal of Studies in International Education*, Vol. 14, No. 1, 2010.

Becker, H. S., *Sociological Work: Method and Substance*, Chicago: Adline, 1970.

Boud, D., McDonald, R., *Educational Development Through Consultancy*, Guildford, UK: Society for Research in Higher Education (SRHE), 1981.

Bourdieu, Pierre, *Distinction : A Social Critique of the Judgment of Taste*, Cambridge, MA.: Harvard University Press, 1984.

Centra, K. T. Faculty Evaluation and Faculty Development in Higher Education. In J. C. Smart ed., *Higher Education: Handbook of Theory and Research*, New York: Agathon Press, 1989.

Combs, A. W., "New Assumptions for Educational Reform", *Education-*

al Leadership, No. 5, 1988.

David M. Deggs, An Investigation of the Relationship between Teaching Perspectives and Faculty Development Activities among Faculty in Higher Education, Northwestern State University, 2005.

Dilorenzo W. A. , "The Role of Department in Promoting Faculty Development: Recognizing Diversity and Leading to Excellence", Journal of Counseling and Development, Vol. 16, No. 4, 2004.

Fullan, M. , "Curriculum Implementation", in Lewy, A, ed. , The International Encyclopedia of Curriculum, Oxford, New York: Pergamon Press, 1991.

Glatthorn. A. , Teacher Development. In: International Encyclopedia of Teaching and Teacher Education, Oxford: Elsevier Science Ltd, 1995.

Goodson, I. Professional Knowledge and The Teacher's Life and Work. In C. Day, A. Fernandez, T. E. Hauge, & J. Mollerb, Eds. , The Life and Work of Teachers: International Perspectives in Changing Times, London: The Falmer Press, 2000.

Grundy S. & Robinson J. , Teacher Professional Development: Themes and Trends in the Recent Australian Experience, Maidenhead: Open University Press, 2004.

Harmer, J. , The Practice of English Language Teaching, Harlow: Pearson Education Limited, 2001.

Herzberg, F. I. , Work and the Nature of Man, Oxford: Oxford University Press, 1966.

Hicks, O. , "Integration of Central and Departmental Development: Reflections from Australian Universities", International Journal for Academic Development, Vol. 4, No. 1, 1999.

James S. Fairweather and Robert A. Rhoads, "Teaching and the Faculty Role: Enhancing the Commitment to Instruction in American Colleges and Universities", Educational Evaluation and Policy Analysis, Vol. 17, No. 2, 1995.

John A. Centra, "Types of Faculty Development Programs", *Journal of Higher Education*, Vol. 49, 1978.

John P. Murray, "Faculty Development in a National Sample of Community Colleges" *Community College Review*, Vol. 27, No. 3, 1999.

Johnson, M., & Kardos, M., "Keeping New Teachers in Mind", *Educational Leadership*, Vol. 59, No. 6, 2002.

K. Lynn Taylor & Dieter J. Schönwetter, "Faculty Development as Institutional Leadership: A Framework for Meeting New Challenges", HERDSA 2002.

Kreber, C., "Implementation in Faculty Development and Graduate Education", *New Directions for Teaching and Learning*, No. 8, 2001.

Michelle Erklens – Watts, "Theresa Westbay and Eileen Lynd – Balta. An Alternative Professional Development Program", *College Teaching*, Vol. 54, No. 3, 2006.

M. M. Chingos, P. E. Peterson, "It's Easier to Pick a Good Teacher Than to Train One: Familiar and New Results on the Correlates of Teacher Effectiveness", *Economics of Education Review*, Vol. 30, No. 3, 2011.

National Education Association, *Faculty Development in Higher Education: Enhancing a National Resource*, A Booklet in the Series To Promote Academic Justice and Excellence, Washington, DC, 1992.

Neave, G., "The Politics of Quality: Developments in Higher Education in Western Europe 1992 – 1994", *European Journal of Education*, Vol. 29, No. 2, 1994.

Noser, Thomas C., Manakyan, Herman and Tanner, John R., "Research Productivity and Perceived Teaching Effectiveness: A Survey of Economics Faculty", *Research in Higher Education*, Vol. 37, No. 3, 1996.

Patton, M. Q., *Qualitative Evaluation and Research Methods*, 2nd Ed, Newbury Park: Sage, 1990.

Ralph Fessler & Judith C. Christensen., The Teacher Career Cycle: Understanding and Guiding the Professional Development of Teachers, Boston: Allyn & Bacon, 1992.

Rosemary S. Caffarella, Lynn F. Zinn, "Professional Development for Faculty: A Conceptual Framework of Barriers and Supports", *Innovative Higher Education*, Vol. 23, No. 4, 1999.

Ross, S A., "The Economic Theory of Agency: The Principal's Problem", *American Economic Review*, Vol. 63, No. 2, 1973.

Shulman L S, Hutchings P., *About the Scholarship of Teaching and Learning; the Pew Scholars National Fellowship Program*, Menlo Park, CA: The Carnegie Foundation for the Advance of Teaching, 1998.

Simpson, R. D., Jackson, W. K., "A Multidimensional Holistic Approach to Faculty Renewal", in D. W. Wheeler & Associates, *Enhancing Faculty Careers: Strategies for Renewal*, San Francisco: Jossey-Bass, 1990.

Sorcinelli, Mary Deane, Near, Janet P, "Relations Between Work and Life away from Work Among University Faculty", *The Journal of Higher Edueation*, Vol. 60, No. 1, 1989.

William H. Bergquist and Steven R. Phillips, *A Handbook for Faculty Development*, Washington, D. C.: The Council of Independent Colleges, 1977.

后　　记

　　书稿即将付梓，心中除了激动和欣喜之外，更多的是一种忐忑不安。本书是在我博士学位论文的基础上形成的。我在博士学位论文"致谢"中写道："匆忙繁杂中诞生的拙文让我无法释怀，当无数次盼望和期待的写致谢的这一刻真正到来时，并没有想象中踌躇满志的欢喜和如释重负的轻松，取而代之的是不安、惶恐和愧疚"。当时曾想，将来若有机会把论文出版，需要再下点功夫将之加以修改和润色。然而时过境迁，昔日心境不再，再加上时间的催促，只能再寻时机另做新的探索。因此，对于书中需要斟酌和补充之处只能恳请读者批评指正。尽管存有瑕疵和遗憾，但本书仍然记录了我那段艰辛求索的心路历程，承载了我学术生涯的转折与蜕变。

　　饮水思源，学成念师，几年来的成长无不凝聚着导师的心血。感谢我的导师陈廷柱教授。不止一次听到别人对我说："你导师是陈老师啊，你运气真好！"是的，能够跟随导师学习，我是如此幸运。在学术上导师博学睿智、眼光敏锐、治学严谨。囿困狭隘之时是导师引领我开拓新领域；山穷水复之时是导师指引我得以柳暗花明。博士学位论文从选题、开题、写作、到修改成稿，每个环节都是在导师的指导下完成的，从逻辑结构到语言表达无不透露着导师的智慧和耐心。导师温和谦逊、心性善良、宽容仁慈，生活中逢难欲退之时是导师的鼓励给我坚持的信心；心情沮丧之时是导师的安慰和宽容给我前进的动力。日常交往中导师总能让我在不经意间学会为人处世、感受人生的引导。感谢导师！

师生从游、耳濡目染，华科教科院老师们的学者智慧、人格魅力无不助我向上。感谢冯向东老师、刘献君老师、张应强老师、沈红老师、别敦荣老师（现工作于厦门大学）、贾永堂老师、柯佑祥老师、赵炬明老师、余东升老师、李太平老师，从你们精彩的课程和讲座上，我汲取了知识养分、启迪了智慧、感受到了学者的风范。感谢于海琴老师、郭卉老师、张俊超老师、澎湃老师、雷洪德老师的答惑解疑、热情帮助。

久居他乡成故乡，在曲阜师范大学学习工作了近二十年，曲园已是我心灵的家园。感谢济南大学教育与心理科学学院杨昭宁老师（原曲阜师范大学教育科学学院院长）一直以来给予的关爱和帮助；感谢曲阜师范大学教育学院唐爱民老师、姜美颖老师、张奎明老师、徐瑞老师、何文广老师的支持；感谢教育学院李允老师、教务处胡钦晓老师、基础教育课程研究中心张雨强老师、李方安老师的无私帮助；感谢教学研究与评估中心阚景忠老师（原教务处副处长）、教务处于秀玲老师提供的大力支持；感谢科技处武楠老师（原教务处工作人员）不厌其烦地提供宝贵资料；感谢我亲爱的学生们帮我整理录音；尤其感谢那些接受访谈的各位老师和学生为我提供宝贵的素材，没有你们的配合，也就没有博士学位论文的完成，没有本书的问世！

暖暖同门情、美美同学谊是求学路上的别样风景和珍贵收获。感谢同门的兄弟姐妹共同营造相亲相爱的"陈门家"。感谢同班的小伙伴，同学习、共进步，一起度过美好时光。

甘为"人梯"，乐为他人作嫁衣。责任编辑赵丽老师和责任校对赵雪姣老师为本书的出版付出了辛勤劳动，其高效、细致、出色的工作令人肃然起敬、赞叹不已！衷心感谢两位老师！感谢中国社会科学出版社！

家是心底最温柔的情愫，是我前行的永远动力。感谢日渐苍老的父母依然把四十岁的我当作小孩宠爱，多想时光倒流，还你们年轻岁月；感谢患有严重骨刺的婆婆为我照看孩子，多想有灵丹妙药，让您不再疼痛；感谢牵手二十年的老公，为我遮风挡雨，多想青春永驻，你我永远年轻的脸庞、年轻的心；感谢古灵精怪的儿子申小棒，带给我太多惊喜和欢乐，多想我变小，与你共成长、永相伴！

  所有的遇见都是缘分使然，不论是这些值得感谢的人，还是"项目制"和"大学教师教学发展"这些事，抑或是本书类似的物……努力就会有更好的缘分，才会有更美的遇见！

孙丽芝

2018 年 10 月于曲阜